큰 글씨 능력기도

예배대표기도문+

큰 글씨 능력기도
예배대표기도문+

한치호 목사 기도

문서사역
|종|려|가|지|

'또 한 권의 책.' 하나님 앞에서 집필을 사역으로 섬기면서 첫째로 두려워하는 말이다. 원고를 탈고하여 책이 만들어지면 서점의 책꽂이에 꽂히게 된다. 이때, 이미 한 권이 출판되어서 서점에 배본되어 있는데, 또 한 권의 책이 더해진다는 건 아무래도 볼썽 사납다. 그리고 다른 저자가 집필하여 똑같은 내용이나 형식의 책이 있는데, 그 옆에 나란히 놓이게 된다는 것은 시간의 낭비라 여기고 있다.

부족한 사람의 경우, 벌써 여러 권이나 되는 기도 안내서를 집필하여 서점에 내어놓았다. 인쇄를 거듭하여 쇄의 숫자가 꽤나 되는 책들도 있다. 그러나 원고를 집필하던 당시에는 집필의 타당성을 생각했고, 출판사에서도 이에 동의하여 출간하였는데, 이는 전적으로 나의 오류로 한 권의 책이 더해지게 되었음을 부인할 수 없다. 나름대로 독자들의 호평도 있어왔지만 꼭 집필 되었어야 하는 건 아니었다.

'한 권의 책.' 이 단어를 프린트해서 책상의 한쪽에 붙여둔 지 이미 오래다. 집필이 사명이 된 후부터는 손이 닿는데 수첩을 두어 놓고 있다. 그리고 매일 쓰는 원고도 있다. 그렇지만 스스로의 유혹에 넘어가든, 주변 사람들이 부추기든 내가 쓰지 않아도 될 만한 원고는 작성하지 않기를 다짐하고 있다.

그럼에도 불구하고, 『큰 글씨 능력기도 예배대표기도문+』을 탈고해서 하나님께 올려드린다. 여기에는 몇 가지의 타당한 이유가 있기 때문이었다. 이 책을 펴낸 출판사에 이미 몇 권에 이르는 기도문이 있는데, 오래 전에 출간된 것들이었다. 그래서 '옛날 형식'이 된 문장 스타일을 오늘의 언어형식으로 다듬어달라는 부탁을 받았다. 그런데 그 부탁에 쉽게 동의하지 못하고 고민을 하다가 시간을 보내 버리고 말았다. 그것은 기도에 담겨있는 신앙의 사상, 또는 신앙의 고백 때문이었다.

그리하여 이미 출간된 기도문의 서적들을 참고하여 기도의 정형을 정리하고, 집필하는 작업에 들어가게 되었다. 그러므로 이 책에 수록된 기도문의 내용은 전적으로 필자의 것이지만 그 주제는 출판사의 것이다. 그렇게 되어 『큰 글씨 능력기도 예배대표기도문+』을 내어놓게 되었다. 이로써 이 한 권의 책에는 우리가 교회에서 '대표자'로 지명되어 간구할 수 있는 기도의 모든 것들을 망라하게 되었다. 교회 공동체 기도의 전서(全書)라 할 수 있다.

대표로 기도하는 시간에 하늘의 문이 열리고, 예배의 성소에 하나님의 임재하심이 있는 예배를 소원하면서 '쓰는 기도'로 작성되었다. 우리가 예배할 때마다 거룩한 장소에 하늘의 능력이 나타나야만 할 것이다. 이 은혜가 이 책을 참고로 간구하는 모든 이들에게 나타나기를 기도한다. 귀한 기회를 주신 하나님께 영광을 드리고, 출판사에 감사한다.

주후 2022년 12월

한 치 호 목사

차례

4. 구역 모임 예배기도문

5. 교회절기 - 국가기념일 예배기도문

1
주일 낮 예배 기도문

1월 1주

세상을 주관하시는 하나님,

주일 찬양 | 금년의 첫 여호와의 성일에 이 날을 지키려고 주의 자녀들이 모여왔습니다. ○○의 존귀한 지체들이 한 자리에 모였사오니, 기뻐하고 즐거워합니다. 마음을 열어 주님께로 향하오니, 이 날에 저희들에게 한 해의 성수주일을 통해서 예비된 복을 내려주시옵소서.

신년주일의 감사 | 지난 한 해 동안에도 때마다, 일마다 간섭하시며 좋은 것으로 만족케 하셨음을 감사드립니다. 아버지 하나님의 도우심으로 지낸 한 주간이었습니다. 여호와 앞에서 복된 해의 첫째 주일을 지키오니, 하나님의 은혜로 1년 52 주일을 성수할 수 있기 원합니다. 금년의 열두 달, 52 주일에 하나님은 영광의 주인이 되시고, 저희들의 삶을 주관해주시옵소서.

자복-회개 | 자비로우신 하나님, 자신의 유익을 위해서 하나님의 말씀에서 떠나 자행했던 죄악을 고백합니다. 주님의 품을 귀찮게 여기며, 하나님의 말씀에서 떠나려 하였습니다. 세상과 불의와 타협하며 자신의 죄를 합리화하는 나약한 신앙을 가지고 살아왔음을 용서해주시옵소서. 오늘, 예배하는 중에, 이전의 삶을 거절하는 경험을 하게 하시고, 새로움을 받는 은혜를 내려주시 옵소서.

예배-순서, 담당자 | 만군의 여호와께 경배하며 예배를 드립니다. 성도들의 심령을 주장해 주셔서 하나님이 받으시기에 온전한 예배가 되게 해주시옵소서. 찬양으로 경배를 받으시고, 그 이름이 높아지기를 원합니다. 예배하는 모든 이들에게 복을 내려 주시옵소서.

말씀의 단에 세워주신 목사님을 더욱 성령님의 충만하심으로 붙들어 주시옵소서. 이 백성에게 선포하시는 하나님의 말씀을 듣게 하시옵소서. 생명의 양식을 받아먹고, 배부르게 하시옵소서. 성가대원들의 심령을 주장하셔서 그들이 여호와의 이름에 영광을 드리게 하시옵소서.

나라를 위한 도고 | 저희들이 예배로 모인 시간에 나라를 위하여 간구합니다. 이 땅에 많은 나라와 많은 이들이 사는데, 저희들에게 이 나라를 주셨습니다. 이 나라와 백성들이 하나님을 즐거워하고, 여호와의 인도하심을 소망하게 하시옵소서. 하나님을 경외하듯이 나라를 사랑하게 하시옵소서.

이 시간에, 신령과 진정으로 예배드리기를 원하오며, 모든 이들이 경건함을 더하여 예배할 때, 하늘의 하나님께 영광이 가득하기를 바라면서, 예수님의 이름으로 기도드립니다. 아멘.

1월 2주

전지전능하신 하나님,

주일 찬양 | 여호와의 이름을 찬양하며, 귀한 자리에 모였습니다. 주님의 이름을 찬양할 때, 우리의 입술이 기뻐하고, 가슴은 떨려옵니다. 오늘 종일을 여호와 그 이름에 마땅한 영광을 드리며, 하나님을 즐거워하기 원합니다. 이 자리에 모인 거룩한 백성들이 진심으로 무릎을 꿇고 찬양하게 하시옵소서.

은혜에 대한 감사 | 거룩하게 구별해 주신 복된 날에, 주님의 이름으로 예배드립니다. 여호와의 자비로우심으로 살아온 은혜를 기억하면서, 주님을 경배합니다. 저희들이 입술을 벌려 기도하며 찬송할 때, 영광을 받아 주시옵소서.

자복-회개 | 저희들은 이미 믿음의 눈으로 주님께서 흘리신 땀과 피를 보았습니다. 이는 모두 저희들의 죄와 허물 때문이었습니다. 그런데도 저희들은 또 다시 죄를 지으며 살았습니다. 저희들의 죄가 주님을 십자가에 내어주었습니다. 용서해주시옵소서.

예배-순서, 담당자 | 하나님의 살아계심을 경험하는 살아있는 예배가 되게 하시옵소서. 찬양과 말씀으로 상한 심령들이 치유받게 하시 고, ○○의 지체들을 위해서 준비된 하늘의 은혜를 내려주시옵소서.

오늘도 이 예배를 위해서 일군들을 세우셨습니다. 선택을 받은 그들이 영적으로 레위의 후손이 되어 거룩한 헌신이 되게 하시옵소서. 예배를 도우려는 저들이 먼저 주님께서 받으실 만하게 자신들을 드리게 하시고, 아름다운 수고를 하게 해주시기 원합니다.

전도에의 결단 | 구원받아야 될 영혼들이 있어서 땅 끝까지 전도자와 선교사를 보내신 하나님의 열심에 찬양을 드립니다. 영혼을 죄악으로부터 건져 내기 위해서 저희들을 드리게 하시옵소서. 보냄을 받은 종들이 낯선 자들에게, 낯선 땅에서 복음의 사역을 할 때, 담대하게 하시옵소서. 여호와의 깃발을 높이고 사탄의 진을 공격하게 하옵소서. 사역을 위해서 분주할 때, 생명의 역사를 일으키게 하시옵소서.

비전의 간구 | 주님을 사랑하고 계명을 지키는 자를 위하여 언약을 지키시고 그에게 인자를 베푸시는 하나님을 알게 하시옵소서. 하나님의 마음에 합한 사람이 되어, 세상의 기쁨보다는 하나님의 기쁨이 되기를 원합니다. 믿음이 연약한 심령들에게는 강하고 담대한 믿음을 허락해주시옵소서.

마음의 문을 열고, 겸손히 예배할 때, 천군과 천사들도 하늘에서 화답하는 예배가 되기를 바라면서 예수님의 이름으로 기도드립니다. 아멘.

1월 3주

천지를 지으시고, 만물을 주관하시는 하나님,

주일 찬양 | 주님의 날을 지키도록 은혜를 주시고, 여호와의 이름에 찬송을 드리게 하시니 감사드립니다. 하나님께서 태초부터 구원을 작정하셨던 ○○의 지체들이 머리를 숙였습니다. 하나님을 찾는 것에 즐거워할 수 있는 은혜를 내려주시옵소서. 저희들이 예배하는 시간에, 우리 하나님이 다스리시니 기뻐하고 즐거워하게 하시옵소서.

자복-회개 | 무엇 때문에 바빠야 하였는지도 모르면서, 분주히 살던 저희들입니다. 하나님께 주목하지 못하고 살아왔던 시간을 회개합니다. 하늘의 문이 열려지기를 사모함보다 허전한 마음을 무엇으로라도 채우려고 뛰어다니던 모습을 감출 수 없습니다. 불쌍히 여겨 주시옵소서. 이 시간에, 사유하시는 하나님의 긍휼로 새로워지기 원합니다.

교역자들을 위한 중보 | ○○ 교회에 교역자들이 있게 하심을 감사드립니다. 그들의 수고와 기도로 말미암아 지체들이 푸른 초장으로 인도함을 받게 하시고, 믿음에 굳건해지기 원합니다. 나아가 이 시간에도 각 교회와 선교지에서 주님을 섬기는 종들과 특별히 세계만방에 복음 들고 나선 하나님의 사람들 위에 은총을 더하

시옵소서.

예배-순서, 담당자 | 예배하러 교회에 모인 이 백성에게 하나님의 발등상 앞에 엎드리게 하시옵소서. 하나님의 구속하심에 대한 영광이 저희들에게 머무름을 즐거워합니다. 주님께서 행하신 일을 사랑을 입은 자녀들에게 나타내시며, 주님의 영광을 그들의 자손에게 나타내시옵소서.

목사님을 단에 세워 주셨으니, 그의 입술을 사용하여 하늘의 언어를 들려주시옵소서. 저희들이 천국 백성으로 살아갈 수 있는 생명의 말씀을 들려주시옵소서. 성가대원들의 찬양은 천군과 천사의 음악소리이기를 빕니다. 성가대원들에게 기름 부으심이 있기를 축복합니다.

공동체의 비전 | 저희들에게 한 영혼이 천하보다 귀함에 대한 소원을 갖게 하시옵소서. 소원 중의 소원으로 복음이 널리 전파되어야 함을 깨달아 알기를 원합니다. 이 지역에 하나님의 백성이 많이 있음을 깨달아 복음을 전하는 저희들이 되게 하시옵소서. 우리 지체들이 주님의 보내심을 받아 삶의 현장에서 복음의 증인이 되게 하시옵소서.

이 시간에, 주 하나님의 이름을 높이고, 하나님께는 큰 영광을 드리며 저희들은 은혜로 충만하게 해주시기를 바라면서 예수님의 이름으로 기도드립니다. 아멘.

1월 4주

사랑이 많으신 하나님,

주일 찬양 | 주님의 은혜를 누리던 이들이 예배하러 나왔습니다. 영생의 지혜를 주셔서 어리석은 자들처럼 다른 신을 찾지 않게 하셨음에 감사드립니다. 인생을 죄로부터 구원해내지 못할 신에게 나아가지 않게 해주셨음을 인하여 감사드립니다. 땅 끝의 모든 백성이 하나님을 앙망하기 원합니다.

여호와께 송축 | 주님은 영원히 우리의 여호와이시니 그 이름을 송축합니다. 오늘 새벽부터 영광을 받으실 이름은 오직 하나님뿐입니다. 그 이름을 높이는 우리의 입술이 기쁘고, 하늘에서는 천군과 천사의 즐거워하는 화답이 있기를 원합니다. 주 하나님이여, 홀로 영광을 받으시옵소서.

자복-회개 | 사유하시는 하나님, 어리석게 살아온 시간들을 고백합니다. 죄를 멀리하지 못하였던 삶을 고백합니다. 서로에게 마음을 열어야 하는 이웃관계에서 야박하고, 이해하려 하지 않은 편협하기 짝이 없었던 시간들을 고백합니다. 자신의 유익만을 앞세운 나머지 더러워진 마음에서 비롯된 삶이었음을 회개하오니 용서해 주시옵소서.

예배–순서, 담당자 | 주일을 구별할 수 있는 은혜를 주시고, 주님께 집중할 수 있게 하심을 감사드립니다. 오늘, 영과 진리로 예배하면 서 신령한 은혜를 누리는 복된 날이 되기를 원합니다. ○○의 지체들에게 온전히 하나님께 바치는 심령이 되게 하시옵소서.

지금, 저희들은 하나님의 말씀을 듣고자 합니다. 단에 세워주신 목사님께 하늘의 권세를 덧입혀 주셔서 인간의 소리가 아닌, 하나님의 음성을 듣게 하시옵소서. 저희들의 심령을 찔러 쪼개는 말씀을 듣게 하시옵소서. 성가대원들에게 성령님의 충만하심이 있기를 빕니다. 그들 모두가 예배를 받으시는 하나님의 영광을 선포하게 하시옵소서.

위정자들을 위한 도고 | 전능하신 하나님, 위정자들을 위하여 간구합니다. 올해에도 나라와 국민들을 위하여 헌신하는 위정자들에게 복을 내리시고 그들을 지켜 주시옵소서. 저들이 하나님을 두려워하게 하시옵소서. 자신의 이익과 행복보다는 국민들을 위한 봉사자로 정치에 임하게 하시옵소서. 하나님을 두려워하고, 국민을 섬기는 마음으로 사명의 자리를 지키게 하시옵소서.

복된 날에, 예배하게 하심에 감사드리고, 그 이름이 온 세상에 선포되시기를 바라면서 예수님의 이름으로 기도드립니다. 아멘.

2월 1주

우리를 가까이 해주시는 하나님,

주일 찬양 | 거룩하고 복된 날을 주셨습니다. 가깝거나 또는 먼 곳에서 살던 형제와 자매들이 모여 영광을 나타내기 원합니다. 하나님은 크신 팔로 우리를 두르셨습니다. 그 사랑과 은혜를 누리던 저희들이 교회의 한 자리에 모였으니 영광을 바치게 하시옵소서.

하나님께 영광 | 주일을 구별하여 여기에 모인 이들을 기억하여 주시옵소서. 온 성도들이 하나님께서 받으시기에 합당한 예배를 드리기에 부족함이 없게 하여 주시옵소서. 하나님을 사랑하는 한 마음으로 부복할 때, 주님의 영광이 영원하기를 소망합니다. 주님께서 받으시는 예배를 드리기 원합니다.

자복-회개 | 참고 누를 길이 없이 저희들의 마음에 소용돌이치는 죄를 고백하고자 이렇게 나왔습니다. 의의 열매를 맺어야 하는 저희들이 악인의 죄를 즐거워하여, 죄인의 자리에 앉았다가, 더러운 모습으로 주님 앞에 섰습니다. 연약함으로 말미암아, 다시금 죄를 지은 저희들입니다. 죄를 슬퍼하는 심령을 받아 주시옵소서. 사랑의 손길로 이 몸을 붙들어 주시옵소서.

예배-순서, 담당자 | 온 성도들이 한 마음을 묶어 예배하는 이 시간에 참

평안과 즐거움을 갖게 하시옵소서. 주님께서 받으셔야 하는 영광을 받으시고, 저희들에게는 기쁨을 누리게 하시옵소서. ○○의 공동체에 영광의 빛을 비추어 주시옵소서.

이 시간, 목사님께 성령 충만하게 하셔서, 말씀을 증거하실 때 사단의 권세 일절 틈 못 타게 하시옵소서. 찬양대원들이 하나님 앞에 찬양을 드립니다. 받아 주시며, 부르는 이들과 함께 하는 이들이 은혜를 누리는 찬양이게 하시옵소서. 예배의 진행을 위해서 갖가지 일들을 통해서 수고하는 일꾼들에게 복을 내려 주시옵소서.

헌신에 대한 다짐 | 자비로우신 하나님, 거룩하고, 참되지 못한 저희들의 마음을 주님 앞에 내어 놓습니다. 주님의 아름다우심으로 저희들의 심령을 깨끗하게 하옵소서. 이기심이 가득 찬 저희들의 마음을 아버지께 드립니다. 주님의 사랑으로 이기심을 털어 내어 주시옵소서. 주님의 뜻대로 산다하면서 그렇게 살지 못한 연약함을 주님께 드립니다. 사단을 무찌르며 십자가의 군병답게 살게 하신 하나님을 찬양합니다.

하나님께 영광을 드리는 예배의 한 시간이 되고, 저희들은 거룩한 은혜의 시간이기를 바라면서 예수님의 이름으로 기도드립니다. 아멘.

2월 2주

영광 가운데 계신 하나님,

주일 찬양 | 해가 뜨는 곳에서부터 하나님의 영광이 우리에게 비춰오는 아침에, ○○ 교회에 속한 주님의 자녀들이 원근 각처에서 흩어져 살다가 주님 앞으로 나왔습니다. 지난 엿새 동안에 저마다 힘써서 일을 한 지체들입니다. 여기에 모인 이들에게 복을 내려주시옵소서.

설날의 감사 | 우리 민족을 위하시는 하나님의 열심에 감사드립니다. 그 은혜로 이 민족이 평안을 누리고, 설날을 맞이하게 되었습니다. 오랫동안 남북이 대치되어 전쟁의 불안이 있지만 하나님의 자비하심이 이 민족을 지켜주셨습니다. 기쁜 명절을 맞이해서 사랑하는 가족이 한 자리에 모일 때, 먼저 하나님을 예배하게 하시옵소서. 한 상에 둘러앉아 먹고, 마시게 해주신 은혜를 나누게 하시옵소서.

자복-회개 | 하나님 앞에서 저희들의 죄를 고백합니다. 하늘에서 내려지는 성령님의 충만하심으로 말씀으로 새롭게 해주시옵소서. 하나님은 올바르시고 의로우시지만, 사람들의 욕심이 교회를 어지럽힐 때가 많았습니다. 주님의 보혈을 얼룩지게도 하였습니다. 하나님의 영광을 가렸던 죄를 용서하시고, 의로 새롭게 지어

주시옵소서.

예배-순서, 담당자 | 만물을 다스리시는 하나님 아버지, 거룩한 날 아침에, 주님의 이름을 송축합니다. 죄를 아파하여 회개하는 예배가 되게 하시옵소서. 그리하여 하나님의 은혜로 영육 간에 회복의 기쁨을 누리는 성도들이 되기를 원합니다.
○○의 양떼를 위하여 목사님의 입술에 의해서 들려지는 말씀을 받도록 저희들 심령을 열어 주시옵소서. 한 마디, 한 마디의 말씀을 아멘으로 받게 하시옵소서. 하나님의 영광을 선포하려고 선 성가대원들을 보아 주시옵소서. 지휘자와 반주자, 전 대원들이 그들의 가슴을 바칩니다. 온 몸으로 찬양을 드립니다. 영광의 찬미를 받아주시옵소서.

전도에의 결단 | 저희들에게 생명을 죄악에서 건져내는 일을 맡겨주셨음에 감사드립니다. 모든 성도들이 성령님과 지혜에 충만하여 한 영혼을 주님께 인도하도록 하옵소서. 간절히 기도하옵건대, 전도지를 들고 거리로 나갈 때, 복음을 들을 준비된 영혼들을 만나게 하옵소서. 우리 교회의 지역에는 죄인들이 많습니다. 저들을 속히 구원에 이르게 하시옵소서. 이 지역에 있는 불쌍한 영혼들을 저희 교회에 주옵소서.

이 시간의 예배로 닫혔던 입술과 마음을 열어주시고, 하나님께만 영광을 드리기를 소망하면서 예수님의 이름으로 기도드립니다. 아멘.

2월 3주

하늘의 보좌에 계신 하나님,

주일 찬양 | 우리의 주인이 하나님이심을 아는 이들이 여기에 모였습니다. 소와 나귀가 제 구유를 아는 것처럼, 인생의 주인이 하나님이시기에 예배하러 모였습니다. 크신 영광을 받아 주시옵소서. 이 거룩한 날에 맞도록 마음을 다하고, 몸을 다하며, 뜻을 다하여 드리는 예배가 되도록 이끌어 주시옵소서.

사순절의 감사 | 사순절을 지키면서 우리를 위하여 고난을 당하셨던 주님을 묵상하게 하심에 감사드립니다. 험한 십자가에 못 박히셔서 고통과 치욕으로 창백해지신 주님의 얼굴을 보기 원합니다. 피와 같이 붉은 죄를 씻어내시고, 흰 눈보다 더 희게 해주시려고 십자가를 지셨던 주님을 바라보기 원합니다. 주님의 이름은 언제 불러도 못 다 부를 그리움입니다. 그 이름은 언제까지나 묵상해도 가슴을 뜨겁게 합니다.

자복-회개 | 제 인생이 제 것이 아님에도 마음대로 살다가 주님께 나왔습니다. 용서해주시옵소서. 주님의 곁을 떠나 혼자서는 살아갈 수 없는 연약한 인생입니다. 그럼에도 불구하고, 제 자신을 의지하던 삶이었습니다. 이 시간에, 고백하니 죄 씻음의 은혜를 보여 주시옵소서. 십자가에서 흘리셨던 주님의 보혈로 새롭게

하시옵소서.

예배-순서, 담당자 | 저희들의 예배를 받아 주시고, 이 예배를 드린 마음으로 살아가도록 도와주시기 원합니다. 이 예배에서 하나님은 영광을 받으시고, 저희들은 거듭나는 새로움으로 태어나기 원합니다.
설교하시는 목사님께 영력을 더하셔서 생명의 말씀으로 저희들이 배부르게 하여 주시옵소서. 예배가 진행되는 각각의 순서를 하나님께서 주관하시고, 주님을 향한 충성으로 예배에 임하는 ○○ 교회의 지체들이 되게 하시옵소서.

회중을 위한 중보 | 미천한 자들을 돌아보신 하나님, 주님의 십자가로 말미암아 죄의 문제를 해결해주시옵소서. 천국 백성 되게 하신 하나님의 이름을 높이는 고백을 하게 하시옵소서. 예배를 마친 후에, 한 사람이라도 그냥 돌아가지 않도록 은혜를 체험하게 해주시옵소서. 주님의 이름으로 죄를 이기겠다는 다짐으로 예배당 밖으로 나아가게 하시옵소서. 세상에서 사는 동안에 주님께 영광을 드리게 하시옵소서.

하늘을 두루마리로, 바다를 먹물로 삼는다 해도 그 은혜를 다 표현할 길이 없음을 예배를 통해 고백하기를 바라면서 예수님의 이름으로 기도드립니다. 아멘.

2월 4주

은혜로우신 주 하나님,

주일 찬양 | 주의 백성들이 십자가를 바라보면서 마음의 옷깃을 여미고 주님 앞에 섰습니다. 이 좋은 시간에, ○○의 권속이 하나님을 찾는 것을 즐거워하는 은혜를 주시기 원합니다. 주님의 이름을 부르는 지체들이 한 자리에 모여 예배할 때, 성령님의 감동하심을 내려 주시옵소서.

삼일절의 감사 | 일제의 치하에서 독립만세를 외치게 하셨던 하나님의 은혜에 감사드립니다. 눈물과 한숨으로 지내야 했던 이 백성들에게 독립에 대한 몸부림이 있게 하신 하나님을 기억합니다. 주님께서 이 민족을 불쌍히 여기신다는 소망을 품고, 독립만세를 외칠 수 있었습니다. 나라와 겨레를 자신들의 몸으로 바꾼 귀한 선조들이 일어나게 하셨던 그 하나님께 예배합니다. 영원히 영광을 드리게 하시옵소서.

자복-회개 | 오직, 여호와 우리 하나님께 저희의 생각과 마음을 솔직하게 털어놓게 하시옵소서. 저희들이 아직도 거절하지 못한 거짓의 겸손이나 위선을 버리게 하시옵소서. 용서하시는 하나님께로 저희들의 있는 모습 그대로 나아갑니다. 주님께서 저희를 받으실 줄로 믿고 나아가오니 저희를 긍휼히 여겨 용납하여 주시옵소서.

예배-순서, 담당자 | 여호와의 영광이 이 전에 머물고 있음을 찬송합니다. 여기에 모인 이들로 하여금 주님의 영광을 찬양하고 영화롭게 하시옵소서. 마땅히 드릴 영광을 찬미하는 백성이 되게 하시옵소서. 삼일절을 맞이하여 이 민족과 함께 하신 주님의 이름을 찬송합니다.

이제, 목사님을 대언자로 세우셔서 말씀하시기를 기다립니다. 이 백성이 들어야 할, 그리고 따라야 할 생명의 메시지를 들려주시옵소서. 하나님께로 말씀을 받아 선포하시는 목사님께 하늘의 문을 여시고 능력과 권세로 더하여 주시옵소서.

나라를 위한 중보 | 이 민족을 사랑하시는 하나님, 이 나라와 민족을 불쌍히 여기사 복을 허락하시고 지켜 주시옵소서. 먼저, 이 나라와 백성이 하나님을 경외하며 두려워하게 하시옵소서. 고난과 역경만을 거듭해온 민족입니다. 다시는 이 땅에 고난이 없게 하시고 분쟁이 없게 하시옵소서. 남과 북으로 갈라진 이 땅을 하루 빨리 통일시켜 주셔서 이 민족의 한을 풀어주시옵소서.

이스라엘의 하나님을 영원부터 영원까지 찬양하는 ○○의 지체들이 되기를 바라면서 예수님의 이름으로 기도드립니다. 아멘.

3월 1주

크게 영화로우신 하나님,

주일 찬양 | 그리스도의 보혈로 의로움을 입은 자들이 주님 앞으로 나왔습니다. 주님의 자녀로 살아가는 것을 즐거워하면서 예배하러 나왔습니다. 스스로 정결하게 하고 나온 성도들에게 복을 내려 주시옵소서. 머리를 숙인 지체들이 신령과 진정으로 예배할 때, 하늘의 문을 열어 주시옵소서.

사순절의 고백 | 죄 가운데 태어나 죄를 지으면서도 그 죄를 몰랐던 우리를 주의 것으로 삼으신 주님을 바라봅니다. 보배로운 피를 흘리신 주님께 아무리 드려도 못 다 드릴 우리들입니다. 사순절을 보내면서 맞이한 주일 아침에 우리를 받아주시기 원합니다. 주님의 십자가를 바라보면서 드리는 예배에 하늘의 영광이 가득하기를 원합니다. 아름다운 주님의 이름에 합당한 영광을 드리게 하시옵소서.

자복-회개 | 사랑의 하나님, 저희들의 죄를 고백합니다. 주님의 피로 깨끗이 씻어 주시옵소서. 착한 일을 하면서 하나님께 영광을 돌리도록 하는 삶을 살아야 하였으나 그렇지 못하였습니다. 유혹을 이기지 못하고, 쾌락에 마음을 빼앗겨 주님께서 미워하시는 일도 저질렀음을 고백하오니, 용서해주시옵소서. 특히, 나라를 사랑하

고, 민족을 위해서 살아가지 못한 죄를 용서해 주시기 원합니다.

예배-순서, 담당자 | 귀한 지체들이 하나님께 예배를 드립니다. 예배하러 나온 저희들에게 복을 내려주시옵소서. 이 전에 모인 이들마다 받은 은혜로 입술을 열어 하나님의 높으심을 찬양하게 하시옵소서.

말씀을 증거하실 목사님께서 예비하신 복음을 선포하도록 하시옵소서. 하나님의 대언자로서 왕의 말씀을 가감이 없이 전하시도록 권세 있는 입술을 주시옵소서. 그리고 오늘도 예배의 순서를 담당한 지체들이 거룩한 소명을 다하게 하시옵소서.

회중을 위한 중보 | 기도를 들으시는 하나님, 예배하는 가운데 인간의 문제는 해결함을 받는 귀한 역사를 허락하시옵소서. 이 시간에, 저희들이 하나님과 신령한 교제를 갖게 하옵소서.

갈급한 심령으로 나아온 ○○의 권속이 온전히 채움을 받는 시간이 되게 해주시옵소서. 바라기는 성령의 뜨거운 역사로 지치고 힘들었던 심령들마다 새로움이 있게 하시옵소서.

거룩한 아침에 오직, 은혜로만 하나님께 영광을 드리고 예배할 수 있도록 해주시기를 바라면서 예수님의 이름으로 기도드립니다. 아멘.

3월 2주

하늘에 계신 하나님,

주일 찬양 | 그리스도의 피로 한 몸 된 지체들이 한 목소리로 여호와의 이름을 부르게 하시옵소서. 오직 하나님만이 경배를 받으시옵소서. 우리의 모든 생각과 정성 그리고 사랑을 모아 예배하기 원합니다. 주님의 은혜로 불러 주셨으니, 그 부르심에 믿음으로 순종하여 나와서 신령과 진정으로 드리는 예배를 받아주시옵소서.

회개-자복 | 주님께 기도하며 자복할 수 있는 은혜를 원합니다. 하나님의 영광을 가릴 만한 죄들을 회개하게 하시며, 용서하심의 은혜로 새롭게 하시옵소서. 이제, 저희들이 지은 모든 죄를 고백하고 뉘우치오니 용서해주시옵소서. 저희들이 주님의 마음을 닮지 못하고 허영과 시기와 미움으로 살아왔으니, 고쳐주시옵소서.

예배-순서, 담당자 | 여호와 하나님께서 경배를 받으셔야 할 시간에 주님의 이름을 높여드리게 하시옵소서. 예배하는 저희들에게는 위에서 보호해 주시고, 아래에서는 받쳐 주시며 또한, 앞에서는 끌어 주시고 뒤에서 밀어 주시는 하나님의 손길을 느끼게 해주시기 원합니다. 그래서 예배를 마칠 때까지 잠잠히 하나님의 영광만 기다리게 하시옵소서.

목사님께서 하나님의 자녀를 위하여 말씀을 준비해 주셨음에 감사드립니다. 저가 오직 하나님께로부터 받은 말씀을 가감이 없이 선포하시도록 붙들어 주시옵소서. 사랑하는 ○○의 지체들은 그 말씀을 생명으로 받아 아멘에 이르게 하시옵소서.

나라를 위한 도고 | 이 땅에서의 삶을 통해서 천국에서의 삶을 배우도록 인도해 주시옵소서. 저희들의 기도가 나라를 위한 일이 되게 하시옵소서. 저희들의 믿음이 나라를 사랑하는 것이기를 원합니다. 이제도 하나님께서 보호하시고, 국민들은 서로 사랑하는 영광스러운 조국을 후손에게 물려 주어야 함을 잠시라도 잊지 말게 하시옵소서.

전도에의 결단 | 잃은 양을 찾은 목자의 기쁨을 교회를 통해서 보여드리기를 원합니다. 오늘, 저희들에게 생명을 구하는 일에 헌신하기를 사모하게 하시옵소서. 저희들은 거리로 나가 하나님께서 찾으시는 생명들을 구해오게 하옵소서. 그 생명들로 말미암아 천국 잔치를 열게 하옵소서. 전도하기를 쉬지 않는 ○○ 교회에 항상 기쁨이 넘치게 하옵소서.

온전히 하나님의 영광이 선포되고, 믿음이 부족한 성도에게는 굳세고 담대함을 주시기 바라면서 예수님의 이름으로 기도드립니다. 아멘.

3월 3주

구원의 주 하나님,

주일 찬양 | 주님의 날 아침에, ○○ 교회로 불러주심에 감사합니다. 십자가의 은혜로 죄악의 저주에서 구원을 받은 성도들이 예배하러 나왔습니다. 죄 속에 살 때는 거룩한 날도 제 것으로 여기고 안식을 모르던 저희들이었습니다. 보혈의 사랑으로 죄를 씻음 받고, 새 생명의 은혜 안에서 살게 되었습니다.

자복-회개 | 주의 은혜가 없으면 살 수 없는 저희들, 말씀대로 살기를 원하였지만 부끄러운 모습으로 살았습니다. 사순절에 주님께 합당하지 못한 삶을 살았습니다. 긍휼을 베풀어 주시옵소서. 절제하지 못하고, 혈기를 일삼으며 살았던 날들이었습니다. 주님의 영광을 가리는 말을 해왔고, 감정에 따라 행동을 했던 삶을 용서해 주시옵소서.

하나님께의 사랑 | 영원하신 하나님, 저희들의 가슴에 주님을 사랑하고픈 마음으로 가득 차게 하시옵소서. 오직 하나님을 사랑하고, 주님 안에서만 만족하는 마음을 갖게 하시옵소서. 저희들의 찬송에 귀를 기울이사 영광을 받아 주시옵소서. 주님을 찬미하는 기도를 받아 주시기 원합니다. 예배로 모인 지금, 저희들의 마음에 험한 그리스도의 십자가를 새기게 하시옵소서.

예배-순서, 담당자 | 저희의 영혼을 움직이셔서 하나님께만 예배드리려는 열망을 주시옵소서. 이 시간의 예배로 진정 하나님을 만나게 해주시옵소서. 생명의 주님이신 예수를 만나도록 이끌어 주시옵소서. 영원토록 주님으로 즐거워하는 삶이기 원합니다.

설교를 준비하신 목사님을 주님의 손으로 붙잡아 주셔서, 오늘 저희들에게 하나님의 말씀이 온전히 선포되게 하시옵소서. 하나님의 말씀으로 마른 막대기와 같았던 저희들이 생명의 풍성함을 누리게 하시옵소서. 성가대원들을 비롯해서 여러 모습으로 봉사하는 이들에게 은혜를 내려 주시옵소서. 봉사하는 종들이 드리는 온 몸을 받아주시옵소서.

노숙인들을 위한 도고 | 저희들 주변에서 원하지 않게 어려운 일들을 만나 노숙인으로 지내는 이들을 불쌍히 여겨 주시옵소서. 사업에 실패를 하였거나 순간적인 잘못으로 생활의 터전을 잃은 이들을 도와 주시옵소서. 이들 중에 질병으로 고통을 당하고 있는 이들에게는 치료하시는 하나님의 손길로 어루만져 주시옵소서.

이 시간에, 예배할 때, 하나님의 음성을 듣는 신실한 주님의 백성이 되게 해주시기 원하면서 예수님의 이름으로 기도드립니다. 아멘.

3월 4주

영광을 받으실 하나님,

주일 찬양 | 하나님의 사랑으로 지내온 ○○의 지체들이 마음을 열어 주님께로 향합니다. 마음을 드려 산 제사가 되는 예배가 되는 영적 예배가 되기 원합니다. 우리가 즐거이 주님의 이름을 부르고, 하나님께서는 기쁘게 받으시는 예배로 인도해 주시옵소서.

고난주일의 감사 | 갈보리 산 위에 세워진 주님의 십자가에 얼룩진 핏자국을 보려 합니다. 주님께서 고통을 참으시던 신음 소리가 들려오는 듯합니다. 십자가를 지시려고 예루살렘 성으로 오신 주님을 생각하게 하시옵소서. 다윗의 후손으로 오신 이를 찬양합니다. 호산나로 영광을 드리게 하시옵소서. 죄인들을 구원하시려고 십자가를 지신 주님께 우리 자신을 드리도록 하시옵소서.

자복-회개 | 하나님 아버지, 저희들의 죄를 주님의 피로 씻어주시옵소서. 사순절을 보내면서 갈보리의 십자가를 바라보아야 하였건만, 살아가는 일로 분주했었습니다. 알게 혹은 모르게 주님의 영광도 가로챘습니다. 주님께 드려야 하는 감사를 잊고, 나의 수고만을 생각했었습니다. 이러한 어리석음을 보혈의 은혜로 깨끗케 하여 주시옵소서.

예배-순서, 담당자 | 주님의 귀한 자녀들이 거룩한 성전에 예수님의 이름으로 모였습니다. 이 전에 들어온 모든 이들이 신령과 진정으로 예배드리게 하시옵소서. 오직 하나님께만 영광이 되는 예배의 순서 순서로 이어지게 하시옵소서. 그리고 저희들을 위해서 준비된 하늘의 은혜를 허락해주시옵소서.

특별히, 이 한 시간의 예배를 통해서 우리가 어떤 모습으로 살아왔든지 주님의 몸이 된 교회 안에서 한 공동체를 이루게 하시고, 하나님의 은혜를 사모하며 예배하게 하시옵소서. 예배하는 동안에, 주님의 고난에 동참하려는 결단의 은혜를 내려 주시 옵소서.

일꾼들을 위한 중보 | 주님의 몸 된 교회를 위하여 수고하시는 목사님께 은혜와 진리로 충만케 하여 주시고, 교역자분들과 여러 장로님들, 그리고 집사님들에게도 더욱 크신 복을 내려 주시옵소서. 그래서 교회와 목사님을 받들어 섬기는데 부족함이 없게 도와주시옵소서. 이 교회에 일꾼들이 많아 주님의 선한 사업에 쓰임 받게 해주시옵소서.

주님을 영화롭게 해드리는 시간에, 하늘의 천군과 천사들도 찬양을 하고, 저희들에게는 은혜가 내려지기를 바라면서 예수님의 이름으로 기도드립니다. 아멘.

3월 5주

만물의 주가 되시는 하나님,

주일 찬양 | 날마다 저희들을 가엾게 여기시는 은혜에 감사의 찬양을 드립니다. 주님께서 주신 분깃에 따라 살아가던 이들이 ○○ 교회에 모여 하나가 되었음에 감사드립니다. 오늘, 영과 진리로 예배하도록 인도해 주시옵소서. 하나님께서 다시금 새롭게 해주시려 하심에 감사로 예배하는 한 시간이 되게 하시옵소서.

부활절의 감사 | 사망권세 이기고 승리하신 주님을 찬양합니다. 주님께서 흉악한 인간의 권세를 꺾으시고 부활하신 날에, 이 자리에 모인 ○○의 지체들이 예배함은 마땅합니다.
주님을 다시 살게 하신 하나님이여, 영광을 받으시옵소서. 예수님을 다시 일으키신 하나님께 승리의 영광을 드립니다. 주님의 다시 사심으로 저희들에게 부활의 소망을 갖게 하심을 감사합니다.

감사의 고백 | 경배의 주인이 되시는 하나님, 주님께서 지으신 모든 민족이 와서 주의 앞에 경배하며 주의 이름에 감사를 돌립니다. 그리스도 예수 우리 주님의 성호를 높이 들며 살게 하셨습니다. 주님의 보혈의 공로로 세상을 이기는 한 주간을 살아왔습니다.

예배-순서, 담당자 | 저희들이 여호와 하나님을 즐거워하며 찬송할 때,

홀로 하나님께만 영광이 드려지기 원합니다. 사탄의 궤계가 틈을 타지 않게 하시고, 이 성전 가득히 하나님의 영광으로 채워지게 하시옵소서.

거룩한 예배를 위하여 몸을 다 드려 준비하신 목사님을 축복합니다. 신령과 진정으로 예배하기를 기뻐하는 성도들을 축복합니다. 오늘, 목사님의 입술에서 선포되는 부활의 메시지로 저희들은 부활신앙의 결단으로 나아가게 하시옵소서. 여호와의 이름을 찬양하면서 시작되었사오니 예배를 마칠 때까지 성령 하나님께서 주관해 주시기 원합니다.

회중을 위한 중보 | 자비로우신 하나님, 이 구별된 주일 아침에 주의 사랑과 은혜를 사모하는 이들에게 풍성한 은혜를 내려 주시옵소서. 그리고 지금도 병마와 싸우며 고통 중에 있는 자들에게 치료와 회복의 은혜를 허락하시옵소서. 가정의 여러 문제와 경제적인 문제로 고민하며 간구하는 기도를 주께서 들어 주시고 친히 응답해 주시옵소서.

여호와의 성일에 예배로 하나님의 영광을 나타내고, 만나와 같이 내려지는 은혜를 기다리면서 예수님의 이름으로 기도드립니다. 아멘.

4월 1주

우주와 만물의 주가 되시는 하나님,

주일 찬양 | 오늘, 이 거룩한 날에, 저희들을 불러주시니 감사드립니다. 저희를 죄 가운데서 구속하신 예수님의 은혜에 감사하며 나아왔습니다. 저희의 죄를 용서해 주시고, 아버지라 부르게 하신 하나님께 예배드리기 위해서 모였습니다. 이 한 시간에, 하늘에 영광을 드리는 예배로 인도해 주시옵소서.

부활 신앙의 고백 | 부활절기를 살아가면서 저희들의 마음이 우리 죄로 인해 십자가를 지신 예수 그리스도의 고난의 의미를 되새기게 하시옵소서. 주님만이 내 죄를 해결해 주실 수 있음을 고백하게 하시고, 주님께서 지신 십자가에 내 모든 죄의 본성과 고집스런 자아를 못 박아 새 영으로 거듭나게 하시옵소서. 이로써 진정한 부활의 감격을 누리는 자들 되게 하여 주시옵소서. 여호와는 모든 나라보다 높으시며, 주님의 영광은 하늘보다 높으십니다.

예배-순서, 담당자 | 전능하신 하나님, 주의 권능으로 영광을 나타내심을 찬양합니다. 예배하러 모인 이 무리들 가운데서 영광을 받아주시옵소서. 예배의 모든 순서가 아버지 하나님을 바르게 경배하는 것이 되기 원합니다. 이 예배에 주님께서 찾아와 주시옵소서.

설교를 준비하신 목사님께 성령의 감동하심이 있기 원합니다. 저희들에게 말씀하실 하나님의 메시지를 전하시도록 이끌어 주시옵소서. 그 말씀이 잠을 자던 심령을 깨워 일어나는 은혜가 되기를 빕니다. 낙심해있는 심령에는 소성케 하는 생명의 역사가 있기를 빕니다.

약한 이들을 위한 중보 | 불쌍히 여기시는 주님, 육신이 연약한 자에게 육신의 건강함을 얻도록 해주시옵소서. 믿음의 확신이 없는 자에게 믿음의 확신을 주시옵소서. 말씀이 없어서 방황하는 자에게 말씀의 위로를 받게 해주시옵소서. 갈보리의 십자가 보혈로 새롭게 하시옵소서. ○○의 성도들이 사순절의 은혜를 누리게 하시기 원합니다.

환자들을 위한 도고 | 이 시간에도, 몸이 늙어서 병들어 집이나 병원에서 홀로 있는 이들이 있으니 도와주시옵소서. 회복하게 하시는 여호와의 만져주심으로 구원해주시옵소서. 병든 이들에게는 싸매어 주시는 은혜로 아픈 부위를 낫게 하시고, 노년의 아름다움을 신앙생활로 보낼 수 있도록 도와주시옵소서.

이 복된 시간에, 하나님께는 큰 영광을 드리며 저희들은 은혜로 충만하게 해주시기를 바라면서 예수님의 이름으로 기도드립니다. 아멘.

4월 2주

종려주일로 모이게 하신 하나님,

주일 찬양 | 사랑을 입은 주님의 자녀들이 한 자리에 모였으니, 기뻐하고 즐거워합니다. 하나님께서 인생을 위하여 큰 일을 하셨으니, 여호와의 이름을 찬양하며 즐거워합니다. 지금, 예배로 구원의 주님이신 나의 하나님께 영광을 드리게 하시옵소서. 거룩한 아침에, 머리를 숙여 참으로 겸손히 예배하게 하시옵소서.

자복-회개 | 저희들의 삶이 예수 그리스도를 닮아 가는 것에 민감하지 못했음을 고백합니다. 하나님께 친백성으로 살기보다는 저희들 자신의 욕심을 붙잡고 살아왔습니다. 성령님께서 찾아오셨으나 성령님을 외면하고 지낸 죄를 용서해주시옵소서. 성령님께 성실함으로 하나님의 말씀을 실천하는 성숙된 믿음이 되게 하여 주시옵소서. 하나님 앞에서 복된 성도들이 되게 하시옵소서.

예배-순서, 담당자 | 인생의 주인이신 하나님, 먼저, 십자가의 그 크신 사랑을 입어 예배하러 나온 ○○의 성도들에게 복을 내려 주시옵소서. 하나님의 강하게 하시는 은혜를 누리게 하시고, 저희들에게 성령님의 충만하심을 주시옵소서.

이 백성을 위하여 진리의 말씀을 준비해주신 은혜에 감사드립니다. 목사님께서 말씀을 전하실 때, 두려워하는 마음으로 듣게 하시옵소서. 그 말씀에 회개의 영이 임하여 여호와 앞에서 우는 것을 경험하게 하시옵소서. 이 예배를 영화롭게 하는 성가대원들에게 찬양의 은혜를 내려주시옵소서. 회중도 함께 성가대가 되어 찬양을 드리기 원합니다.

성도 가정을 위한 중보 | 인자하신 여호와여, 장래의 소망을 하나님께 두고 있는 청소년들을 축복합니다. 그들이 자신을 낳아주시고, 길러주신 부모의 사랑에 감사하면서 살아갈 때, 복된 하루하루가 되게 하시옵소서. 그리고 여러 가지 문제를 안고 나온 성도들이 있사오니 이 시간 다 해결 받고 은혜 받는 시간이 되게 하시옵소서.

전도에의 결단 | 전도자를 보내시는 하나님께 찬양과 영광을 드립니다. 저희 ○○ 교회와 성도들에게 전도에 대한 비전을 갖게 하시고, 복음을 전하기 위해 헌신하게 하셨음에 감사드립니다. 주님의 제자들은 복음을 전할 때 말할 수 없는 핍박과 능욕을 받았습니다. 저희들에게도 어떤 고난과 역경 속에서도 불굴의 신앙과 불타는 사명을 가지고 복음을 전해야겠다는 사명으로 불타게 하옵소서.

예배가 진행되는 순서 순서에서 받은 은혜로 입술을 열어 하나님을 찬미하게 하시기 바라면서 예수님의 이름으로 기도드립니다. 아멘.

4월 3주

부활의 영광을 주신 하나님,

주일 찬양 | 하나님께서 거룩하다고 선포하신 날의 아침입니다. 하나님의 크신 손 안에 있는 온 땅이 주님의 이름을 드러내기 원합니다. 땅에 있는 모든 것들이 주님의 아름다우심을 찬양하기 원합니다. 이 끝에서 저 끝까지에 있는 모든 인생들이 주님의 이름을 찬양하도록 이끌어 주시옵소서.

경배 | 예수님께서 죽음의 권세를 이기시고 부활의 첫 열매가 되게 하셨음에 찬양을 드립니다. 주님의 부활로 우리에게 산 소망을 선물해 주셨습니다. 다시 사신 주님께서 하늘에 계시며 연약한 인생을 보호하여 주심에 찬양과 경배를 드립니다. 이스라엘의 거룩한 구속자이신 여호와께 경배를 드립니다.

자복-회개 | 사유하시는 하나님, 이 아침에도 저희들의 죄를 고백하오니 용서해주시옵소서. 예수님께서 부활하셨건만, 아직도 부활신앙을 갖지 못하고, 방황하는 삶을 살았습니다. 말과 행동으로 불신앙의 삶을 살았습니다. 주님께서 주신 것을 사용하는 삶을 살면서도 내 것처럼 욕심을 내며 지냈던 죄를 용서해주시옵소서.

예배-순서, 담당자 | 우리 주님께서 다시 사신 기쁨의 날에 원근 각처에

서 흩어져 생활하던 이들이 한 자리에 모였습니다. 부활하신 주님을 만나게 하셨으니, 저희들을 주관하사 살아있는 예배, 신령과 진정으로 아름다운 예배를 드리게 하시옵소서.

목사님께서 저희들을 위하여 설교 준비를 하셨음에 감사드립니다. 성령님의 감동하심으로 말씀을 베푸시도록 하시옵소서. 그 말씀으로 여호와의 만져주심을 경험하게 하시옵소서. 하나님께 영광을 드리려고 성가대원들이 세워졌습니다. 그들이 몸을 드려서 찬송을 올려드리게 하시옵소서.

나라를 위한 도고 | 민족을 보호하시는 하나님, 외세의 침략이 많았고, 민족적으로도 부침이 많았던 이 나라를 불쌍히 여겨 주시옵소서. 하나님의 은혜로 지구상에서 부강하고 굳건히 세워지는 나라가 되게 하시옵소서. 하나님의 공의가 강물처럼 흐르는 사회가 되어 모든 이들이 하나님을 두려워하게 해주시옵소서.

거룩한 날의 아침에 승리의 찬송을 부르면서 드려지는 예배에 하나님 앞에만 영광을 드리기를 소망하면서 예수님의 이름으로 기도드립니다. 아멘.

4월 4주

예배에 청하시는 하나님,

주일 찬양 | 온 땅이 무릎을 꿇고, 하나님을 경배하는 아침입니다. 주님을 찬양하며, 그 이름을 높여드리는 시간에 거룩하다 여김을 입은 성도들이 모였습니다. 구원의 은혜, 의롭다 여겨주신 사랑에 감사하면서 경배를 드리게 하시옵소서. 우리의 모든 생각과 정성 그리고 사랑을 모아 예배하도록 인도해 주시옵소서.

자복-회개 | 십자가에서 흘려진 그리스도의 피로 저희들의 죄를 깨끗케 하시옵소서. 하나님의 부르심에 합당한 삶을 살아드리지 못한 연약한 저희들을 긍휼히 여기시고, 하나님을 기쁘게 해드리는 사람이 되게 하시옵소서. 자기의 죄를 숨기는 자는 형통하지 못하나 죄를 자복하고 버리는 자는 불쌍히 여김을 받으리라 하신 말씀을 기억합니다.

교회를 위한 중보 | 부족한 입술로 교회를 위하여 기도드립니다. 오직 주님께서 교회의 주인이 되어 주시고, 성령께서 교회를 늘 인도하셔서 성장하게 하시옵소서. 아버지 하나님께 기도하는 집이 되게 하시고, 사랑의 교제가 살아 있게 하시며, 하나님의 나라에 대한 꿈과 소망을 잃지 않는 공동체가 되게 하시옵소서. 이 교회에 속한 모든 성도들이 참된 믿음 안에서 살아가도록 이끌어 주시옵소서.

예배-순서, 담당자 | 만유의 주가 되시는 하나님, 예배를 통하여 받으셔야 하는 영광을 드리기 원합니다. 지금, ○○ 교회의 성도들이 한마음으로 예배할 때, 먼저 이 교회가 거룩해지게 하시고, 저희들의 심령이 열납되기 원합니다. 손으로 발로, 머리로 가슴으로, 마음으로 생각으로 춤추며 주님께 영광을 드리게 하시옵소서.

말씀을 준비하신 목사님께 성령으로 감동해주시고, 하나님의 뜻이 온전히 선포되기 원합니다. 생명의 말씀으로 이 시간에 저희를 깨닫게 하시고, 의와 진리로 이끌어 주시는 자리에 들어가게 하시옵소서. 죄로 말미암아 죽을 수밖에 없던 저희들에게 진리의 길을 열어 주신 하나님께 찬양을 드립니다.

성도의 가정을 위한 도고 | 하나님께서 사랑하셔서 가정을 선물로 주셨으니 가정마다 하나님의 나라를 이루고, 불신 가정에서는 예수님을 구주로 영접하는 복된 역사를 이루어주시옵소서. 가정에서 참 안식을 누리고 식구들이 화목하게 지내도록 해주시옵소서.

이 시간에, 예배드릴 때, 다시금 다짐하오니 죄에 대해 죽고, 의에 대하여 살기를 바라면서 예수님의 이름으로 기도드립니다. 아멘.

5월 1주

전능하신 하나님,

주일 찬양 | 주님의 날을 성일로 지키려고 부름 받은 성도들이 모였습니다. 오늘, 어린이주일로 지키면서 아버지 하나님께 예배하기 위하여 모였으니, 이 날을 복되게 하시옵소서. 여호와 우리 하나님은 영광을 받으시고, 우리는 영원히 주님 앞에서 살아가기를 다짐하는 한 시간이 되게 하시옵소서.

자복-회개 | 이 시간에, 저희들의 더러운 죄로 인하여 주님의 영광이 가려진 것을 용서해주시옵소서. 저희들의 더러운 죄를 벗게 하여 주시고, 성결의 세마포를 입게 하시옵소서. 저희들에게 하나님의 영광에 참여하게 하시며, 하나님의 영광을 드러내게 하시옵소서. 가정에서 자녀들의 목자가 되게 하시며, 하나님의 영광을 구하게 하시옵소서.

어린이에의 축복 | ○○의 지체들, 각자가 흩어져 자신이 있는 자리 에서 예배하는 삶을 살다가 다시 모였습니다. 어린이들을 축복합 니다. 죄악과 방탕의 유혹이 범람하는 이 험한 세상에서 저희 자녀들을 지켜주시기 원합니다. 주님의 말씀과 성령님의 감동하 심으로 인도하옵소서. 저희 자녀들의 마음 밭에 주님의 복음과 진리의 씨앗을 뿌려 주시고 성령의 크신 능력으로 가꾸어 주시며, 말씀의

영양분을 충분히 주셔서 그들이 영과 육이 건강한 자녀 들로 자라게 복을 주시옵소서.

예배-순서, 담당자 | 영광을 받으실 하나님, ○○의 백성들이 주님의 발등상 앞에서 경배를 드립니다. 홀로 하나이신 하나님의 거룩하심을 찬양합니다. 저희들에게 복된 날을 허락해 주셔서 아침부터 이 밤까지 하나님을 찬양하며 예배하게 하시니 감사합니다.

말씀을 들고 단 위에 서신 목사님과 함께 하셔서 생명을 구원하는 능력의 말씀을 전하실 수 있도록 인도하시옵소서. 한 말씀도 땅에 떨어지지 아니하고 성도들의 마음 밭에 새겨져 열매를 맺게 하시옵소서. 그리하여 하나님 말씀으로 승리하는 삶을 살 수 있게 하시옵소서.

소원의 간구 | 저희 자녀들의 마음 밭에 주님의 복음과 진리의 씨앗을 뿌려 주시옵소서. 그들의 심령을 성령님의 능력으로 가꾸어 주시며, 말씀의 영양분을 충분히 주셔서 영과 육이 건강한 자녀들로 자라게 하시옵소서. 크신 사랑으로 어린이들을 키워주시옵소서.

죄악과 방탕의 유혹이 범람하는 험한 세상에서 저희 자녀들을 지켜주시고, 주의 지팡이와 막대기로 인도받기를 바라면서 예수님의 이름으로 기도드립니다. 아멘.

5월 2주

만물을 다스리시는 하나님,

주일 찬양 | 영광을 받으셔야 하는 이스라엘의 주님께 나아옵니다. 그 이름 앞에 무릎을 꿇어 자복하면서 영광을 드립니다. 이 복된 날에, 하나님께서 정하신 방법에 따라 예배를 드리오니 받아주시옵소서. 그리고 머리를 숙인 저희들에게는 여호와 앞에서 영원히 성민이 되게 하시옵소서. 예배하기를 기뻐하는 마음으로 충만하게 하시옵소서.

부모님 주일의 감사 | 오늘은 여호와의 성일을 부모님에 대한 은혜를 생각하며, 하나님께 예배합니다. 이 땅에 있는 인생을 사랑하셔서 거룩한 제도를 주셨음에 감사드립니다. 하나님께서는 우리를 친히 돌보시려고 누구나 부모에 의해 자라게 하셨습니다. 저희들에게 가정에서 지내게 하시고, 부모를 섬기도록 하셨음에 감사를 드립니다. 영광 가운데 계신 하나님의 이름을 높여드립니다.

자복-회개 | 부모님께 효도를 다하는 것을 잊고 살아온 죄를 용서해주시기 원합니다. 날마다 소망해야 할 것은 부모님을 기쁘시게 해드림인데, 자신의 유익에만 매달려 살아온 죄를 용서해주시옵소서.

예배-순서, 담당자 | 신령과 진정으로 드리는 예배가 되기 원합니다. 이미 찬양과 경배로 시작된 예배를 마칠 때까지 주관해 주시옵소서. 부모를 공경함에 대하여 말씀을 준비하신 목사님께 성령으로 감동해주시고, 하나님의 뜻이 온전히 선포되기 원합니다. 그 말씀으로 주님의 뜻이 무엇인지 분별하게 하시옵소서.

목사님의 입술을 통하여 말씀이 전해질 때, 저희들의 심령을 새롭게 하시는 하나님의 말씀만 선포되기 원합니다. 강단에서 선포되는 말씀에, 삶의 용기와 지혜를 얻게 하여 주시옵소서.

전도에의 결단 | 주의 자녀가 되어 교회로 모일 수 있었음은 복음을 들어서였다고 믿습니다. 저희들에게 복음을 전하에 대한 사명감을 주시옵소서. 초대 교회의 제자들에 저희가 날마다 성전에 있든지 집에 있든지 전도하기를 쉬지 않게 하신 은혜를 저희들도 경험하기 원합니다. 그들은 예수 그 이름을 위하여 복음을 전하였습니다. 그리고 예수는 그리스도라 전하였습니다. 그들이 전도에 항상 힘쓴 열정을 저희들의 것이 되기를 원합니다.

이 거룩한 시간의 예배로 저희들이 새롭게 되어, 부모를 공경하고, 어르신들께 봉사하는 것을 사모하기를 바라면서 예수님의 이름으로 기도드립니다. 아멘.

5월 3주

영광 가운데 계신 하나님

주일 찬양 | 여기에, 사랑을 입은 아버지의 자녀들, ○○의 지체들이 모두 거룩한 예배의 자리로 나아갑니다. 목소리 합하여 전능하신 하나님을 찬양하고, 이 자리로 불러 주신 하나님을 예배하게 하시옵소서. 예배드리는 이 모임에서 신앙 공동체를 체험하게 하시옵소서.

성령강림절의 감사 | 우리에게 오신 성령님을 찬양합니다. 죄인 되었던 저희들에게 예수님을 구주로 영접하게 하시고, 우리를 위하여 중보하시는 성령님을 기뻐합니다. 거룩한 시간에 하나님의 집에 나왔으니 무릎을 꿇게 하시옵소서. 성령님의 충만하심 안에서 예배하게 하시옵소서. 감사하는 목소리로 경배하는 시간이기를 원합니다.

자복-회개 | 하나님께 순종할 수 있는 삶이 되지 못하였음을 회개합니다. 혹 입술로 이웃의 허물을 증거하는 죄를 지었다면 용서해주시옵소서. 은혜의 말씀을 부담스러워 했다면 용서해주시옵소서. 안목의 정욕으로 마음을 더럽힌 모든 것들을 회개하오니 용서 해주시옵소서. 저희를 주님의 몸된 교회의 지체되기에 부끄럽지 않은 삶으로 인도해 주시옵소서.

예배-순서, 담당자 | 오늘 드리는 저희들의 예배가 주님께서 기뻐 받으시는 산 제사가 되게 하시옵소서. 이미 시작된 때부터 마치는 시간까지 오직 주님만이 임재하심으로써 여기에 나온 모든 성도들에게 한량없는 복을 내려 주시옵소서.

말씀을 전하실 목사님을 붙잡아 주시기 원합니다. 예수님께서 친히 교회의 머리가 되게 하시고, 주님의 사랑과 진리와 은혜가 가득 찬 교회가 되게 하시옵소서. 오늘도 이 땅의 사람들에게 찾아 오셔서, 잃어버린 자들을 부르시는 말씀을 듣게 하심을 즐거워합니다.

회중을 위한 중보 | 이 시간에, 간절히 바라옵기는 하나님의 감동 안에서 사랑으로 하나되어 영광을 드리는 교회공동체가 되게 하시기 원합니다. 먹고, 살아가는 땅에 것들로 분주해야 하지만, 하나님의 일을 이루어드림에 대하여 고민하는 삶이 있게 하시옵소서. 이로써 주님의 나라를 상속받기 위해 경건한 자녀로 살게 하시고, 우리가 주의 백성으로 지내는 날들이기를 원합니다.

우리 ○○의 성도들 한 사람, 한 사람이 주님께서 열납하시는 예배를 드리게 하시며, 위로부터 내려지는 은총에 젖게 하심을 바라면서 예수님의 이름으로 기도드립니다. 아멘.

5월 4주

자비하신 하나님.

주일 찬양 | 주일을 누리게 하신 그 한없는 사랑에 감사를 드립니다. 하나님께서 허락하지 않으시면 숨 쉴 수조차 없는 것이 우리입니다. 그뿐만 아니라 우리는 기도할 수도 없고, 찬양할 수도 없으며 말씀을 들을 수도 없는 연약한 존재들입니다. 주님께서는 저희들에게 주일을 구별할 수 있는 은혜를 주셨습니다.

삼위일체주일의 감사 | 삼위일체 하나님의 역사로 주님 안에서 자녀로 살게 하셨습니다. 더욱이 감사함은 저희를 충성되이 여겨 하나님 앞에서와 세상에서 직분을 맡기심입니다. 생명의 빛 가운데서 성도의 기업의 부분을 얻기에 합당하게 하신 아버지께 충성을 다하기를 다짐하게 하시옵소서. 주님께서 저희들에게 베풀어주신 은혜를 헤아리면서 예배하도록 하시옵소서.

자복-회개 | 저희의 죄를 고백합니다. 기도해야 하는 시간에 기도하지 않았고, 참고 기다려야 하는 시간에 분노했던 죄를 용서해 주시옵소서. 봉사를 하면서도 하나님의 영광을 드러내기 보다는 인간의 욕심을 앞세웠습니다. 우리의 죄를 사해주시옵소서. 우리의 타락한 죄성을 용서하셔서 더러워진 영혼을 깨끗하게 하시옵소서.

예배-순서, 담당자 | 하나님은 저희들을 새롭게 해주셨습니다. 지금, ○○의 권속들이 여호와 우리 하나님은 거룩하신 하나님이심을 찬양하면서 나아갑니다. 예배의 모든 순서가 아버지 하나님을 바르게 경배하는 것이 되게 하시옵소서.

오늘도 목사님을 세워주심에 감사드립니다. 연약한 영혼을 위해서 생명의 말씀을 준비하게 하셨으니 정말로 감사합니다. 성가대원들은 영과 진리로 입을 벌려 주님의 위대하심을 찬송하게 하시옵소서. 예배의 순서를 맡아서 섬기는 종들에게 은혜를 내려주시고, 그들의 헌신으로 예배는 더욱 경건해지게 하시옵소서.

비전의 간구 | 바라기는 하나님의 자비로우심으로 성도답게 살게 하시옵소서. 이미 빛과 소금이 되라 하신 주님의 뜻대로 사는 종들이 되게 하시옵소서. 그리하여 악을 물리치고 하나님을 기쁘시게 하는 것을 사모하기 원합니다. 이로써 주님의 나라를 상속받기 위해 경건한 자녀로 살게 하시고, 주님의 백성으로 지내는 날들이기를 원합니다.

주 하나님을 우리의 반석으로 예배하게 하시고, 모든 성도들이 그리스도 안에서 살기를 바라면서 예수님의 이름으로 기도드립니다. 아멘.

6월 1주

영광스러운 자리로 나아가게 하시는 하나님,

주일 찬양 | 이레 가운데 한 날을 구별하여 성일로 정하신 하나님께로 나옵니다. 죄인이었던 인생들을 의롭게 해주셨으니, 의로움을 입은 자들이 주님 앞으로 나옵니다. 스스로 정결하게 하고 나온 성도들에게 복을 내려주시옵소서. 오늘은 현충일을 기억하면서, 이 민족의 역사에 간섭하신 하나님의 손을 찬양합니다.

현충일의 감사 | 곧 현충일을 맞이합니다. 하나님께서 복되게 구별해주신 아침에 나라를 구하려고 자기 목숨을 초개처럼 버린 이들을 생각합니다. 이 나라와 민족을 지켜주시는 은혜가 새로운 아침입니다. 하나님의 은혜 안에서 나라사랑의 의미를 묵상하게 하시옵소서.

자복-회개 | 사유하시기를 즐겨하시는 하나님, 죄 가운데 살던 우리가 하나님의 대속의 은혜를 사모하여 이 자리에 모였습니다. 저희들의 죄를 고백합니다. 욕심에 사로잡혀 분별력을 잃고, 잘못된 길을 가고 있으면서도 깨닫지 못한 어리석은 저희들이었습니다. 스스로를 속이며 타협하다가 걸려 넘어지기도 하였습니다. 용서하시옵소서. 주님의 십자가를 경험하면서 하나님의 사랑이 얼마나 크고 놀라운지 깨닫는 시간이 되게 하여 주시옵소서.

예배-순서, 담당자 | 연약하고 어리석은 저희들이지만 믿음으로 하나님 앞에 서오니 우리를 받아 주시고 새롭게 하여 주시옵소서. 신령과 진정으로 예배드려 하나님께 영광이 되기를 원합니다. 성도들 마음을 합하여 온 교회가 성삼위 하나님께 영광을 드립니다.

설교를 준비하신 목사님께 성령의 능력이 더해지기 원합니다. 하나님의 지혜로 말씀을 전하게 하시기 원합니다. 이제 저희들에게는 우둔한 귀를 열어서 듣게 하사, 주님을 위해 살겠다는 다짐을 허락하시옵소서. 하나님을 영화롭게 해드리려는 성가대원들에게 기름을 부어주시옵소서. 그들이 입술을 벌려 찬양을 올려드릴 때, 이 전에 영광이 가득하기를 빕니다.

나라를 위한 중보 | 사랑으로 다스리시는 하나님, 이 민족에 복음의 횃불이 들려진 것을 감사드립니다. 한국전쟁으로 많은 이들이 피 흘리며 숨져 갔고, 그들의 유가족들이 슬픔 속에서 지내고 있습니다. 현충일에 즈음하여 이 민족을 특별히 위로해주시옵소서.

나라를 사랑하는 마음에서 드리는 예배를 받아주시고, 민족과 나라를 위하여 기도하기를 바라면서 예수님의 이름으로 기도드립니다. 아멘.

6월 2주

자기 백성을 부르시는 하나님,

주일 찬양 | 주님의 날을 기다리게 하셨으니 감사드립니다. 이 예배의 날을 축복합니다. 오늘의 예배가 형식이나 습관대로 드리는 것이 아니기를 원합니다. 감사와 찬양이 넘치는 예배를 드리는 주일이 되도록 주님께서 친히 주장하여 주시옵소서. 저희를 구속하여 자녀로 불러 주신 아버지 앞에 모였으니 영광을 받으시옵소서.

자복-회개 | 우리의 죄악이 하나님과의 사이를 내었사오니, 용서받는 시간이 되게 하여 주시옵소서. 이에, 죄에 대하여 끊을 것은 끊게 하시고, 자를 것은 자르게 하시옵소서. 저희들에게 십자가에 동참하게 하시고, 내 뜻이 아닌 주의 뜻을 이루어 드리게 하시옵소서. 주님을 본받게 하시고 겸손과 온유함으로 주를 따르게 하시옵소서.

교회를 위한 중보 | 교회를 섬기시는 목사님께 함께 하셔서 영육간에 신령함과 강건함을 주시기 원합니다. 일꾼으로 부름을 받은 제직들이 맡겨진 일들을 수행할 때 부족함 없게 하시옵소서. 목사님의 뜻을 받들어 순종하는 가운데 주님의 영광으로 소문나는 교회가 되게 하시옵소서. 나아가 이 세상에서 방부제의 역할을 감당하며 많은 생명들을 주님께로 인도해 구원의 기쁜 소식을 전파하게 하시옵소서.

예배-순서, 담당자 | 이 거룩한 아침에 하늘이 하나님의 영광을 선포하고, 땅과 모든 것들은 하나님의 손으로 하신 일을 나타내고 있습니다. 영광이 예배하러 모인 온 성도들에게 임하기를 원합니다. 예배를 위하여 여러 일꾼들이 헌신하게 하셨습니다. 기도로 설교를 준비하신 목사님께 힘을 더하셔서 권세 있는 말씀을 선포할 수 있게 하옵소서. 그 말씀으로 주저앉았던 저희들이 다시 일어나는 체험을 주시옵소서. 이 예배로 인하여 저희 교회가 온전히 하나님의 영광을 드러내는 교회가 되게 하시기 원합니다.

전도에의 결단 | 오늘, ○○교회로 하여금 생명을 구원하는 일에 신앙의 우선순위를 두게 하시옵소서. 우리를 사랑하시는 주님을 전하는 공동체가 되게 하옵소서. 복음의 빚진 자가 된 교회가 생명을 살리는 복된 소식을 세상 속에 드러내며 하나님의 뜻을 이루어 드리게 하옵소서. 세상을 위하여 자신의 몸을 내어주셨던 주님의 교회가 되기를 소망하게 하시옵소서.

주님의 교회에 하나님의 영광이 가득하고, 세상에는 복음의 강수, 생명수가 흘러가기를 바라면서 예수님의 이름으로 기도드립니다. 아멘.

6월 3주

우주만물에 그 이름을 나타내시는 하나님,

주일 찬양 | 한 주간 살아왔던 시간들을 돌아볼 때, 하늘을 우러러 찬양을 드립니다. 지난날들이 오직 은혜로만 살아온 시간이었기에 감사드립니다. 여기에 모인 ○○의 지체들의 마음을 다하여 대속의 십자가를 지신 주님의 사랑을 찬양하게 하시옵소서. 정직한 입술로 감사와 영광이 담겨진 예배를 드리게 하시옵소서.

한국전쟁의 기억 | 하나이어야 하는 민족이 서로의 가슴에 총부리를 겨누고, 금수강산에 피가 뿌려졌던 땅이었음을 기억해 주시옵소서. 인간의 욕심이 전쟁을 불러오고, 그 전쟁으로 수많은 형제들이 피를 흘렸습니다. 지금도 대치되어 있는 남북의 이 민족을 불쌍히 여겨 주시옵소서. 민족적으로 하나님을 영화롭게 해드리게 하시옵소서.

하나님께 영광 | 하나님께 그의 이름에 합당한 영광을 돌립니다. 하나님의 자녀된 거룩한 옷을 입고, 여호와께 예배하러 나왔습니다. 주님의 전에서 영광과 권능을 여호와께 돌리기 원합니다. 오직 여호와의 이름을 높이고 그 이름을 찬양하는 영광을 돌리기 원합니다. '여호와 우리 주여 주의 이름이 온 땅에 어찌 그리 아름다운지요 주의 영광이 하늘을 덮었나이다.'

예배-순서, 담당자 | 하나님의 사랑이 저희들을 이곳으로 불러 예배 드리게 하셨습니다. 이 백성에게 예배를 통해서 받는 은혜로 죄에 대해 죽고, 의에 살게 하시옵소서. 오늘, 단에 서서 주님의 귀한 말씀을 전하실 목사님께 신령한 능력과 성령으로 충만케 하시옵소서. 그리하여 말씀을 통하여 주의 영광이 드러나게 하시고, 주님께서 귀하게 쓰시는 종으로 삼아 주시옵소서.

나라를 위한 중보 | 이 민족을 통해 영광 받으시기를 원하시는 하나님 아버지, 갈릴리 호수를 다니시면서 유대인과 이방인을 복음으로 하나되게 통일과 평등을 이루어 나아가신 예수님을 생각합니다. 이 백성의 삶에 깊숙이 개입하시어 둘로 쪼개진 강토가, 갈라진 사람의 마음들이 하나 되게 하시옵소서. 정치하는 이들이나 국방을 지키는 이들에게 은혜를 내리시어 하나님 두려운 줄 알게 하시고, 하나님의 뜻을 분별하는 지혜를 주시옵소서.

한국전쟁을 기억하면서 예배를 드릴 때, 하나님께 영광을 드리고, 우리 교회가 민족을 위해 기도하는 교회이기를 바라면서 예수님의 이름으로 기도드립니다. 아멘.

6월 4주

영광의 주가 되시는 하나님,

주일 찬양 | 하나님께서는 예배를 받으시고, 저희들에게는 예배의 감격에 놀라게 하시기 원합니다. 이 작은 예배당에서 불리어지는 찬송이 하늘에 닿기를 소망합니다. 저희들을 위하여 부리는 천사들이 화답하여 하나님을 높이는 찬송을 올려드리게 하시옵소서. 하늘에 가득한 주님의 영광을 보게 하시옵소서.

감사의 고백 | 주님의 자비로우심에 감사를 드립니다. 이 전에서 저희들이 주께 감사함은 돌보아주심이 지극히 은혜로우시기 때문입니다. 지난 이레 동안에도 하나님의 보호하심은 심히 기묘하게 나타내셨습니다. 주님께서 하시는 일이 기이함을 저희들의 영혼이 잘 알고 있사오니, 여호와의 손길에 다시 한 번 감사드립니다.

자복-회개 | 저희들에게 거저 주신 은혜를 알면서도 배은망덕하게 살았던 것을 회개합니다. 용서해주시옵소서. 이처럼 게으르고 핑계대기를 좋아하는 저희의 죄성을 깨달아 회개하게 하시옵소서. 저희들의 입술이 범죄치 않게 하시고, 생각이 범죄치 않도록 날마다 동행하여 주시기를 빕니다. 주님의 말씀대로 살아가는 것을 즐거워하고 자랑하는 교회가 되게 하시옵소서.

예배-순서, 담당자 | 예수님의 이름으로 모이게 하신 주님, ○○의 지체들이 영과 진리로 드리는 예배가 되기 원합니다. 오직 하나님께만 영광이 되는 예배의 순서 순서로 이어지기 원합니다. 이 은혜로 하나님의 영광을 누리는 예배가 되게 하시옵소서.

이제, 강단에서 목사님의 입술을 통하여, 준비된 말씀에 성령님의 역사가 크게 나타나기 원합니다. 하나님께서 말씀하시는 시간에 저희들은 왕 앞에 선 신하와 같이 듣게 하시옵소서. 두렵고도 떨리는 심정으로 말씀을 받을 때, 생명의 진리로 새 힘을 얻게 해주시옵소서.

교역자들을 위한 중보 | ○○ 교회에 세워주신 지도자들을 축복합니다. 그들이 맡겨진 양떼를 위해서 오직 주님의 음성에만 민감하게 하시옵소서. 세상과 타협하지 않으며 오직 주님 가신 발자취만 따라감으로써 사도의 모델이 되게 하시옵소서. 하나님의 일을 하실 때, 지치지 않게 해주시고, 더 큰 일을 행하는 사역자가 다 되게 하시옵소서.

예수님의 십자가 공로로 의롭다 함을 받아 예배드림을 감사하고, 하나님을 찬미하는 저희들이 되기를 바라면서 예수님의 이름으로 기도드립니다. 아멘.

6월 5주

경배를 원하시는 하나님,

주일 찬양 | 홀로 영광을 받으시고, 그 이름을 세상 만방에 알리셔야 하는 주님께로 나왔습니다. 하나님, 그 이름이 높임을 받으시는 예배를 드리게 하시옵소서. 주님의 피로 말미암은 예복을 입게 하시옵소서. 우리가 구원의 첫 은혜를 누렸을 때, 꿈꾸던 것 같았던 감격으로 예배드리게 하시옵소서.

감사의 고백 | 좋으신 하나님, 우리에게 생명을 허락하시고 삶을 지켜주신 하나님의 사랑을 생각합니다. 아들 예수까지도 우리의 죄를 위해 아낌없이 내어 주신 구속의 은혜를 만입이 있어도 다 감사하지 못합니다. 지난 한 주간도 아버지의 넘치는 은혜로 살아왔사오니 감사로 예배하는 이 시간이 되게 하시옵소서. 하늘에 시민권을 갖고 있으매 천국 본향을 사모하면서 살아가기 원합 니다.

자복-회개 | 사랑의 하나님, 지금, 저희들의 죄를 고백합니다. 하나님께서는 저희를 사랑하셔서, 지키고 따라야 하는 말씀을 주셨으나, 말씀에 따르지 못했던 지난 생활을 회개합니다. 하나님의 나라와 의를 구하면서 살아야 했는데, 오히려 유혹에 이끌리고, 욕심으로 말미암아 죄를 지으며 살았습니다. 참으로 뉘우치오니, 하나님의 인자하심으로 용서하여 주시옵소서.

예배-순서, 담당자 | 영광 가운데 경배를 받으실 하나님, 이 자리에 모인 저희들에게, 신령과 진정으로 예배드릴 수 있게 하시옵소서. 예배의 순서를 통하여 하나님께만 거룩함을 나타내게 하시옵소서. 저희들이 주님을 찬양할 때, 하나님의 자녀들에게 기쁨이 있는 잔치의 자리가 되게 하시기 원합니다.

설교하시는 목사님께 하늘의 문을 열어 능력을 더하여 주시고, 말씀을 들을 때, 두려움과 경외함이 있게 하시옵소서. 하늘 우레의 말씀으로 듣게 하셔서 그 말씀으로 이 시대를 살아가는 저희들이 되게 하시옵소서 진리의 바람이 불어와 잠자던 심령을 깨워주시옵소서.

곤경에 처한 이들을 위한 도고 | 빈궁함으로 말미암아 경제적으로 고통을 당하는 이들을 불쌍히 여겨주시옵소서. 다니던 직장이 문을 닫아 살아가는 것이 막막해진 이들에게 소망을 갖게 하시옵소서. 어떤 환경에서도 하나님의 손길을 기다리게 하시옵소서.

주님의 피로 세우신 교회에서 예배드릴 때, 성령님의 충만하심이 있기를 바라면서 예수님의 이름으로 기도드립니다. 아멘.

7월 1주

만물로부터 경배를 받으시는 하나님,

주일 찬양 | 만왕의 왕이 되시는 예수님을 기억하는 저희들을 불러 주시니 감사합니다. 오늘도 예배하는 거룩한 집에서 하나님을 찬양하는 소리가 메아리쳐지기를 원합니다. 죄의 신을 벗고 서 있는 이 자리에 복을 내려주시기 원합니다. 믿음의 입술로 주 하나님을 고백하고, 보혈을 흘리신 주님을 찬양하는 예배로 영광을 드리게 하시옵소서.

맥추감사절의 감사 | 맥추감사절을 맞이해서 놀라우신 주님의 은혜에 찬송으로 보답합니다. 진실로 주님의 도우심으로 기름이 흘러 저희들의 삶이 윤택하였고, 첫 열매를 거두는 기쁨으로 감격해 하고 있습니다. 인자하신 손길로 우리들의 필요에 따라 공급하여 주시고, 한 주간을 풍성하게 살게 하셨으니 참 고맙습니다.

자복-회개 | 지금, 여호와 앞에서 저희들의 죄를 고백하니 용서해 주시옵소서. 저희의 사랑이 필요한 곳을 지나쳐 왔고, 저희의 손길이 필요한 곳을 외면했습니다. 저희들을 긍휼히 여기사 하나님의 손에 반드시 필요한 성도들이 되게 하여 주시옵소서. ○○의 지체들을 주의 영으로 덮으셔서 하나님의 사람으로 새롭게 해 주시옵소서.

예배-순서, 담당자 | 예배를 주관하시는 하나님, 주님께서 지으신 모든 피조물들이 하나님의 위대하심을 찬양하고 있습니다. 햇빛과 하늘의 파란색은 주님을 찬송하게 합니다. 밤하늘에 높이 떠서 명랑하고 사랑스럽게 비치는 달과 아름다운 별들처럼 주님을 예배하게 하시옵소서.
목사님의 입을 빌려서 선포되는 하나님의 말씀, 오늘, ○○의 지체들이 순종해야 할 말씀을 듣게 하시기 원합니다. '아멘'으로 받고 결단으로 새롭게 거듭나는 설교가 되게 하시옵소서. 그에게 성령의 능력이 더하여, 여기에 모인 이들이 모두 듣게 하시옵소서.

비전 | 예배하는 이 자리에서, 감사와 찬양을 통해 주님을 바라보게 하시옵소서. 그 크신 팔로 감싸 안아 주시는 하나님께 나아갑니다. 힘들어 지칠 때마다 위로가 되어주셨던 주님이셨습니다. 특별히, 바라옵기는 우리가 어떤 모습으로 살아왔던지 주님의 몸이 된 교회 안에서 한 공동체를 이루게 하시옵소서.

우리 ○○의 성도들이 낙심될 때, 소망을 갖게 하셨던 주님의 이름을 부르며, 은혜로 행하셨음을 예배를 통해 기리기 원하면서 예수님의 이름으로 기도드립니다. 아멘.

7월 2주

영광을 취하시는 하나님,

주일 찬양 | 저희들이 주님의 초대로 이 거룩한 자리에 나오게 됨을 감사드립니다. 맑은 영혼을 가지고, 하나님의 이름을 부르게 하시고, 거룩한 예배를 드리기 원합니다. 하나님께 구별된 ○○의 지체들이 영과 진리로 예배하게 하시옵소서.

자복-회개 | 주님 앞에서 고백합니다. 하나님의 자녀답게 살아오지 못한 죄를 회개합니다. 주님께서 우리를 사랑하여 주심 같이 저희는 주님을 사랑하지 못하였습니다. 이웃과 민족도 사랑하지 못했습니다. 사랑의 본을 보이신 주님처럼 저희가 사랑할 수 있도록 축복하여 주시옵소서. 주님의 사랑을 실천하는 저희들이 되게 하시옵소서.

교회를 위한 중보 | 주님의 크신 뜻이 계셔서 이곳에 교회를 세워 주시고 오늘날까지 지켜주시니 감사합니다. 이 교회가 지역사회 의 구원방주가 되게 하시며, 크신 능력과 축복을 허락하셔서 죽어가는 많은 심령들에게 복음의 기쁜 소식을 전할 수 있게 도와주시옵소서. 또한, 역할과 사명에 따라 기관을 세우셨으니 각 기관을 지켜주시고 늘 새로운 힘을 주셔서 맡은바 사명을 감당하도록 해주시기를 빕니다.

예배-순서, 담당자 | 여호와 우리 주여, 여기에, 하나님의 은혜로 살아온 주님의 백성들이 모여 하나님을 경배합니다. 저희의 작은 가슴들을 크게 벌려서 아버지의 영광을 찬양하며, 예배드립니다. 믿음으로 드리는 예배가 되기를 소망합니다.

말씀을 준비하여 강단으로 오르신 목사님을 축복합니다. 오늘도 저희들을 위하여 진리의 말씀을 주심에 감사드립니다. 선포되는 말씀을 듣는 순간에 마음을 다하고, 성품을 다하여 여호와를 순종하겠다는 각오를 갖게 하시옵소서. 아울러, 성가대원들을 축복합니다. 여호와의 기름 부으심으로 영화로운 찬양이 되게 하시옵소서.

전도에의 결단 | 우리 교회가 이 땅에 세워져 있는 이유를 복음을 전함에 두게 하시옵소서. 절망에 빠졌던 인생들에게 소망을 주시는 손길을 바라봅니다. 뭇 사람들에게 복음이 전해질 때마다 영생에 이르게 하시는 하나님의 구원을 바라봅니다. 한 사람에게도 더 복음을 전하시는 여호와의 열심을 소망하오니, 듣는 사람마다 주님을 그리스도로 믿게 하시옵소서.

저희들이 예배할 때, 복을 내려 주시고 속히 주님의 사랑과 평화가 넘치는 나라가 임하기를 바라면서 예수님의 이름으로 기도드립니다. 아멘.

7월 3주

예배를 사모하게 하신 하나님,

주일 찬양 | 할렐루야! 여호와의 은혜를 입은 종들은 다 찬양을 드리기 원합니다. 이 자리를 하나님의 거룩하신 존전으로 알고 나온 이들은 마음으로 부복하여 주님의 이름에 머리를 숙이기 원합니다. 주님의 이름은 이제부터 영원까지 찬송이 되시는 이름입니다. 영과 진정으로 예배할 때, 하늘의 문을 열어 주시옵소서.

주일의 은총 | 주일의 아침이 시작되어 복된 날이 되게 하시며, 태양이 깃드는 곳마다 주님의 사랑이 빛나게 하시옵소서. 아버지의 은혜 아래 슬픔 사라지고 부끄럼도 벗겨지게 하시기 원합니다. 오늘을 보낼 때, 예배하는 가운데 성령님의 감동으로 충만하게 하시고, 작은 일에도 감사하며 어려운 일에 봉사하게 해주시기를 빕니다.

자복-회개 | 주님의 크신 긍휼을 바라보며 회개하오니 용서해 주시옵소서. 저희들의 마음이 교만하여 주님을 인정하지 못했던 적이 많았음을 고백합니다. 나를 자랑하는데 힘을 쏟던 저희들이었음을 고백합니다. 이제는 주님의 은혜 앞에서 교만하지 말게 하시며, 성령을 거스르지 않고, 주님의 뜻을 높이는 삶이 될 수 있도록 인도하시옵소서.

예배-순서, 담당자 | 먼저, 십자가의 그 크신 사랑을 입어 예배하러 나온 저희들에게 복을 내려 주시옵소서. 하나님의 강하게 하시는 은혜를 누리게 하시고, 이 좋은 예배당에 모인 이들에게 성령님의 충만하심을 주시옵소서.

저희들의 생각이나 행동이 오직 하나님께만 집중하는 예배가 되기 원합니다. 온전히 영광을 드리는 거룩한 시간으로 지내도록 이끌어 주시옵소서. 예배가 진행되는 순서 순서에서 받은 은혜로 입술을 열어 하나님의 높으심을 찬미하게 하시기 바랍니다.

회중을 위한 중보 | 이 시간에, 온 마음과 정성으로 예배하게 하시고 육신의 병으로 고통을 당하는 성도에게 건강과 힘을 주시기 원합니다. 믿음이 부족한 성도에게는 굳세고 담대한 믿음을 주시기 원합니다. 여러 가지 문제를 안고 나온 ○○의 성도들이 있사오니 이 시간에, 다 해결 받고 은혜 받는 시간이 되게 하시옵소서. 저희들을 향한 주님의 뜻이 무엇인지 분별하게 하시고 무슨 일을 하든지 말씀의 인도와 기준에 따라 행하게 하시옵소서.

성령님의 충만하심으로 새 사람, 새 교회 공동체가 되기를 바라며 예수님의 이름으로 기도드립니다. 아멘.

7월 4주

하늘의 보좌에 계신 하나님,

주일 찬양 | 여호와의 성일에 주님의 이름을 송축합니다. 은혜를 입어 거룩한 자리에 나왔으니, 여기에 모인 이들을 거룩하게 하시옵소서. 여호와 앞에서 잠잠하여 주님의 이름을 높이게 하시옵소서. 하나님께서 거룩하게 하신 이 날을 저희들도 거룩하게 지키기 원합니다. 그리하여 마음을 다하고, 뜻을 다하는 예배로 인도해 주시옵소서.

자복-회개 | 저희의 죄를 고백하오니 용서해주시옵소서. 주님의 거룩하신 전으로 나아오기까지 많은 범죄로 인하여 더러워진 심령으로 고민하던 저희를 주님은 아십니다. 지난 시간의 발자취를 돌아볼 때, 부끄럽기 그지없습니다. 발람처럼 어그러진 길이었고, 요나처럼 거역하는 길이었습니다. 용서해주시옵소서.

예배-순서, 담당자 | 영광의 주인이 되실 하나님, 사랑을 받는 주님의 자녀들이 모여 진심으로 바치는 예배를 드리게 하시옵소서. 이 예배로 하나님은 영광을 받으시고, 저희들은 더욱 겸손히 무릎을 꿇게 하시옵소서. 이 자리에 모인 형제들 그리고 자매들이 하나님을 영화롭게 해드리는 예배가 되도록 힘쓰게 하시옵소서.

오늘, 단에 서서 주님의 귀한 말씀을 증거하실 목사님에게 신령한 능력과 성령으로 충만케 하시기 원합니다. 그리하여 말씀을 통하여 주의 영광이 드러나게 하옵소서. 또한 이 예배를 더욱 은혜롭게 하기 위해서 몸을 드리는 봉사자들을 주님께서 귀하게 쓰시는 종으로 삼아 주시옵소서. 성가대원들의 심령을 주장해 주시옵소서.

위정자들을 위한 도고 | 이 나라를 위해서 봉사하는 위정자들을 위하여 간구합니다. 위정자들이 여호와 앞에서 하나님의 손길을 대신하여 이 사회를 이끌어 나가게 하시옵소서. 나라와 국민들을 위한 정치에 전념하게 하시옵소서. 자신의 이익과 행복보다는 국민들을 위한 봉사자로 정치에 임하게 하시옵소서.

노숙인들을 위한 도고 | 하나님 아버지, 오늘도 여호와의 은총이 어렵게 지내시는 노숙인들에게 내려지기를 원합니다. 따스한 집과 사랑하는 식구들이 그리울 그들을 위로해주시옵소서. 생활의 터전을 잃은 이들을 도와주시옵소서. 이들 중에 질병으로 고통을 당하고 있는 이들에게는 치료하시는 하나님의 손길로 어루만져 주시옵소서.

이 거룩한 아침에도, 예배를 통해서 받는 은혜로 죄에 대해 죽고, 의에 살게 하시기를 바라면서 예수님의 이름으로 기도드립니다. 아멘.

8월 1주

자기 백성을 찾으시는 아버지,

주일 찬양 | 미천한 자들을 돌아보사 영원한 안식을 허락하시는 은혜를 소망하여 이렇게 나왔습니다. ○○의 지체들이 하나님의 존전에서 예배하기 위하여 모였사오니 참 예배를 드리게 하시옵소서. 우리가 섬기고 예배할 분은 하나님 밖에 없으십니다. 거룩하게 정하신 날에 주님을 찾음으로써 구원을 얻게 하여 주시옵소서.

하나님께 영광 | 저희들에게, 하나님의 영광과 위엄을 보여 주심을 감사드립니다. 예배하러 교회에 들어설 때, 찬란한 빛은 주 하나님을 찬양을 드리게 합니다. 눈부신 빛은 저희들을 향하신 하나님의 사랑을 알게 합니다. 놀라운 자연을 선물로 주신 하나님께 찬양을 드립니다. 종일토록 주님을 찬송하고 영광을 돌리게 하시옵소서.

자복-회개 | 사유하시는 하나님, 육신의 삶에 쫓겨 하나님의 은혜를 잊고 지냈음을 회개합니다. 입으로는 예수님이 나의 주인이라 하면서도, 행실로는 제가 스스로 주인 노릇을 했었습니다. 진심으로 용서를 구합니다. '죄인을 불러 회개시키러 왔노라'라고 하신 예수님을 찬양합니다. 주님의 보혈로 죄를 깨끗이 씻어주시고

새롭게 하시옵소서.

예배-순서, 담당자 | 지극히 높으신 곳에 계신 하나님, 무엇으로 비교할 수 없도록 전능하신 하나님을 예배합니다. 참으로 좋으신 하나님은 저희들의 찬미와 영광이 되십니다. 여기에 모인 저희들로 존귀함을 주께 돌리니 받아 주시옵소서.

순서에 따라 하나님의 말씀이 선포될 때, 마음의 문을 활짝 열고 듣게 하시옵소서. 목사님께서 하나님의 말씀을 전하실 때, 성령의 능력이 드러나게 하시고, 저희들은 은혜 속에서 듣기 원합니다. 하나님의 말씀에 저희 모두 아멘으로 대답하게 하시옵소서.

회중을 위한 중보 | 이 제단에 꿇어 엎드린 주의 사랑하는 성도들을 위하여 기도합니다. 눈물 흘리며 간구하는 기도를 들으시고, 좋은 것으로 응답해주시옵소서. 온 성도들이 먼저 하나님 말씀대로 살아가는 믿음을 갖기 원합니다. 저희들을 온전히 이끄셔서 더 굳센 믿음 위에 서게 해주시옵소서. 바라기는 성령의 뜨거운 역사로 지치고 힘들었던 심령들마다 새로움이 있게 해주시기를 빕니다.

이 거룩한 시간에, 하나님의 영광이 하늘에 선포되는 예배가 되게 하시고, 하늘의 소망을 갖고 사는 날들이기를 바라면서 예수님의 이름으로 기도드립니다. 아멘.

8월 2주

인생을 지켜주시는 하나님,

주일 찬양 | 오늘, 새로운 날을 영화로운 시간으로 마련해 주시오니 진심으로 감사합니다. 오늘은 이 나라가 일제의 식민지로부터 해방된 것을 기념하는 날로 지키려 합니다. 우리 민족을 사랑하셔서 자유를 누리게 하셨으니 그 은혜를 새롭게 하시옵소서. 하나님의 사랑에 감사하여 찬미의 제사를 드리는 예배가 되기 원합니다.

광복절의 감사 | 세계 만국 가운데서 이 민족을 사랑해 주시니 감사합니다. 나라를 빼앗기고, 36 년 동안이나 종살이를 하던 이 민족을 불쌍히 여겨주셨습니다. 하나님의 특별하신 은혜로 광복의 기쁨을 누리게 되었습니다. 나라의 주권을 회복시켜 주시고, 빼앗겼던 이름을 찾게 해주셨던 광복절을 기억합니다. 거룩한 자리에서 예배할 때, 광복의 기쁨을 주신 하나님의 섭리를 깨닫기 원합니다.

자복-회개 | 지난 한 주간에도, 저희는 이 세상의 삶에 취하여 살면서 주님의 자녀답지 못한 삶을 살아왔음을 고백합니다. 주님의 말씀을 따라 살기보다는 세상의 욕심을 채우려고 더 노력했음을 용서해주시옵소서. 여호와 앞에서 거룩하지 못했던 삶을 바로잡아 주시옵소서. 저희로 육신적인 모든 삶을 버리기에, 즐거워하게 하시옵소서.

예배-순서, 담당자 | 여기에 모인 주님의 백성이 아름답고, 거룩한 것으로 하나님을 예배하게 하시옵소서. 성령님의 은총으로 말미암아 흰옷을 입고 예배하기 원합니다. 하나님의 이름에 합당한 영광을 드리게 하시옵소서.

말씀을 들고 단 위에 서신 목사님과 함께 하셔서 생명을 구원하는 능력의 말씀을 전하실 수 있도록 인도해 주시옵소서. 찬양대원들이 하나님 앞에 찬양을 드릴 때에 아름다운 찬양으로 영광을 돌리게 하시고, 신령한 찬양에 성도들이 한가지로 은혜를 받게 하시옵소서.

전도에의 결단 | 전도를 원하시는 하나님이시라고 믿습니다. 사도의 입을 빌려서 하나님이 전도할 문을 우리에게 열어 주사 그리스도의 비밀을 말하게 하시기를 구하라고 말씀하셨음을 기억합니다. 저희들에게 그리스도의 이름이 증거 되어 가는 곳마다 생명을 살리는 일들이 있게 하셨음을 기뻐합니다. 이제부터는 이 일이 저희 교회가 헌신할 사역으로 깨닫고 복음을 전하게 하시옵소서.

이 시간의 예배로 하늘의 하나님께 영광이 되고, 세상에 나아가 하나님 말씀으로 승리하는 삶을 살기를 바라면서 예수님의 이름으로 기도드립니다. 아멘.

8월 3주

여호와 우리 하나님,

주일 찬양 | ○○의 지체들이 아버지의 이름을 부르며 나옵니다. 비록 짧은 시간에 드려지는 예배이지만 여호와의 영광이 계속되기를 원합니다. 자기 백성을 사랑하시는 하나님의 열심을 찬양하게 하시옵소서. 저희들이 예배하는 이 시간에 하나님께서는 즐거워 하시기를 소망합니다.

감사의 고백 | 지난 시간에도 하나님의 손이 함께 하셨음을 감사드립니다. 하나님의 그 인자하심으로 한 주간의 삶을 다스리시고 예수 안에서 승리하게 하시오니 무한 감사드립니다. 주님께서 저희를 불쌍히 여겨 기도에 응답하시고, 순간순간마다 구원이 되셨으니 감사합니다. 어렵고 힘들 때마다 하나님의 도우심이 있었음에 감사드립니다.

자복-회개 | 자비로우신 주여, 주님의 보호 아래에서 한 주간을 살면서도 하나님의 영광을 가렸던 죄를 고백합니다. 개인적으로는 기도의 가르침을 받았음에도 염려하고, 근심했던 불신앙을 용서해주시옵소서. 저희들 모두가 주님 안에서 온전한 분량에 이르기를 사모하지 못했던 죄를 용서해주시옵소서.

예배-순서, 담당자 | 주 하나님의 이름을 찬송합니다. 그 이름에 합당한 영광을 드립니다. 여호와 좋으신 하나님을 송축합니다. 이날을 주님과 함께 시작하게 하사 이 자리에 부복한 심령들이 은혜로 충만해지기 원합니다.

이 시간에, 목사님께 영력을 더하셔서 말씀을 선포하실 때, 권능이 있는 강단이 되게 하시옵소서. 그리고 우리의 찬양과 경배를 한 목소리로 표현하는 성가대원들에게 은혜를 내려 주시옵소서. 그들이 준비한 한 곡조의 찬양이 주님의 영광을 선포하는 것이 되며 입술로만 아니라, 그들의 몸으로 부르는 찬양이 되기 원합니다.

회중을 위한 중보 | 오늘, 선포되는 주님의 말씀이 저희를 비추는 거울이 되어 우리의 흐트러진 모습을 발견하게 하시고 신앙으로 바로 서게 하시옵소서. 병들어 고통당하는 성도에게는 치료의 역사가 나타나기 원합니다. 우리 모두에게 복된 시간이기를 원합니다. 저희 성도들의 사업과 가정과 자녀들에게 함께 하셔서 축복에 축복을 더해주는 놀라운 주님의 역사가 일어나게 해주시기를 빕니다.

주님의 보혈의 은혜로 정결케 되고, 성도들의 나약해진 심령을 새롭게 하시기를 바라면서 예수님의 이름으로 기도드립니다. 아멘.

8월 4주

하늘에 계신 하나님,

주일 찬양 | 죄를 지으면서도 그 죄를 모르던 어리석은 저희들을 불러주시고, 예배하게 하셨습니다. 저희들은 불의하지만, 하나님께서는 영광을 받으시는 한 날이 되기 원합니다. 이 땅에서 생명이라 이름이 붙은 모든 것들도 하나님의 주님이 되심에 경배하게 하시옵소서. 하나님의 사랑을 입고 살아온 저희들이라, 굽혀 경배하기를 원합니다.

하나님께 영광 | 하늘 위에 높이 들리시는 하나님, 복된 날 아침에, 아버지 하나님의 영광이 온 세계 위에 높아지기를 원합니다. 여호와의 그 영화로운 이름을 영원히 찬송합니다. 예배하러 주의 백성들이 모인 이 교회에 하나님의 영광이 충만하기를 소원합니다.

자복-회개 | 주님이시여, 받은 은혜 많사오나 구별된 삶을 살지 못했습니다. 십자가의 사랑을 실천하지 못했습니다. 진실한 믿음이나 열심을 다하는 신앙생활을 하지 못하고, 형식적으로 지낸 시간들도 많았습니다. 용서하시는 은혜를 내려 주시옵소서. 하나님의 나라보다는 자신의 유익을 구하기에 바빴던 저희의 행실을 용서해주시기를 빕니다.

예배-순서, 담당자 | 우리를 의롭게 해주신 주님의 보혈을 찬양하면서 예배를 드리기 원합니다. 이미, 시작된 예배의 순서, 순서가 진행되면서 거룩하심의 은혜가 있게 해주시옵소서. 참여하는 성도들을 복되게 하시옵소서. 하나님의 인자하심이 영원하심에 경배를 드립니다.

목사님께서 말씀을 선포하실 때, 능력으로 함께 해주시옵소서. 저희들은 그 말씀을 생명의 양식으로 받아 심령이 배부르게 하시옵소서. 그 말씀으로 새 생명을 얻은 기쁨 속에 살아가는 저희들이 되게 하시옵소서. 이 한 시간의 예배를 위하여 부름을 받은 일꾼들에게 은혜를 더하여 주시옵소서. 눈에 뜨이지 않는 곳에서 봉사하는 지체들에게 복을 내려주시옵소서.

나라를 위한 중보 | 이 나라와 민족을 불쌍히 여기사 복을 허락하시고 지켜 주시옵소서. 먼저, 이 나라와 백성이 하나님을 경외하며 두려워하게 하시옵소서. 고난과 역경만을 거듭해온 민족입니다. 다시는 이 땅에 고난이 없게 하시고 분쟁이 없게 해주시며 남과 북으로 갈라진 이 땅을 통일시켜 주셔서 이 민족의 한을 풀어 주시옵소서.

온 성도들이 전심으로 예배할 때, 하나님께는 영광이 드려지고 우리 교회는 성령님이 역사하시는 공동체가 되기를 바라면서 예수님의 이름으로 기도드립니다. 아멘.

9월 1주

시작과 끝이 되시는 하나님,

주일 찬양 | 한 주간의 생활을 마치고, 다시 주의 이름으로 모였습니다. 하나님께서 시작하게 하신 지난 월요일부터 어제까지의 삶을 돌아보면서 주님께 찬양을 드립니다. 아버지의 거룩하신 사랑 안에서 한 지체된 성도들을 주님의 백성으로 삼으시고, 영광을 받아 주시옵소서.

감사의 고백 | 우리에게 생명을 허락하시고 삶을 지켜 주신 하나님의 사랑을 생각합니다. 그 사랑으로 저희들이 구원의 은혜를 누리고 있습니다. 저희 모든 성도들이 주님의 교회를 통하여 감사하게 하시옵소서. 축복에 반열에 참석하는 자들이 되게 하시옵소서. 다시 오실 주님을 기다리며 주님을 기쁘시게 하는 교회로 세워 주시옵소서.

자복-회개 | 모든 불의에서 자신을 깨끗하게 하여 주님의 쓰임을 받을 수 있는 종들이 되게 하시옵소서. 저희들은 천국에 소망을 두고 살아야 하였으나 세상에 마음을 두고 지냈습니다. 세속의 분주함 때문에 주님의 일에 소홀히 했던 죄를 용서해주시옵소서. 이제, 주님의 일을 귀하게 여기는 저희들이 되게 하시옵소서.

예배-순서, 담당자 | 성전에 계신 하나님, 온 성도들이 주님의 이름을 높여드립니다. 하나님께서 홀로 왕권을 갖고 계시는 아버지 집을 사랑합니다. 주님의 영광이 머무는 이곳을 사랑하기에 모인 저희들입니다. 영광으로 주를 찬송하게 하시옵소서. 오직 하나님께만 영광이 저희들의 소원이기를 빕니다.

목사님을 통해서 준비된 하나님의 말씀에 귀를 기울이고, 순종으로 응답하게 하시옵소서. 그가 하나님의 말씀을 전하실 때, 성령의 능력이 드러나게 하시고, ○○의 성도들, 모두가 은혜 속에서 듣기를 원합니다. 그 말씀이 선포될 때, 주님의 백성들이 하나님께만 거룩함을 나타내게 하시옵소서.

회중을 위한 중보 | 말씀을 듣고 깨달은 것을 하나도 잊어버리지 않는 성도들이 되게 하시옵소서. 오늘 들은 말씀의 경고와 질책이 나와는 상관없고 다른 사람들에게만 해당 되는 것이라고 생각하지 말게 하시옵소서. 그리고 진정으로 주님께서 저희들 가까이에 계시다고 진실로 느꼈던 것을 잊지 않도록 하시옵소서.

오늘의 예배로 말미암아 주님의 도움을 입어 앞으로는 더 잘 할 수 있다고 느낀 믿음을 오래도록 간직하기 바라면서 예수님의 이름으로 기도드립니다. 아멘.

9월 2주

하나님 우리 아버지,

주일 찬양 | 많은 인생들 가운데서 천에 하나, 만에 하나로 뽑아 자녀로 불러 주시고, 예배하라고 구별해 주셨습니다. 거룩한 날을 지킬 수 있게 하셨으니, 저희들은 복됩니다. 오늘, 하나님 앞에서 잠잠히 주님의 은혜를 기다리는 저희들이 되게 하시옵소서. 잠잠히 기다릴 때, 하늘의 문을 여시고 큰 은혜를 내려주실 줄 믿습니다.

감사의 고백 | 예배하러 모인 저희들로 주께 영원히 감사하게 해주시옵소서. 이 전에 함께 한 주님의 자녀들이 전심으로 하나님을 찬송하게 하소서. 날마다 함께 하시며, 시간과 사건 속에서 영원토록 주의 이름이 영광이 되기 원합니다.

자복-회개 | 저희들은 어리석어서 부지불식간에 죄를 짓고도 모릅니다. 거룩하게 지낸다고 하면서도 죄를 짓기도 합니다. 모든 죄를 고백하오니, 저희들이 새롭게 되는 날이 주 앞으로부터 이르게 해주시옵소서. 저희들이 저지른 실수나 저질러서는 안 될 죄에 대하여 느꼈던 비탄과 후회와 참회의 순간을 잊지 않으렵니다.

예배-순서, 담당자 | 여호와 하나님이시여, 이 시간에 간절히 바라기는 하나님의 감동 안에서 사랑으로 하나 되어 영광을 드리는 예배로

진행되게 하시옵소서. 먹고, 살아가는 땅에 것들로 분주하게 지내다 나왔지만, 영과 진리로 예배를 드리기 원합니다. 삼위 하나님께만 영광을 바치게 하시옵소서.

오늘의 예배에서도 말씀을 듣게 하시니 감사드립니다. 저희 교회와 성도들이 꼭 듣고, 순종해야 할 말씀이 선포되게 하시옵소서. 그 진리의 은혜를 통해서 다른 사람의 도움이 없이는 살아가기 힘든 고아와 과부를 돌아보시는 하나님을 배우게 하시옵소서.

전도에의 결단 | 저희들이 복음을 전하는 일에 게을러 영혼을 사랑하지 못하는 교회가 되지 않기를 소원합니다. 불신자들의 영혼이 영원히 버림받는 것을 보고만 있지 않게 하옵소서. 이 시간에 만일 복음을 전하지 아니하면 내게 화가 있을 것임 이로라는 말씀을 가슴에 두기를 소망합니다. 영혼을 사랑하여 복음을 들고 나가는 저희들이 되게 하옵소서.

예배를 통해서 천국을 상속받기 위해 경건한 자녀로 살려는 다짐이 있게 하시고, 주님의 백성답게 지내기를 원하면서 예수님의 이름으로 기도드립니다. 아멘.

9월 3주

신실하신 우리의 주 하나님,

주일 찬양 | 주님의 은혜를 누리던 이들이 예배하러 나왔습니다. 이 날은 주님께서 구별하신 날이오니 기뻐하는 은혜를 내려 주시옵소서. 주 하나님의 이름을 높이 부르며 찬송할 때, 저희들의 심령이 위로부터 내려지는 은혜에 젖게 하시기를 빕니다. 하늘의 문을 여시고 폭포수와도 같은 여호와의 영광이 이 교회에 가득하게 하시옵소서.

추석의 감사 | 만물을 거두어들이게 하신 은혜에 감사드립니다. 추석 명절을 맞이해서 풍성함을 안겨 주신 하나님께 감사의 예물을 드리게 하시옵소서. 사랑하는 가족과 일가, 친족이 한 자리에 모이게 하심을 즐거워합니다. 오곡백과의 기쁨을 누리는 중에, 하나님을 영화롭게 해드리게 하시옵소서. 만물을 주신 하나님을 찬양합니다.

자복-회개 | 하나님 아버지, 여호와의 인자하심으로 저희들을 죄에서 용서하시고, 사유하심을 받은 기쁨으로 예배드리게 하시옵소서. 주님께서 회칠한 무덤을 역겨워하셨는데, 저희들이 바로 그러하였습니다. 믿음이 있다 하면서도 실상은 형식뿐이었습니다. 저희들을 긍휼히 여기셔서 용서하여 주시옵소서. 저희들이 이 날을

얼마나 기다렸는지요. 이제, 저희들도 부활의 그날까지 십자가를 지고서 주님의 뒤를 따라 가도록 인도해주시기를 빕니다.

예배-순서, 담당자 | 부족한 저희들을 이처럼 사랑하사, 또 한 주간의 삶을 허락하시며, 복된 날을 주셨으니 감사드립니다. 이 시간에 하나님을 예배하면서, 저희들의 시간을 주님께 드리고자 합니다. 말씀을 준비하여 설교를 하시는 목사님께 영력을 더해 주시기 원합니다. ○○ 교회가 말씀이 풍성하고 사랑이 넘치는 교회가 되도록 이끌어 주시옵소서. 온전한 마음으로 말씀을 받게 하시고 정성된 기도를 드릴 수 있도록 성령님께서 주관해주시옵소서. 이 예배로 하나님과 함께 하는 시간들이 되게 하시고, 주님의 다스리심에 저희들의 모든 것을 맡기게 하시옵소서.

회중을 위한 중보 | 저희들의 예배에 응답하셔서 주님께서 행하신 일을 ○○에 속해있는 믿음의 자녀들에게 나타내시옵소서. 주님의 영광을 그들의 자손에게 나타내주시옵소서. 주님의 은혜에 감사하며, 후손들에게도 하나님이 우리의 아버지이심을 알리게 하시옵소서.

복된 날, 거룩한 시간에 드리는 예배가 하나님께서 받으시는 제물이 되기 원하면서 예수님의 이름으로 기도드립니다. 아멘.

9월 4주

인생을 위하여 큰일을 하신 하나님,

주일 찬양 | 주 하나님의 사랑을 입고 지내던 지체들이 나왔습니다. 주님의 자녀들이 한 자리에 모여 기뻐하고 감사합니다. 여호와의 이름을 찬양하며 즐거워합니다. 구원의 주님이신 나의 하나님께 영광을 드립니다. 나의 주, 나의 하나님께 삶의 모든 것을 맡기는 예배를 드리려 하오니 받아주시옵소서.

감사의 고백 | 지난 한 주간 동안에 우리를 지켜주신 하나님의 은혜에 감사드립니다. 온 성도들이 주님의 이름을 높여드립니다. 하나님께서 홀로 왕권을 갖고 계시는 아버지 집을 사랑합니다. 여기에 모인 ○○의 지체들이 우리 주님의 왕 되심을 찬양하게 하시옵소서. 영광의 주님을 찬송하면서 감사드리게 하시옵소서.

자복-회개 | 우리를 불쌍히 여기시는 주여, 지난 시간의 삶을 되돌아보니 그 무엇으로도 지울 수 없는 죄악 된 행실을 회개합니다. 마음으로는 주님을 사랑하지만, 아직도 옛사람의 행실을 끊지 못하는 연약함을 용서해주시옵소서. 악한 길에서 떠나 돌이키지 않은 여로보암의 행실을 고백합니다. 하나님 앞에서 의를 지키려 하기 보다 도리어 죄가 주는 쾌락을 즐겼으니 용서해주시옵소서.

예배-순서, 담당자 | 한 성령님의 충만하심을 받아 한 가족이 된 성도들이 같은 마음으로 영광을 드립니다. 이 시간에, 거짓이 없는 진실 된 마음을 주사 영과 진리로 예배하게 하시옵소서. 하나님을 경외함으로 예배하게 하시옵소서.

단 위에 세워주신 목사님께는 영육간의 강건함을 주시옵소서. 하나님의 말씀을 전하실 때 힘 있는 말씀, 능력이 있는 말씀 되게 하시며, 듣는 이들이 강단의 메시지에 은혜를 받기 원합니다. 성가대원들에게 기름을 부으시고, 그들의 입술과 성대를 주장해주시옵소서.

회중을 위한 중보 | 하나님, 이 한 시간의 예배로 온 교회가 든든히 세워지기를 원합니다. 주님의 십자가로 말미암아 우리 교회의 성도들은 모두 인생의 문제를 해결 받게 하시옵소서. 하늘나라의 백성 되게 하신 하나님의 이름을 높이는 고백을 하게 하시옵소서. 주님의 이름으로 죄를 이기겠다는 다짐으로 예배당 밖으로 나아가게 하시옵소서.

하늘을 두루마리로, 바다를 먹물로 삼는다 해도 그 은혜를 다 표현할 길이 없음을 예배를 통해 고백하기를 바라면서 예수님의 이름으로 기도드립니다. 아멘.

9월 5주

우리의 기쁨이 되시는 여호와여,

주일 찬양 | 예배로 말미암아 구원을 받은 기쁨을 크게 즐거워하게 해주시옵소서. 주님의 날을 거룩하게 지킴으로써 안식의 복을 누리는 저희들을 받아주시기를 빕니다. 정직한 입술로 감사와 영광이 담겨진 예배를 드리게 하시옵소서. 죄인들을 구원하시려고 십자가를 지신 주님께 우리 자신을 드리는 시간이 되게 하시옵소서.

국군의 날의 감사 | 오늘은 국군의 날을 기념하면서 감사드립니다. 주님께서 주신 나의 나라와 나의 민족을 사랑하여 많은 이들이 군에 입대를 하였습니다. 자신의 목숨을 국가를 위하여 내어놓은 젊은 이들의 숭고함을 보아 주시옵소서. 하나님 앞에서 애국의 가슴을 안고 지금도 국토방위에 헌신하고 있는 젊은이들을 축복합니다. 국군장병들에게 복을 내려 주시옵소서.

자복-회개 | 이 시간에, 더러운 죄를 고백하지 않을 수 없습니다. 저희들은 주님의 뜻대로 살지 못하고 오히려 거절하였습니다. 손해가 되는 것 같았고, 재미를 잃는 것 같아 의도적으로 여호와의 계명에서 멀어졌음을 회개합니다. 순간의 즐거움에 자신을 내어주고, 불의와 타협하면서도 자신의 죄를 합리화하는 위선적인 행실뿐

이었으니 용서해주시옵소서. 하나님의 자녀라기보다는 세상에 속한 사람으로 살아온 어리석음을 용서해주시옵소서.

예배-순서, 담당자 | 만주의 주이신 하나님께 굽혀 경배합니다. 저희의 생명을 지으신 여호와 앞에 무릎을 꿇는 예배를 드리려 합니다. 참 좋으신 하나님 아버지이신 그 이름에 맞는 경배를 드립니다.

오늘도 저희 무리를 위하여 목사님을 단에 세워주셨습니다. 목사님의 설교를 통해서 하늘나라의 백성으로 살아가려는 다짐을 새롭게 하게 하시옵소서. 주님의 말씀의 거울로 저희를 비추시고 영혼을 가르치시어 저희들의 삶 전체가 하나님 아버지를 향한 삶이 되게 하시고 주님을 저희의 희망과 위로로 삼게 하시옵소서.

소원의 간구 | 좋으신 하나님, 생명의 빛 가운데서 성도의 기업의 부분을 얻게 하셨으니, 아버지께 충성을 다하기를 다짐합니다. 주님의 나라를 이루어드리게 하시옵소서. 저희들 모두, 살아 계신 하나님을 찬양하며, 영원토록 감사하며 살 수 있도록 도와주시 옵소서.

오늘의 예배로 하나님께 영광을 드리고, 위로부터 내리시는 은혜를 받아 새로워지기를 바라면서 예수님의 이름으로 기도드립니다. 아멘.

10월 1주

영원히 계신 하나님,

주일 찬양 | 복된 날 아침에, 주님의 집으로 모였습니다. 하나님께서 지키도록 구별해 주신 여호와의 성일에 주님의 존전으로 모였으니, 누릴 수 없음에도 누리고 있는 복을 헤아리면서 찬양으로 하나님을 영화롭게 해드리게 하시옵소서. 하나님은 영광을 받으시며, 저희들에게는 하늘의 문이 열려지는 신령한 세계로 들어가게 하시옵소서.

감사의 고백 | 하나님은 저희들을 새롭게 해주셨습니다. 그리스도 예수 우리 주님 안에서 자녀로 살게 하셨습니다. 더욱이 감사함은 저희를 충성되이 여겨 하나님 앞에서와 세상에서 직분을 맡기심 입니다. 이 전에 함께 한 주님의 자녀들이 전심으로 하나님을 찬송하기 원합니다. 벌써 올해의 아홉 달을 살아오고, 금년도 석 달 밖에 남지 않았습니다. 감사합니다.

자복-회개 | 주님의 뜻대로 살겠다고 기도하면서 예배당을 떠났으나 살아온 발자취에는 죄의 걸음이었음을 회개합니다. 성령님의 물로 씻어주시던지, 성령님의 불로 태워주시던지 저희들의 죄를 없애 주시옵소서. 그 은혜로 교만한 자아의 무릎을 꿇게 하시고, 강퍅했던 마음은 녹아지게 하시옵소서. 새롭게 빚어지는 은혜가

있기를 빕니다.

예배-순서, 담당자 | 우주 만물에 그 이름을 나타내시는 하나님을 바라봅니다. 하나님께 그의 이름에 합당한 영광을 드리게 하시옵소서. 하나님의 자녀 된 거룩한 옷을 입고, 여호와께 예배하러 나왔습니다. 주님의 전에서 영광과 권능을 여호와께 드리기 원합니다. 말씀을 준비하여 설교를 하시는 목사님께 영력을 더해 주시기 원합니다. ○○ 교회가 말씀이 풍성하고 사랑이 넘치는 교회가 되도록 이끌어 주시옵소서. 이 한 시간 온전한 마음으로 말씀을 받게 하시고 정성된 기도를 드릴 수 있도록 성령님께서 주관하시옵소서.

회중을 위한 중보 | 사랑의 하나님, 여기에 모인 형제와 자매들이 예수 그리스도를 모셔 들이기를 원합니다. 한 사람, 한 사람이 주님을 인생의 반석으로 삼아 그리스도 위에 집을 짓게 하옵소서. "누구든지 그리스도 안에 있으면 새로운 피조물이라 이전 것은 지나갔으니 보라 새 것이 되었도다"라고 약속하심에 따라 새로워짐이 경험되는 예배를 드림으로써, 새롭게 살아가게 하옵소서.

예배를 통해서 길이요, 진리요, 생명이 되시는 예수님의 인도하심에 따라 살아가기를 바라면서 예수님의 이름으로 기도드립니다. 아멘.

10월 2주

우주만물을 다스리시는 하나님,

주일 찬양 | 여호와의 성일을 영화롭게 할 수 있도록 은혜를 주셨음에 감사드립니다. 원근 각처에 흩어져서 살다가 한 몸으로 모였습니다. 자신들의 처소에서 날마다 주님을 섬기던 지체들이오니, 이 시간에도 영과 진리로 예배하게 하시옵소서. 이 날을 지킬 때, 천국 백성으로서의 영광으로 들어가게 하시옵소서.

자복-회개 | 하나님께서는 저희를 사랑하셨으나, 저희들은 주님 앞에서 살아오지 못하였습니다. 지난 시간의 잘못된 일들에 대하여 회개하오니 용서해주시옵소서. 저희들에게 세상 죄를 이기려는 싸움에서 승리하게 해주시옵소서. 약한 저희들의 상처 입은 심령을 주님께서 십자가를 지시고 피 흘리신 손으로 치유해 주시기를 빕니다.

민족을 위한 중보 | 하나님 아버지, 아직도 하나님을 모르는 사람들은 우상숭배를 버리지 못하고 있습니다. 나라의 크고 작은 행사에 미신을 섬기는 일들이 벌어지고 있음을 용서해주시옵소서. 죄를 버리고 하나님께로 돌아오는 이 백성이 되게 하시옵소서. 육체를 자랑하는 일을 거절하고 거룩한 백성, 거룩한 민족이 되게 하시옵소서.

예배-순서, 담당자 | 천국의 백성들이 주님의 발등상 앞에서 경배를 드립니다. 홀로 하나이신 하나님의 거룩하심을 찬양합니다. 저희들에게 복된 날을 허락해 주셔서 하나님을 찬양하며 예배하게 하시니 감사합니다.

말씀을 들고 단 위에 서신 목사님과 함께 하셔서 생명을 구원하는 능력의 말씀을 전하실 수 있도록 인도하시옵소서. 한 말씀도 땅에 떨어지지 아니하고 성도들의 마음 밭에 새겨져 열매를 맺게 하시옵소서. 찬양대원들이 하나님 앞에 찬양을 드릴 때에 아름다운 찬양으로 영광 돌리게 하시옵소서.

전도에의 결단| 저희 인생들에게 구원의 이름을 주신 하나님의 은혜에 감사드립니다. 이 이름을 죽어가는 이들에게 나누어주는 열심을 갖게 해주셨음에 감사드립니다. 저희들이 누리는 구원의 은혜를 불신자들과 나누게 하옵소서. 우상에게 끌려 다니는 무지몽매한 이들에게 생명이 은혜를 나누게 하옵소서..

주님께서 지셨던 십자가의 고난을 묵상하는 시간, 복음의 증거자로서의 사명도 깨닫기를 바라면서 예수님의 이름으로 기도드립니다. 아멘.

10월 3주

전능하시고, 전지하신 하나님,

주일 찬양 | 가을이 깊어가는 아침의 해가 떠오르면서 주님의 날을 맞이하였습니다. 오늘, 주님의 ○○ 교회에 영광이 가득하게 하시옵소서. 예배하는 지체들에게 영광 가운데 임재하시는 성령님의 감화로 찬송을 부르게 하시옵소서. 성부와 성자, 성령 하나님께 영광을 드립니다.

자복-회개 | 먼저 죄를 고백합니다. 저희들의 죄가 주홍 같이 붉을지라도 눈처럼 희게 되는 용서의 기쁨을 주시옵소서. 한번 가면 다시 오지 않는 주님의 시간에 쓸데없는 일에 몰두한 채 주님의 일을 찾지 않았던 죄를 용서해주시옵소서. 평안과 안일만을 추구하는 저희들에게 기꺼운 마음으로 고난당하신 주님을 따르는 믿음을 주시옵소서.

나라를 위한 도고 | 나라를 지켜주시는 주여, 이 나라에 복을 주셔서 백성들은 평안하고, 모두가 즐겁게 지내왔음을 고백합니다. 여호와의 손으로 붙들어 주시는 나라로 금년에도 복을 내려 주시옵소서. 금년에는 이 나라에 속한 모든 이들이 범사가 잘 되고 강건하여 하나님께 영광을 드리게 하시옵소서.

예배-순서, 담당자 | 예배하러 나온 저희들에게 복을 내려주시옵소서. 예배하는 가운데 인간의 문제는 해결함을 받는 귀한 역사를 허락해주시옵소서. 이 시간, 저희들이 하나님과 신령한 교제를 갖게 하시옵소서.

오늘, 양떼를 위해서 생명의 말씀을 준비해주신 목사님을 축복합니다. 말씀을 전하실 목사님께서 예비하신 복음을 선포하시도록 해주시옵소서. 그 말씀이 큰 능력과 편 팔로 우리를 인도하시는 하나님의 음성이 되기를 빕니다. 예배를 위해서 찬양을 올려드리는 성가대원들도 축복합니다. 삼위 하나님의 영광이 이 교회에 가득 차는 찬양을 부르게 하시옵소서.

은혜를 간구함 | 하나님 아버지, 저희 교회에 속한 권속을 위하여 중보합니다. 오늘, 예배를 통해서 가정마다 은혜의 강물이 흘러가게 하시옵소서. 성전에서 흘러나오는 생수의 역사가 가정마다 흘러서 한해의 지표를 삼게 하시기 원합니다. 그래서 더욱더 믿음 안에서 굳건히 세워지는 권속들이 되어 우리 모두 믿음의 역사를 이어가기 원합니다.

오늘의 예배로 하나님께는 영광이 되고, 그 응답된 은혜로 치유와 문제의 해결, 위로가 나타나기를 소망하면서 예수님의 이름으로 기도드립니다. 아멘.

10월 4주

우리의 신앙을 새롭게 하시는 하나님,

주일 찬양 | 여호와께 구별된 날 아침에 주님 앞으로 나왔습니다. 종교개혁을 기념하여 지키는 이 날에 진실한 영혼으로 주 하나님께 찬양을 드리기 원합니다. 주님을 찬양하는 중에, 성령님의 깨달음으로 저희들의 양심이 괴롭고 책망하는 것일지라도 감사로 여기기 원합니다. 나아가 주님의 뜻에 귀를 기울이게 해주시옵소서.

종교개혁주일의 감사 | 종교개혁주일에, 저희들의 신앙을 돌아보게 하시니 감사드립니다. 하나님의 뜻보다는 제 마음에 만족하기를 원했던 삶을 고백합니다. 복음에 하나님의 의가 나타나서 믿음으로 믿음에 이르게 하는 진리를 배우게 하시옵소서. ○○의 지체들 모두에게 하나님의 품 안에서 걸어가게 하시옵소서.

자복-회개 | 저희들의 죄악 된 삶을 고백합니다. 우리 자신을 돌이켜 보니, 죄의 행실이 가득할 따름입니다. 저희들을 가르쳐 기도하게 하시며, 주님은 저희들의 연약함을 아시니, 저희들을 가르쳐 굳세게 되는 힘을 주시옵소서. 주님은 저희들의 교만을 아시니, 저희들을 가르쳐 겸손을 배우도록 해주시기를 빕니다.

예배-순서, 담당자 | 전능하신 하나님, 본래 죄의 종이었던 저희들에게 예배할 수 있는 은혜를 주셨으니 감사합니다. 이제, 교훈의 본을 마음으로 순종하여 예배하게 하시옵소서. 감사하는 목소리로 경배하는 시간이기를 원합니다.

오늘 드리는 저희들의 예배가 주님께서 기뻐 받으시는 산 제사가 되게 하시옵소서. 말씀을 전하실 목사님을 붙잡아 주시기 원합니다. 예수님께서 친히 교회의 머리가 되게 하시고, 주님의 사랑과 진리와 은혜가 가득 찬 교회가 되게 하시옵소서.

회중을 위한 중보 | 여러 가지 문제를 안고 나아온 성도들이 있습니다. 고단한 중에도 주님의 날을 구별하여 예배하러 나온 이들의 신앙을 귀히 여기시옵소서. 예배를 통해 우리들의 문제를 해결받고, 신령한 은혜를 받게 하시옵소서. 사정이 있어 예배에 함께 참여치 못한 사랑하는 성도들을 기억해주시고, 다음 시간에는 모두 나와서 주님께 영광 돌리며 은혜 나누는 복된 시간을 갖게 해주시옵소서.

이미 시작된 때부터 마치는 시간까지 오직 주님만이 임재하셔서 모두에게 한량없는 복을 내려 주시기를 바라면서 예수님의 이름으로 기도드립니다. 아멘.

11월 1주

살아계신 하나님 아버지,

주일 찬양 | 오늘을 주님의 날로 정해주시고, ○○의 가족을 한 자리로 불러주셨음에 감사드립니다. 이 좋은 날에 맞게 마음을 다하고, 몸을 다하며, 뜻을 다하여 드리는 예배가 되게 하시옵소서. 지체들이 마음을 드려 산 제사가 되는 예배가 되기 원합니다. 즐거이 주님의 이름을 부르는 이 시간의 예배를 하나님께서는 기쁘게 받아주시옵소서.

감사의 고백 | 주님께서 지으신 모든 민족이 주님 앞에 경배하며 그 이름에 감사를 돌립니다. 하나님께서는 지난 한 주간 동안에도 저희들을 능하게 하셨습니다. 우리 주님의 성호를 높이 들며 살게 하셨습니다. 때로는 유혹에 밀려 넘어지기도 하였으나 곧 일어서게 하시고, 사단을 무찌르며 십자가의 군병으로 살게 하신 하나님이셨습니다.

자복-회개 | 사유하시는 주님, 각 사람이 행한 대로 심판하실 하나님을 두려워하기 원합니다. 그리하여 죄를 지었던 삶에서 돌이켜 회개하고 모든 죄에서 떠나는 용기를 주시옵소서. 지난 한 주간 동안에도 주님을 기쁘시게 못하고, 육신을 위하여 이기적인 욕망과 많은 죄악에서 살아 왔습니다. 저희들의 회개를 들어주시고

용서해주시옵소서.

예배-순서, 담당자 | 거룩하고 복된 주의 날에, 원근 각처에서 흩어져 생활하던 이들이 한 자리에 모였습니다. 각자가 흩어져 자신의 자리에서 예배하는 삶을 살다가 다시 모였습니다. 거룩한 만남을 주셨으니, 신령과 진정으로 아름다운 예배를 드리게 하시옵소서. 목사님께서 단에 서셨으니, 저희들은 말씀을 들을 준비를 합니다. 강단에서 선포되는 주님의 말씀이 저희를 비추는 거울이 되어 주시기 원합니다. 저희들의 신앙이 하나님의 말씀으로 균형 잡히게 하시옵소서. 저희들의 흐트러진 모습을 발견하게 하시되, 신앙의 바른 자세로 서게 하시옵소서. 그 말씀이 영혼을 살리는 양식이 되기 원합니다.

다짐의 고백 | 신실하신 하나님, 가을이 깊어가면서 나무마다 열매를 맺고 있습니다. 과일들은 마지막 남은 뜨거운 태양빛을 한 뼘이라도 더 받아 익어가고 있습니다. 저희들도 주님 앞에서 착한 행실로 말미암은 성령님의 열매를 맺어가도록 해주시옵소서. 살아가는 날이 더해질수록 하나님을 사랑하게 하시옵소서.

이 시간의 예배로 말미암아 우리 교회는 더욱 굳건해지고, 믿음의 열매, 소망의 열매 그리고 사랑의 열매를 맺는 다짐을 바라면서 예수님의 이름으로 기도드립니다. 아멘.

11월 2주

홀로 하늘에 계신 하나님,

주일 찬양 | 만군의 여호와께 경배하며 예배를 드립니다. 이 자리에 주님의 귀한 자녀들이 모였으니 영광을 받으시옵소서. 하나님의 백성들, 모두 머리를 숙였으니 영과 진리로 이끌어 주시옵소서. 주일에 예배하는 모든 이들에게 복을 내려 주시기를 빕니다.

하나님께 영광 | 저희를 위해 희생 제물이 되신 예수님을 찬양합니다. 그리스도의 보혈로 씻음받고, 주님 앞으로 나왔습니다. 온 땅이 주의 이름을 찬양한다면, 저희들은 하나님이 받으시기에 마땅한 경배를 드리게 하시옵소서. 오늘, ○○의 지체들이 하나님께 바쳐야 할 영광을 드리게 하시옵소서.

자복-회개 | 주님께서는 저희들의 마음을 들여다보고 계심을 압니다. 그러므로 저희들이 지은 죄를 고백하기 원합니다. 알면서도 잠간 동안의 이익 때문에 저지른 죄를 회개합니다. 또한 깨닫지 못하는 순간에 저지른 죄를 고백할 때, 더러워진 심령을 그리스도의 보혈로 깨끗하게 씻어 주시옵소서.

예배-순서, 담당자 | 만유의 하나님, 이 전에 모인 이들마다 받은 은혜로 입술을 열어 하나님의 높으심을 찬양하게 하시옵소서. 오직,

은혜로만 하나님께 영광을 드리고 예배할 수 있음을 고백합니다. 강단에 세우신 종을 통해서 하나님의 말씀이 온전히 선포되게 하시며, 그 말씀으로 주저앉았던 저희들이 다시 일어나는 체험을 주시옵소서. 주님의 말씀의 거울로 저희를 비추시고 영혼을 가르쳐서 저희들의 삶 전체가 하나님 아버지를 향한 삶이 되게 하시옵소서. 진리에 대한 응답으로 주님을 저희의 희망과 위로로 삼게 하시옵소서.

전도에의 결단 | 주님께서 분부하신 땅 끝까지와 만민에게 '복음을 전파하라는 지상명령에 순종하는 저희들이 되기 원합니다. 아직도 복음을 받아들이지 않는 이웃에게 복음을 전하는 교회가 되게 하옵소서. 저희들의 전도와 선교를 향한 열정으로 인하여 이 지구상에 성령님의 역사가 넘치기를 소원합니다. 특히, 쇠퇴일로에 있는 서방의 교회들을 다시 일깨워서 부흥의 역사를 일으키는 계기가 되게 하시옵소서.

정성껏 드리는 예배를 받으시고, 이제, 참으로 죄를 거절하며 살 수 있는 믿음을 갖게 하신 예수님의 이름으로 기도드립니다. 아멘.

11월 3주

인자하신 하나님,

주일 찬양 | 사랑하심을 입은 하늘의 백성들을 바라보아주시옵소서. 여호와 하나님의 이름을 즐거워하여 예배하려 합니다. 은혜를 입어 거룩한 자리에 나왔사오니, 여기에 모인 ○○의 형제들과 자매들을 거룩하게 하시옵소서. 여호와 앞에서 잠잠하여 주님의 이름을 높이게 하시옵소서. 거룩하게 하신 이 날을 거룩하게 지키기 원합니다.

추수감사절의 감사 | 추수감사절을 지키게 하심에 감사합니다. 저희들에게 '감사를 잊은 아홉 사람들'의 대열에 끼지 않게 해주셨음은 큰 은혜입니다. 여호와의 선하심을 맛보아 알게 된 성도들이 '감사의 제단' 앞으로 나옵니다. 수확의 기쁨으로 즐거워하여 이 자리에 모여 찬양을 드립니다. 예배할 때, 기쁨으로 이 전이 가득하게 하시옵소서.

자복-회개 | 이 시간에, 저희들을 보니 하나님 앞에서 감출 수 없는 죄가 많이 있지만 저희들을 그대로 받아 주시옵소서. 거룩하게 살아야 할 시간을 죄악으로 채웠음을 회개합니다. 주님의 제자로 살아야 하였기에, 주님의 십자가를 바라보았어야 했으나 그렇게 하지 못했습니다. 여전히 이 땅에서, 먹고 사는 일, 자신의 유익을

구하는 것에 분주했던 행실을 용서해주시옵소서.

예배-순서, 담당자 | 영광을 받으실 하나님, 머리를 숙인 ○○의 지체들에게 오직 하나님께 경배를 드리게 하시옵소서. 저희들의 마음과 생각을 하나님의 영광으로 모으게 하시옵소서. 삼위 하나님께만 바칠 예배로 인도해 주시옵소서.

오늘도 목사님을 단 위에 세우셔서, 하나님의 말씀을 들려주시니 감사드립니다. 말씀을 전해 주실 목사님에게 성령의 능력이 더하시기 바라며, 말씀 속에서 저희들이 거듭나게 하시옵소서. 이 예배를 더욱 거룩하게 하기 위하여 성가대원들이 찬양을 마련하였습니다. 성가대를 따라서, 저희들 모두 주님의 이름을 찬양하게 하시옵소서.

감사의 결단 | 지난 시간을 돌이켜 볼 때, 저희들이 받은 것은 참으로 많습니다. 하나님의 열심 때문에 이루어진 일들이 많아 감사를 드립니다. 혹시, 아직까지 자신의 소망을 이루지 못한 이에게는 낙심하지 말고, 도우시는 주님의 손길을 기대하게 하시옵소서. 베풀어 주신 하늘의 은혜에 대한 응답으로 저희의 생명을 드리기 원합니다.

감사하는 자를 찾으시는 주님께, 예배로 영광을 드리고, 더욱 감사하는 삶을 살기를 다짐하면서 예수님의 이름으로 기도드립니다. 아멘.

11월 4주

은혜가 많으신 하나님,

주일 찬양 | 주님께서 주신 거룩한 삶의 터전에서 살던 ○○의 지체들이 하나로 모였습니다. 이 시간에, 영과 진리로 예배할 때, 하늘의 문을 열어주시기 원합니다. 의롭다함의 은혜를 입은 자녀들이 아버지께 드리는 예배를 받으시며 하늘 아래에 있는 모든 세계에 주 하나님의 이름이 높이 받들어지게 하시옵소서.

감사의 고백 | 오래 전에 오신 아기 예수님의 나심을 기억하는 대강절을 맞이합니다. 우리를 죄로부터 구원해주시기 위하여 하나님께서 사람이 되셨음에 감사드립니다. 예수님의 나심이 우리에게 얼마나 복이었는가를 생각합니다. 주님의 세상에 오심은 우리의 상처를 싸매어 주심이었고, 죄인을 의인으로 새로워지게 하심이셨습니다. 이 성전에서 감사와 찬양을 통해 주님을 바라보게 하시옵소서.

자복-회개 | 받은 은혜 많사오나 구별된 삶을 살지 못했습니다. 죄를 사하시는 은혜를 빕니다. 하나님의 나라보다는 자신의 유익을 구하기에 바빴던 저희의 행실을 용서해주시옵소서. 욕심 때문에 가까운 이들을 시기하며 투기해야 하였고, 자신의 이익 때문에 거짓된 행실도 서슴지 않았음을 용서해주시옵소서. 대강절의

절기를 지키면서 잊고 지냈던 구원의 은혜, 십자가의 보혈을 묵상하게 하시옵소서.

예배-순서, 담당자 | 좋으신 하나님, 저희를 죄와 죽음으로부터 구원해 주신 주님의 이름을 높여드리는 예배이기 원합니다. 성탄의 영광을 드러내는 예배가 되기 원합니다. 별을 따라 길을 떠난 동방의 박사들과 같은 심정으로 부복합니다.
강단에 세우신 목사님을 붙잡아 주셔서 진리의 말씀을 준비하신 그대로 선포하게 하시옵소서. 예배를 위하여 여러 모양으로 섬기는 일꾼들에게 성령님의 감화로 섬길 수 있도록 은혜를 더해주시옵소서.

결단 | 금년에는 육체와 함께 그 정과 욕심을 십자가에 못 박는데 실패하였습니다. 하나님께서 한 번 더 삶의 기회를 주신다면, 성령님께 충만하여 성령님의 감화하심에 순종하여 따르기를 원합니다, 하나님의 은혜 안에서 지내는 ○○의 지체들이 순간, 순간에 자신을 살펴서 헛된 영광을 구하지 않도록 예민하게 하시옵소서.

이 시간에 예배할 때, 성탄의 기쁨으로 주님께 영광을 드리고 하나님 나라의 평강을 맛보기를 바라면서 예수님의 이름으로 기도드립니다. 아멘.

12월 1주

사랑이 많으신 하나님,

주일 찬양 | 어느덧 열한 달의 시간을 보내고, 달력의 마지막 장 잎에 선 저희들을 보아주시옵소서. 주님의 크고 부드러운 팔로 보호하심을 받아 살아온 시간들이었습니다. 여러 모양으로, 여러 곳에서 흩어져 있던 이들이 ○○의 성전에 모였습니다. 지금까지 지내온 것을 오직 하나님의 은혜로 여기고, 예배하게 하시옵소서.

대림절의 감사 | 대림절 아침에 주님의 자녀들이 예배하러 나왔습니다. 약속에 따라 주 예수님이 아기의 몸을 입고, 메시야로 오신 날을 생각합니다. 오래 전에 하셨던 약속이 이루어져 우리에게 구원의 선물이 나타났음을 기뻐하는 예배를 드리게 하시옵소서. 이 땅의 모든 이들이 하나님의 구원하심을 보기 원합니다. 자기들의 죄를 용서해주시는 예수님을 주라 부르게 하시옵소서.

자복-회개 | 아버지 하나님, 주님 앞에 나오니 저희들의 죄를 지은 모습이 그대로 드러나고 있습니다. 하나님을 두려워하지 않고 살았던 지난 시간의 삶을 회개합니다. 교만한 자아의 무릎을 꿇게 하시고, 강퍅했던 마음은 녹아지게 하시옵소서. 예배를 마치는 시간까지 오직 성령님만이 임재하시기 원합니다.

예배-순서, 담당자 | 오늘 드리는 저희들의 예배가 주님께서 기뻐 받으시는 산 제사가 되게 하시옵소서. 아기 예수님의 나심을 축하하고, 약속하신 말씀에 따라 다시 오실 재림의 주님을 기다리는 예배가 되게 하시옵소서.

성탄절을 기다리는 심령에 만족한 말씀을 증거하실 목사님께 영력을 더하시기 원합니다. 하나님의 대언자로서 생명력 넘치는, 살아 있는 말씀으로 저희들을 감동케 하시옵소서. 찬양대원들을 축복합니다. 저들의 찬양으로 더욱 영광을 받으시고 이 자리는 은혜로 가득하게 하여 주시옵소서.

곤경에 처한 이들을 위한 도고 | 임마누엘의 하나님, 메시야의 오심으로 고통에 있던 이들에게 소망이 되었던 것처럼, 성탄절의 아침이 절망의 나락에 있는 이들에게 희망이 되기 원합니다. 판단과 선택의 실수로 패배하여 낙심되어 있는 이들에게 아기 예수님이 위로와 기쁨이 되어주시기를 원합니다.

대림절에 우리의 기쁨이 되시는 주님을 만나는 체험이 있게 하시기를 바라면서, 예수님의 이름으로 기도드립니다. 아멘.

12월 2주

자기 백성에게 신실하신 하나님,

주일 찬양 | 오늘을 성서주일로 거룩하게 모이도록 하셨음에 찬양을 드립니다. 우리에게 성경을 주신 하나님께 감사로 영화롭게 해드리는 한 시간이 되기를 빕니다. 책으로 된 하나님의 말씀에 대하여 다시금 묵상하면서 예배하는 주님의 백성이 되게 하시옵소서.

감사의 고백 | 우주와 삼라만상의 주인 되시는 하나님, 태초에 세상을 지으신 그때부터 오늘에 이르기까지 우주만물을 다스리시고, 연약한 인생을 보호하여 주심에 감사를 드립니다. 이스라엘의 구속자에게 영광을 드립니다. 이스라엘의 거룩한 이이신 여호와께 감사드립니다. 이 시간에, 자연의 만물을 통하여 감사의 영광을 받으시기 원합니다.

자복-회개 | 주님 앞에 서기만 하면, 저희는 자신 속에 있는 교만과 미움을 봅니다. 또한 완악함으로 가득 찬 마음을 감출 수 없음을 고백합니다. 저희들을 둘러싸고 있는 증오와 다툼 그리고 죄악이 가득함을 봅니다. 주님의 사랑과 긍휼로 이 더러움을 깨끗이 씻어 주시고, 용서해주시옵소서.

예배-순서, 담당자 | 이 자리에, 주님의 백성들이 신령과 진정으로 예배

하게 하시옵소서. 소리를 높여 찬양하는 저희들의 심령이 기쁨으로 흥겨워지게 하시고, 하나님께 영광을 드리는 것으로 만족하게 해주시기 원합니다.

이 복된 시간에, 살리시는 주님의 말씀으로 ○○교회 공동체를 새롭게 하시옵소서. 오직 하나님의 위로와 소망을 바라며 사는 저희들에게 힘이 되는 말씀이기 원합니다. 힘들고 지쳐서 넘어질 때, 늘 옆에서 너는 내 아들이라는 주님의 사랑스런 음성을 들려주시옵소서. 예배를 돕는 성가대원들을 축복합니다. 그들의 입술을 통해서 하나님을 영화롭게 하는 찬양이 이 전에 가득 차기를 원합니다.

전도에의 결단 | 저희들은 하나님의 은혜로 생명의 복음을 듣고, 예수님을 믿으며 살고 있습니다. 이 은혜가 복음으로 인한 것일진대, 저희들을 복음을 전하는 전도자로 세워 주시옵소서. 이 복음을 듣고 싶어도 들을 수 없는 이들에게 전하게 하시옵소서. 하나님의 구원하심을 선포하기 위해서 저희들에게 있는 것을 아낌없이 드리기를 소망합니다. 한 생명이라도 더 구원하기 위해서 몸이라도 내어놓는 은혜를 주시옵소서.

이 복된 시간에 불로 태워 역사와 은혜의 단비를 받는 성도들이 되기를 바라면서 예수님의 이름으로 기도드립니다. 아멘.

12월 3주

구주를 보내주신 하나님,

주일 찬양 | 오늘, 성탄주일로 예배하게 하신 하나님께 영광을 바치도록 해주시옵소서. 동방박사들이 경배했던 그대로, 메시야 주님께서 받으셔야 하는 예물을 드리게 하시옵소서. 황금과 몰약과 유향이 주 예수님의 모습을 그대로 나타내었듯이, 저희들의 예배가 아기 예수님께 합당한 영광을 드리게 하시옵소서.

대림절의 고백 | 영광을 받으셔야 하실 하나님의 크신 팔로 감싸 안아주시는 하나님께 나아갑니다. 힘들어 지칠 때마다 위로가 되어주셨던 주님이셨습니다. 낙심될 때, 소망을 갖게 하신 주님의 이름을 부르며, 은혜로 행하셨음을 예배를 통해 기리기 원합니다.

자복-회개 | 저희들은 하나님보다도 자신을 즐겁게 하는 삶에만 관심을 기울인 나머지 죄를 지었던 것을 회개합니다. 마땅히 하나님께 영광을 드려야 할 것을 저희의 기쁨으로 가로채었던 죄악을 용서해주시옵소서. 여러 가지의 일들 속에서 하나님의 도우심을 기억하지 못하고 지나쳤음을 용서해주시옵소서. 육신이 연약하고 믿음이 부족하다는 핑계로 주님의 말씀대로 살지 못했음을 용서해주시옵소서.

예배-순서, 담당자 | 예수님의 나심을 축하하는 이 시간에, 이 기쁘고 복된 날을 기리게 하시옵소서. 주님의 사랑을 받는 모든 사람들이 마음을 다하여 찬송을 드리게 하시옵소서. 처음 성탄절의 예수님은 이 땅에 나시었으나, 오늘, 저희들의 마음에 예수님께서 다시 나시기를 합니다.
말씀을 증거해 주실 목사님에게 은혜를 더하시기 원합니다. 목사님께서 전해주시는 말씀이 저희들에게 기쁜 소식이 되는 성탄의 메시지가 되기를 원합니다. 이제, 성가대원들의 찬양은 하늘의 노래가 되게 하시옵소서.

교회를 위한 중보 | "하나님이 세상을 이처럼 사랑하사 독생자를 주셨으니" 감사드립니다. 주님은 인류를 구원하시기 위해 오셨으니, 오늘도 구원함에 이르는 날이 되게 하시옵소서. 예수님을 구주로 믿어 멸망치 않고 영생을 얻는 이들이 있게 하소서. 이제, 저희들에게는 심판의 주님으로 다시 오실 예수님을 기다리기 원합니다.

주님의 나심을 축하하는 예배를 드릴 때, 저희의 마음이 구유가 되게 하시므로 심령이 새로워지기 원하면서 예수님의 이름으로 기도드립니다. 아멘.

12월 4주

자비로우신 하나님,

주일 찬양 | 주님의 사랑을 입은 자들이 다시 모였습니다. 여호와께서는 우리를 능히 도우시니 하나님에게 소망을 두고 살아온 저희들입니다. 여기에 모인 주님의 백성들이 마음으로 몸을 굽혀 얼굴을 땅에 대고 여호와께 경배하도록 하시옵소서. 정해진 시간의 예배로 홀로 영광을 받으시고, 그 이름을 세상 만방에 널리 알려주시옵소서.

성탄절의 감사 | 하나님께서 저희들을 사랑하셔서, 이 땅에 예수님을 보내 주셨음에 찬송하게 하시옵소서. 하나님이신 예수님의 오심으로 아버지의 사랑이 저희에게 나타난 것을 즐거워합니다. 아기 예수님의 나심으로, 인류를 구원하시려는 하나님의 뜻이 이루어졌음을 찬양을 드리게 하시옵소서. 약속대로 메시야가 오셔서 생명의 길을 열어주시니 감사드립니다.

자복-회개 | 지금, 저희들의 죄를 고백하며, 성령님의 은혜를 기다립니다. 주님의 피로 깨끗이 씻어 주시옵소서. 착한 일을 하면서 하나님께 영광을 돌리도록 하는 삶을 살아야 하였으나, 그렇지 못하였습니다. 유혹을 이기지 못하고, 쾌락에 마음을 빼앗겨 주님께서 미워하시는 일도 저질렀음을 고백하니, 용서해주시옵소서.

특히, 이웃을 사랑하고, 하나님의 영화로움을 위해서 살아가지 못한 죄를 용서해 주시기 원합니다.

예배-순서, 담당자 | 예배를 받으시는 하나님, 예배하러 모인 저희들은 마음을 다하여, 하나님을 경배하고, 하늘에 영광을 드리게 하시옵소서. 신령과 진정으로 드리는 예배가 되기 원합니다. 이미 찬양과 경배로 시작된 예배를 마칠 때까지 주관해 주시기 원합니다.

말씀을 준비하신 목사님께 성령으로 감동해주시고, 하나님의 뜻이 온전히 선포되기 원합니다. 그 말씀으로 저희들을 향한 주님의 뜻이 무엇인지 분별하여 새로워지게 하시옵소서.

은혜를 간구함 | 이제, 하나님의 자비로우심으로 성도답게 살게 하시옵소서. 이미 빛과 소금이 되라 하신 주님의 뜻대로 사는 종들이 되게 하시옵소서. 개혁의 신앙을 물려받아 악을 물리치고 하나님 을 기쁘시게 하는 것을 사모하는 삶이 되기 원합니다.

예배로 영광을 드릴 때, 말씀에 순종하여 무슨 일을 하든지 말씀의 인도와 기준에 따라 행하기를 바라면서 예수님의 이름으로 기도드립니다. 아멘.

12월 5주

복스러운 소망과 우리의 크신 하나님,

주일 찬양 | 이 거룩한 아침에 인생의 주인이 되시는 하나님을 경배합니다. 금년의 마지막 주일에, 여호와는 우리의 주이심을 고백하여 예배를 드립니다. 구주 예수 그리스도의 영광이 나타나심을 기다리게 하셨으니 영광을 받으시옵소서. 저희들에게 성부와 성자, 성령의 삼위일체 하나님만을 찬송하게 하시옵소서.

송년주일의 감사 | 긍휼이 풍성하신 하나님, 지난 한해 하나님은 참으로 좋으신 아버지가 되어 주셨습니다. 주님의 넘치는 자비로우심으로 저희들은 살아왔습니다. 때를 따라 돕는 은혜로 도우시며, 저희들의 삶이 물댄 동산과 같이 모자람이 조금도 없게 하셨으니 감사드립니다. 오늘, 송년 주일의 예배는 주님께서 주신 그 모든 것들을 헤아려 보는 시간이기 원합니다.

자복-회개 | 저희들의 지난 한 주간 동안은 결코 아름답지 못하였습니다. 주님의 보내심으로 빛과 소금이 되어야 했던 세상이었건만 그렇게 하지 못하였습니다. 육신이 연약하고 믿음이 부족하다는 핑계로 말씀대로 살지 못하였습니다. 여러 가지로 범한 죄와 허물이 많이 있습니다. 이 시간 저희들의 모든 죄를 주님께 자복하고 회개하오니 주님의 보혈로 깨끗함을 얻게 하시옵소서.

예배-순서, 담당자 | 인간의 생사화복을 주관하시는 하나님, 금년의 끝에 서 있는 오늘 또 한 날의 생명을 주시니 영광을 받으시옵소서. 진실로 하나님의 구원이 그를 경외하는 자에게 가까우니 감사의 찬양을 받으시옵소서.
목사님께서 저희들을 위하여 설교 준비를 하셨음에 감사드립니다. 성령님의 감동하심으로 말씀을 베푸시도록 하시옵소서. 그 말씀으로 여호와의 만져주심을 경험하게 하시옵소서. 하나님께 영광을 드리려고 성가대원들이 세워졌습니다. 그들이 몸을 드려서 찬송을 올려드리게 하시옵소서.

다짐의 간구 | 새해를 맞이하여 저희들도 새롭게 되어, 새해에는 사랑이 메마른 곳에서 주님의 인자하심을 드러내는 삶을 다짐합니다. 온갖 미혹된 말들이 넘쳐나는 세상에서 복음을 외치는 삶을 결단합니다. 이를 위해서 기도하는 저희들이 되게 하시옵소서.

한 해의 삶을 매듭짓는 감사의 예배에 베풀어주시는 은혜로 말미암아 새 소망을 갖기 원하면서 예수님의 이름으로 기도드립니다. 아멘.

2
주일 밤 (오후) 찬양 예배 기도문

1월 1주

새롭게 살도록 하시는 하나님,

1월, 첫째 주일을 주셔서 주일을 거룩하게 지키던 중에, 지금은 찬양 예배로 나왔습니다. 저희들을 죽음에서 건져 주신 주님의 이름을 예배합니다. 이 거룩한 날에도 주님의 팔에 의지해서만 살 수 있음을 예배로 고백하게 하시옵소서.

죄악 된 행실을 용서해주시옵소서. 마음으로는 주님을 사랑하지만, 아직도 옛사람의 행실을 끊지 못하는 연약함을 용서해 주시옵소서. 다시는 이 죄에 묶이지 않게 해주옵소서.

목사님을 세워주심에 감사드립니다. 종을 통해서 전해지는 말씀에 순종하게 하시옵소서. ○○성가대원들이 성령님께 감동되어서 드리는 찬양으로 온 교회에 영광이 넘치기를 원합니다.

힘을 다하여 여호와를 섬기고, 맡겨진 직무에 충성하게 하시옵소서. 저희들의 기도와 헌신으로 주님의 교회를 더욱 교회답게하고, 생명의 열매가 맺어지는 은혜를 보게 하시옵소서.

○○의 권속에게 성령님의 충만하심으로 묵은 땅을 기경하는 은혜를 주시옵소서. 세상 속에 묻혀 지내면서 자신도 모르게 딱딱해진 심령을 성령님으로 갈아지는 은혜를 소망합니다. 하나님의 말씀을 받을 만한 좋은 심령이 되고, 거기에 말씀을 사모하게 하시옵소서.

예수님의 이름으로 기도드립니다. 아멘.

1월 2주

온 땅에 충만하신 하나님,

거룩한 주일의 오후에, 나의 주인이 되시는 하나님을 경배합니다. 여호와는 우리의 주이심을 고백하여 예배를 드립니다. 거룩한 아침에 홀로 영광을 받으시고, 그 이름을 세상 만방에 널리 알리시옵소서.

전에는 죄인이었음에도 주 예수님의 피가 죄를 없애주셔서 결코 정죄함이 없는 삶을 살게 하시는 하나님의 은혜에 영광을 바칩니다. 온 영과 혼과 몸이 우리 주 예수 그리스도 강림하실 때에 흠 없게 보전되도록 죄악 된 행실로부터 지켜주시니 영광을 받으시옵소서.

지금, 하나님의 말씀을 듣게 하시니 감사합니다. 진리의 말씀에 하나님은 영광을 받으시고, 저희들은 더욱 겸손히 무릎을 꿇게 하시옵소서. 들려주시는 말씀은 마음 밭에 새겨져 열매를 맺게 하시옵소서.

노아가 믿음으로 경고를 받아들여서 심판을 면할 수 있었던 것처럼, 저희들은 성경의 말씀을 지키고 순종함으로써 심판을 받지 않게 하시옵소서. 여호와 앞에서 노아의 믿음을 본받아 신앙의 방주를 예비해하도록 이끌어 주시옵소서.

세상을 섬기는 교회가 되게 하심을 감사드립니다. 우리 ○○교회가 이 땅에서 이루시려는 하나님의 뜻에 순종하도록 저희들에게 성령님으로 충만하게 하시옵소서.

예수님의 이름으로 기도드립니다. 아멘.

1월 3주

하나님 아버지,

주일을 하나님께 드려 이 날에 영광을 바치게 하셨습니다. 주일 예배의 감격을 가슴에 안고 다시 모여서 찬양으로 나아갑니다.

지나 온 시간, 저희들이 마음을 다하고 목숨을 다하고 뜻을 다하고 힘을 다하여 하나님을 사랑하지 못하였음을 용서해주시옵소서. 또한, 이웃을 자신의 몸과 같이 사랑하지 못하였음을 회개합니다.

사슴이 시냇물을 찾기에 갈급함 같이 저희들의 영혼이 주님을 찾기에 갈급하게 하시옵소서. 물이 없어 마르고 곤핍한 땅에서 물을 갈망하듯이 저희들의 메마른 영혼이 주님을 갈망하게 하시옵소서.

오늘도 푸른 초장의 은혜를 경험하기 원합니다. 생명의 말씀을 듣게 하시옵소서. 목사님을 성령님께서 붙들어 주시기를 빕니다. 말씀을 마음으로 받아 가르침을 그대로 지키겠다는 각오를 합니다.

저희들은 하나님 앞에서 열매를 맺기 원합니다. 금년의 시간을 보내면서 때를 따라 맺어야 할 열매들로 여호와를 영화롭게 해드리게 하시옵소서. 착하고 충성된 종이라는 칭찬을 받게 하시옵소서.

○○의 권속에게 성령님의 충만하심을 사모하게 하시고, 하나님의 영의 인도를 받게 하시옵소서. 언제라도 원수에게 마음을 내어 놓지 않고, 마귀가 미혹하여 가라지를 심지 않도록 막아 주시옵소서.

예수님의 이름으로 기도드립니다. 아멘

1월 4주

하늘에 계신 아버지여,

한 날을 구별하여 성일로 정해주신 날을 지켰습니다. 이 시간에, 다시 모여 예배하기 원하니 영광을 드리게 하시옵소서. 본래 죄인이었던 인생들, 의로움을 입어서 주님께로 나아가도록 인도해주시옵소서.

주님을 영접하여 구원에 이르게 하시고, 천국의 일꾼이 되려는 소망으로 풍성하게 하셨음에 감사드립니다. 이 시간에, 배가 고픈 이들에게 그들의 원대로 먹을 것을 주신 예수님을 묵상합니다. 아울러 주님께 도시락을 드린 어린 아이를 생각합니다.

주님의 일을 위해서 자신의 도시락을 드린 어린 아이의 은혜를 ○○의 권속에게 자신의 것으로 삼게 하시옵소서. 하나님의 일을 하심에 저를 드려서 쓰임이 되기를 빕니다.

목사님께서 준비하신 말씀을 아멘으로 받으며, 말씀에 순종하고자 하는 다짐이 있기 원합니다. 말씀을 주실 때, 저희들의 심령이 뜨겁게 되기를 소원합니다. 그 말씀으로 잠자던 영혼이 깨어나게 하시고, 육으로 치우쳤던 생각을 영으로 돌려주시옵 소서.

주님의 피가 이곳에 뿌려져 교회가 세워지고 지금까지 그리스도를 전하게 하셨습니다. 신앙의 선배들이 주님을 그리스도라 전했는데 저희도 충성을 다하는 후배가 되어 거룩한 대열을 잇게 하시옵소서.

예수님의 이름으로 기도드립니다. 아멘.

1월 5주

하나님 아버지,

성령님께서 저희들의 죄를 보여 주심에 감사드립니다. 주님께서 미워하시는 일들을 저지르고도 주 앞으로 왔으니 받아주시옵소서. 언제나 같은 사랑으로 긍휼을 베푸시는 주님의 이름을 즐거워합니다.

하나님의 인도하심을 잊고, 자신의 영광을 구해왔던 지난 시간의 생활을 회개합니다. 입으로는 주 예수님을 주인으로 모신다 하면서도 실제는 주님을 섬기지 못했습니다. 용서해주시옵소서.

우리 교회에 말씀의 종으로 세워주신 담임 목사님과 여러 부교역자들을 위하여 빕니다. 그들의 기도와 사랑이 깊은 헌신을 통해서 우리 ○○의 지체들이 제자로 세워져 감을 감사드립니다. 저희들의 믿음 없음이 더욱 강건한 믿음으로 성장하게 하여 주시옵소서.

하나님이 입으로 나오는 말씀을 그리워합니다. 교회의 강단이 생명의 샘이 되어, 회중에게 소생을 경험하게 하시옵소서. 말씀이 살아있는 ○○교회와 공동체로 인도해 주시옵소서.

주님의 피가 이곳에 뿌려져 교회가 세워지고 지금까지 그리스도를 전하게 하셨습니다. 신앙의 선배들이 주님을 그리스도라 전했는데 저희도 충성을 다하여 거룩한 대열을 잇게 하시옵소서. 그리하여 주 예수님의 반석 위에 신앙의 집을 짓는 권속이 되게 하시옵소서.

예수님의 이름으로 기도드립니다. 아멘.

2월 1주

인생의 주인이신 하나님,

크신 은혜로 저희들에게 야곱의 하나님을 자기 도움을 삼게 하셨으니 감사드립니다. 이제, 하나님은 저희들의 주인이십니다. 이 거룩한 시간에, 주인이 되시는 하나님을 경배합니다.

예수님께서 제자들에게 권세를 주셨듯이, 저희들에게도 그 능력이 있음을 묵상합니다. 그렇지만 하늘의 능력을 행사하며, 전도자로 살아가지 못한 자신을 부끄러워하게 하시옵소서.

오늘, 저희들을 주목하시는 하나님을 바라게 하시옵소서. 그리고 훈계하시는 그 음성을 듣게 하시옵소서. 그래서 그 가르침 앞에서 아브라함의 하나님께 절대 순종하는 믿음을 배우게 하시옵소서.

목사님께 힘을 더하셔서 권세 있는 말씀을 선포할 수 있게 하옵소서. 그 말씀에 의해 더욱 하나님께로 나아가게 하시옵소서.

○○의 권속에게 단 한 사람에게라도 전도자가 되게 하시옵소서. 귀신을 대적하고, 병든 자들을 위하여 기도하며, 복음을 전하는 시간을 보게 하시옵소서. 하나님께서 구원하시기로 작정하신 영혼들을 향해서 보냄을 받은 하루의 삶을 주시옵소서.

우리의 인생이 순간적이고 찬란한 곳에 몰두하는 어리석은 생활태도를 버리게 하시고, 유한한 삶에서 영원을 준비하게 하시옵소서.

예수님의 이름으로 기도드립니다. 아멘.

2월 2주

주일을 지키게 하시는 하나님,

오늘도 이 백성에게 승리를 주신 그 은혜에 예배와 찬양으로 영광을 드립니다. 이 시간에, ○○의 성도들이 아름다운 찬송을 통하여 여호와의 이름이 높이게 하시옵소서. 주님의 권속을 은혜의 자리로 불러 주셔서 영과 진리로 예배하게 하셨으니 영광을 드립니다.

순간의 즐거움에 자신을 내어주고, 불의와 타협하면서도 자신의 죄를 합리화하는 위선적인 행실뿐이었음을 용서해주시옵소서. 죄를 거절하는 담대함을 주시고, 신령한 은혜에 들어가게 하시옵소서.

목사님의 입술을 통해서 대언이 되는 하나님의 말씀으로 보배롭게 담겨있는 약속의 아름다움을 보게 하옵소서. 진리의 말씀이 생수가 되어 허전했던 심령을 시원하게 해주는 은혜를 주시옵소서.

여호와의 간섭적인 은혜로 재정의 부요함을 보도록 하시옵소서. 주님께서 우리를 위하여 가난하게 되셨으니, 부요하심의 은혜가 있음을 보게 하시옵소서. 남들에게 거저 베풀고, 어려운 이들을 도와도 모자람이 없는 넉넉한 재물을 취하게 하시옵소서.

○○의 권속은 하나님께 영광을 드리기 원합니다. 주님께서 주신 청지기의 사명을 바로 깨달아 주님께서 우리에게 맡기신 삶의 터전과 생의 기간을 아름답게 가꾸는 지혜 있는 자들이 되게 하시옵소서.

예수님의 이름으로 기도드립니다. 아멘.

2월 3주

복의 근원이 되시는 하나님,

복을 주시는 날에, 하나님께서 정하신 방법에 따라 예배를 드리오니 받아 주시옵소서. 저희들은 여호와 앞에서 영원히 성민이 되게 하시옵소서. 여호와의 이름 앞에 무릎을 꿇어 영광을 드립니다.

사람의 죄를 용서해 주시기를 즐겨하시는 하나님께 영광을 드립니다. 부르짖는 자에게 인자하심이 후하신 여호와의 이름이 영광의 향내로 이 전에 가득하기 원합니다. 주님의 이름으로 모인 성도들이 하나님의 선하심을 기억하며 영광을 바칠 때, 흠향하시옵소서.

저희들에게 말씀하시는 하나님의 음성을 듣는 은혜의 시간으로 인도해 주시니 감사합니다. '지금, 여기에서' 저희들이 듣고 순종해야 하는 진리의 말씀이 온 교회를 덮게 하시옵소서.

예배할 때, 저희들에게 사랑의 영을 충만하게 부어주시옵소서. 주님의 형제와 자매들이 남의 잘못이나 허물이 있을 때마다 자신을 먼저 돌아보는 사랑으로 충만하기 원합니다. 진정으로 감싸주고, 피차 덕 세우기를 힘쓰는 사랑하는 저희들로 만들어 주시옵소서.

○○의 권속에게 전도자가 되게 하시옵소서. 귀신을 대적하고, 병든 자에게는 기도하며, 복음을 전하게 하시옵소서. 하나님께서 구원하시기로 작정하신 영혼들을 향해서 보냄을 받은 기회를 주시옵소서.

예수님의 이름으로 기도드립니다. 아멘.

2월 4주

미쁘신 이름의 여호와여,

주님을 닮고, 주님처럼 살아가기를 원하는 저희들, 여호와의 이름을 높여드립니다. 저희들의 구속을 위해 하나님께서 하신 일을 즐거워하면서 그 이름을 높이는 이 시간의 예배가 되게 하시옵소서.

거룩하게 지낸다고 했으나 죄를 지은 것을 회개합니다. 저희들의 상한 마음을 고쳐주시고, 사죄의 은총을 내려 주시옵소서. 하나님의 나라보다는 자신의 유익을 구하기에 바빴던 행실을 용서하시옵소서.

주님께서 고난으로 우리의 죄에 대한 하나님의 진노를 친히 받으셨음에 감사드립니다. 그 고난을 통해서 하나님의 은혜와 의를 얻게 하셨으니 주님의 고난을 찬양하게 하시옵소서.

지금, 설교를 준비하신 목사님께 성령으로 충만하게 하시고, 능력을 더하셔서 권세 있는 말씀을 선포할 수 있게 하옵소서. 그 말씀에 의해 더욱 하나님께로 나아가게 하시옵소서. 복음을 듣고, 믿음에 이르는 생명들을 보여 주시옵소서.

저희들에게 영생을 주시려고 구속제사의 제물이 되신 예수님을 기억하게 하시옵소서. 병으로 인하여 병상에 누어있는 이들을 위해 간구합니다. 사랑의 주님께서 그들을 찾아가 주셔서, 그들의 모든 죄악을 사하시며, 모든 병을 고쳐 주시옵소서.

예수님의 이름으로 기도드립니다. 아멘

3월 1주

홀로 한 분이신 하나님,

사순절의 주님을 만난 기쁨으로 저희들의 가슴이 충만해지게 하시옵소서. 주님의 십자가에서 이루어진 사랑에 감격하여 기쁨으로 충만한 저희들이 되어 하나님의 뜻을 찾게 하시옵소서.

이제, 찬양예배로 하나님께 영광이 되기를 원하는 저희들에게 예수는 나의 힘이요 내 기쁨이 되심을 찬송하게 하시옵소서. 오직 십자가의 은혜로 구속받았음에 찬양을 드리게 하시옵소서.

여호와의 사유하심으로 저희들을 받아 주시옵소서. 하나님을 사랑함에 민감하지 못하고, 눈에 보이는 것들에 마음을 주며 지낸 것을 용서하시옵소서. 하나님이 아닌 것들에게 여호와의 자리를 내어준 죄를 도말해주시옵소서.

생명의 말씀을 주시려고 목사님을 강단에 세워주셨음에 감사드립니다. 목사님의 대언하시는 말씀 속에서 삼위 하나님의 거룩하심과 전능하심이 선포되게 하시옵소서.

갈보리의 십자가가 떠올려질 때마다 주님을 생각하게 하시옵소서. 죄인이었던 인생들이 받아야 할 저주를 대신 죽음으로 받으신 예수님을 바라보게 하시옵소서. 십자가의 그늘 밑으로 다가가 구원의 은혜를 찬송하게 하시옵소서.

예수님의 이름으로 기도드립니다. 아멘

3월 2주

시온에서 복을 주시는 하나님,

이 시간에, 성도들의 아름다운 찬송을 통하여 여호와의 이름이 높아지기를 소망합니다. 성령님의 충만하심으로 날마다 새롭게 하신 은혜에 찬송을 드리게 하시옵소서.

오늘도 주님의 권속들을 은혜의 자리로 불러 주셔서 영과 진리로 예배하게 하셨으니 영광을 드립니다. 주일예배의 시간을 복 되게 하셨듯이 ○○의 지체들, 영과 진리로 나아가게 하시옵소서.

죄로 인하여 주님께 얼굴을 들지 못하고 주님의 자비를 잊어야 했던 지난 시간들이었습니다. 하늘나라에서의 기쁨을 지금, 맛보게 하시는 구원의 하나님을 향하여 즐거이 외치는 예배를 드리게 하시옵소서. 성령님의 충만하심으로 기뻐하는 예배로 영광을 받으시옵소서.

마음을 내어놓고 간구하는 이 시간에, 주님의 음성을 듣게 하시옵소서. 목사님의 입술을 사용하사 들려주시는 하나님의 음성을 달게 받게 하시옵소서. 저희들이 부르짖기 전에, 하나님의 말씀을 듣게 하시고, 그 말씀으로 구하기를 원합니다.

○○의 권속에게 말씀을 그리워하는 심령이 되게 하시옵소서. 베풀어 주시는 신령한 식탁에서 천국 잔치의 기쁨을 누리게 하시옵소서. 하나님께는 기꺼이 순종하는 자리에까지 이르게 하시옵소서.

예수님의 이름으로 기도드립니다. 아멘.

3월 3주

신실하신 하나님,

주일예배를 거룩하게 드리게 하신 하나님의 이름에 영광을 드립니다. 지금, 여기에 다시 모이게 하시며, 경건함과 거룩함으로 예배하게 하시니 감사합니다.

생각과 마음을 모아서 여호와를 공경함으로써 예배하는 저희들이 되게 하시옵소서. 마음을 드려 찬양으로 경배하기를 원합니다.

주님은 저희들의 어리석음을 아시니, 저희들을 가르쳐 기도하게 하시옵소서. 연약함도 아시니, 저희들을 가르쳐 굳세게 되는 힘을 구하게 하시옵소서. 저희들을 가르쳐 겸손을 배우게 하시옵소서.

이 시간에도 ○○의 강단에 말씀의 영으로 충만하게 하시옵소서. 말씀의 기름 부으심이 전하는 자와 받아야 하는 회중들에게 충만하게 하시옵소서. 이로써 설교하시는 목사님께 영력을 더하셔서 생명의 말씀으로 저희들이 배부르게 하여 주옵소서.

주님의 교회 안에서 자라가는 지체들을 축복합니다. ○○의 성도들이 교회를 통해서 제자로 세워져가는 젊은이들을 위하여 무릎을 꿇게 하시옵소서. 어린 아이들이 말씀과 기도로 자라가도록 하는 사역에도 헌신하게 하시옵소서. 그들이 주님의 제자로 양육을 받을 수 있도록 봉사하는 어른들이 되게 하시옵소서.

예수님의 이름으로 기도드립니다. 아멘.

3월 4주

우리 왕이신 주여,

사순절을 보내고 있는 저희들이 주님께로 나왔습니다. 찬양을 드리는 시간으로 모인 지체들이 주님께서 달려 죽으신 십자가를 바라보면서 아름다운 주님의 이름에 합당한 영광을 드리게 하시옵소서.

확실히 만물의 마지막이 가까운 것을 피부로 느끼고 있습니다. 이제 우리가 해야 할 일이 무엇이겠습니까? 열심을 내어 사랑하고 서로 대접하고 원망 없이 대접하고 또한 서로 봉사하는 그런 생으로 보다 더 높은 의미의 생을 이제는 살아가기를 소원하게 하시옵소서.

말씀을 전해 주실 목사님께 선포의 능력을 더하여 주시고, 그 말씀으로 저희들을 향한 주님의 뜻이 무엇인지 분별하여 새로워지게 하시옵소서.

저희를 하나님과의 관계에서 기꺼이 순종하는 자리에까지 이르게 하시옵소서. 이제, 우리 교회는 구원하심과 그 은혜의 영광을 하나님께 드리는 지체들로 세워주시옵소서.

마음의 분열과 갈등으로 말미암아 나누인 지체들에게는 서로를 받아들일 수 있는 사랑으로 위로해주시며, 나눔과 반목이라는 불행에 빠진 저희들에게 은총을 베풀어 주시옵소서. ○○의 공동체 안에서 모든 것을 믿으며, 참으며, 바라면서 하나를 이루게 하시옵소서.

예수님의 이름으로 기도드립니다. 아멘.

4월 1주

사망권세 이기고 승리하신 주님,

하늘 아래에서 거룩하다고 구별하신 날에 주님께서 다시 살아나셨습니다. 죄인들은 그를 죽여서 무덤에 가두었으나 하나님께서 일으키셨습니다. 주님께서 흉악한 인간의 권세를 꺾으시고, 부활하신 날, 우리들이 예배함은 마땅합니다.

부활절을 맞이한 우리의 마음이 우리 죄로 인해 십자가를 지신 예수 그리스도의 고난의 의미를 되새기게 하옵소서. 주님만이 내 죄를 해결해 주실 수 있음을 고백하게 하시고 주님 지신 십자가에 내 모든 죄의 본성과 고집스런 자아를 못 박아 새 영으로 거듭나게 하셔서 진정한 부활의 감격을 누리는 자들 되게 하여 주옵소서.

다시 살아나신 주님의 이름을 찬송하기 위하여 머리를 숙였습니다. 하나님의 이름에 합당한 영광을 드리게 하시옵소서.

뜨거웠던 가슴이 어느새 식어지고, 담대했던 결단이 흐지부지해지는 저희들을 일으켜 주시옵소서. 마음의 문을 연 저희들의 심령에 성령님께서 들어오시기 원합니다. 생명으로 이끌리게 하시옵소서.

성령님의 충만하심으로 부활의 신비를 주시옵소서. 소망의 풍성함에 이르게 해주시옵소서. 성령님의 충만하심으로 영안이 열려지게 하시옵소서. 형식적으로 흐르는 신앙생활에 활력을 주시옵소서.

예수님의 이름으로 기도드립니다. 아멘.

4월 2주

생명의 주 하나님,

십자가를 지시려고 예루살렘 성으로 오신 주님을 생각하며 예배하게 하시옵소서. 예수님을 바라보며, 다윗의 후손으로 오신 이를 찬양합니다. 호산나로 영광을 드리게 하시옵소서.

저희를 흑암의 권세로부터 건져 내셔서 주 예수님의 나라로 옮겨 주신 구속의 사랑에 감격하면서 찬송을 드립니다. 우리를 위해 십자가에 달리셔서 몸을 찢기신 주님을 찬송하게 하시옵소서. 베풀어 주시는 은혜를 누리며 지내게 하셨음에 찬송을 드립니다.

강단에 세워주신 목사님의 설교를 통해서 주시는 주님의 말씀을 생명의 양식으로 받아 심령이 배부르게 하시옵소서. 말씀의 성찬이 베풀어진 거룩한 시간에 온 몸으로 주님께 영광을 드리게 하시옵소서.

오늘도, 하나님께서 사랑하시는 ○○교회에 복을 내려 주시기 원합니다. 우리 교회가 이 지역에 하나님의 진리를 선포되게 하시옵소서. 여호와께 존귀한 성도들을 기도의 사람들로 세워주시옵소서.

예배하는 지금, 손을 높이 들고 여호와의 이름에 찬송을 드리게 하시옵소서. 여호와를 주님이라 모시고 살아가기를 다짐하는 시간으로 삼아주시옵소서. 저희들은 사랑으로 지역을 섬기는 교회를 이루게 하시옵소서. 세상 속에서 주님의 뜻을 나타내기를 원합니다.

예수님의 이름으로 기도드립니다. 아멘.

4월 3주

신실하신 하나님,

주님의 권속들을 은혜의 자리로 불러 주셔서 영과 진리로 예배하게 하셨으니 영광을 드립니다. 하늘나라에서의 기쁨을 지금, 맛보게 하시는 구원의 하나님을 향하여 즐거이 외치게 하시옵소서.

진실한 믿음이나 열심을 다하는 신앙생활을 하지 못하고, 형식적으로 지낸 시간들도 많았습니다. 하나님의 나라보다는 자신의 유익을 구하기에 바빴던 죄를 주님의 피로 씻어주시고, 용서해주시옵소서.

오늘도 예배 중에 하나님께 집중하게 하시고, 말씀에 마음을 모으게 하옵소서. 목사님의 말씀에 귀를 모으게 하시옵소서. 목이 마른 사슴이 물을 찾는 심정으로 말씀을 사모하게 하시옵소서.

주의 이름을 높이며, 하나님께서 누리셔야 하는 영광을 바치기 를 원합니다. 마음으로 무릎을 꿇게 하시고, 받으실 영광을 취하 시옵소서. 옛 사람을 십자가에 못 박고, 땅의 것을 버리게 하시옵소서.

나라와 민족이 땅이나 바다로 서로 연결되어 있듯이 이 땅의 사람들이 주님의 사랑으로 하나 되기 원합니다. 모든 나라가 자기의 이익만을 바라지 않고, 함께 살아가는 공익을 바라보게 하시옵소서. 저희들의 기도가 나라와 민족을 위함에서 그치지 않고, 세계의 평화와 모든 민족을 위해서 헌신하려는 열의로 채워지게 하시옵소서.

예수님의 이름으로 기도드립니다. 아멘.

4월 4주

주일을 지키게 하시는 하나님,

하늘의 기쁨이 저희들의 마음에 있으니 찬양을 받으시옵소서. 멸망당할 죄인을 위하여 독생자를 세상에 보내 주신 하나님의 계획을 찬양합니다. 하늘나라에서의 기쁨을 지금, 맛보게 하시는 구원의 하나님을 향하여 즐거이 외치는 예배를 드리게 하시옵소서.

정직함은 온데간데없이 사라져서 얕은꾀와 거짓된 마음으로 꽉 차 있을 뿐입니다. 자신을 높이려는 교만한 마음이 있습니다. 주님을 닮지 못한 죄의 모습을 용서해주시옵소서. 찬양을 드리는 중에, 성령님께서 저희들의 심령을 태워주시옵소서.

이 시간에, 선포되는 하나님의 말씀을 한 마디의 버림도 없이 다 지켜서 행할 수 있도록 은혜를 내려 주시옵소서. 그것을 충실히 지켜 하나님의 자녀로서 영화롭게 살게 하시옵소서. 그리고 저희들을 향하신 뜻과 의도하심에 대하여 깨닫게 하시옵소서.

하나님께서 존귀하게 여기시는 ○○교회의 지체들이 인생의 유일한 구원자가 되시는 예수님을 영접하여 아버지 앞에 섰으니, 거룩한 가족이 되게 하시옵소서. 이 땅에서 주님께서 십자가를 지시고 흘리신 보혈로 한 지체가 되었음을 늘 기억하게 하시옵소 서.

상처받은 심령들, 찬양을 드리면서 쉼을 얻게 하시옵소서. 반석 같은 믿음과 성령이 충만한 열정으로 채워 주시옵소서. 이 한 시간에 은혜가 넘치고. 저희들의 사명을 다시 확인하게 하시옵 소서.

예수님의 이름으로 기도드립니다. 아멘.

5월 1주

영화로우신 주 여호와여,

오늘, 거룩한 날을 어린이 주일로 지켰습니다. 사랑하는 권속의 가정에 주신 어린 생명들, 주님의 자녀로 양육함에 감사하여 감당하게 하시옵소서. 어린이를 섬기는 은혜를 누리게 하시옵소서.

찬양으로 예배하려는 지금, 저희들에게 어린이들을 주시고, 어린이와 같아 천국을 소망하게 하셨음에 감사합니다. 그들의 가슴을 통해서 저희들에게 하나님의 나라를 보게 하시고, 저희들 또한 하나님 앞에서 어린 자녀가 된 모습으로 살게 하시니 찬양을 받으옵소서.

어린이주일로 거룩한 날을 지키고 있는 저희들은 말씀이 주는 은혜와 깨달음으로 교훈과 책망과 바르게 함과 의로 교육함에 이르는 경험의 시간이 되게 하시옵소서.

하나님의 자비하심으로 저희들의 가정이 복되고 형통한 은혜를 보게 하시옵소서. 진리의 말씀과 번성케 하시는 은혜로 범사에 잘되는 것을 보게 해주시옵소서. 여호와의 능하신 손으로 구원하실 것을 바라며 살아가도록 복을 더하시옵소서.

사랑하는 ○○의 권속에게 힘을 다하여 여호와를 섬기고, 맡겨진 직무에 충성하게 하시옵소서. 저의 기도와 헌신으로 주님의 교회를 더욱 교회답게 하고, 생명의 열매가 맺어지는 은혜를 보게 하시옵소서.

예수님의 이름으로 기도드립니다. 아멘.

5월 2주

귀하신 이름의 주여,

인간을 지으신 것을 감사하오며 두 손을 높이 들어 찬양을 드립니다. 또한, 저희들에게 사랑으로 가정을 이루게 하시고, 사랑하는 부모와 자녀들로 즐거워하게 하시니 감사드리나이다.

죄가 없으신 주 예수님의 이름을 힘입어서 죄를 용서받고 하나님의 자녀의 권세를 누리게 하셨음에 감사드립니다. 저희들에게 좋으신 부모님을 허락해 주신 하나님의 크신 사랑을 기억하며, 위대하신 하나님을 경배하는 예배하게 하시옵소서.

선포하시는 하나님의 말씀에 귀를 기울이고, 순종으로 응답하게 하시옵소서. 그가 하나님의 말씀을 전하실 때, 성령의 능력이 드러나게 하시고, 저희들은 은혜 속에서 받기를 원합니다.

오늘도 ○○교회에 은혜를 내려 주셔서 감사드립니다. 사랑의 교제가 살아 있게 하시며, 하나님의 나라에 대한 꿈과 소망을 잃지 않는 공동체가 되게 하시옵소서.

저희들의 가족이 오늘까지도 신령한 은혜로 살아감에 감사드립니다. 주님의 은혜가 저희들의 가정의 자녀들에게 나타나 범사가 잘되게 하시옵소서. 우리 교회에 속한 모든 성도들이 참된 믿음 안에서 살아가도록 이끌어 주시옵소서.

예수님의 이름으로 기도드립니다. 아멘.

5월 3주

이스라엘의 주 여호와여,

성령님의 충만하심으로 저희들의 믿음을 참 되게 하시옵소서. 주님 안에서 하늘의 모든 신령한 복에 동참하게 하시옵소서. 성령님의 위로가 ○○의 지체들에게 충만하시기를 빕니다.

이 시간에, 죄를 지은 저희들을 용납해 주시고, 회개할 때, 그리스도의 피로 씻음을 받게 하옵소서. 주님의 은혜가 없으면 살 수 없는 저희들, 말씀대로 살기를 원하였지만 부끄러운 모습으로 살아온 것을 자복합니다. 감정에 따라 행동을 했던 삶을 용서해 주옵소서.

○○교회의 성도들에게 여호와 앞에서 충성을 다하는 생활에 힘쓰게 하시옵소서. 여호와께 거룩한 자녀의 삶을 살아드리게 하시옵소서.

강단에서 증언되는 말씀에 엎드리게 하시옵소서. 천상의 소리로 전해지는 말씀을 오직 은혜로 받는 은혜를 주시옵소서. 온 교회가 말씀의 영으로 충만해져서 진리의 풍성함을 누리게 하시옵소서.

오늘도 저희의 소망되신 하나님을 사랑합니다. 하나님께서 사랑받는 자녀라 불러주시고, 그 은혜로 인도해 주시니 감사드립니다. 날마다 시간을 구별해서 주님의 인자한 말씀을 듣게 하시옵소서.

성도들 중에, 까닭없이 당하는 것 같은 고난을 통해서, 감사하게 하시옵소서. 아울러 주님께서 받으신 고난을 배우게 하시옵소서.

예수님의 이름으로 기도드립니다. 아멘

5월 4주

은혜를 주시는 여호와여,

갈보리 산 위에 세워진 주님의 십자가에 얼룩진 핏자국을 보려 합니다. 주님의 이름으로 다시 모인 저희들, 죄인을 구원하시려고 십자가를 지신 주님께 자신을 드리는 시간으로 삼아주시옵소서.

주님의 이름을 부르노라니, 죄의 아픔이 앞을 가립니다. 용서해 주옵소서. 입으로는 예수님이 나의 주인이라 하면서도, 행실로는 제가 스스로 주인 노릇을 했사오니 용서해주시옵소서.

열 두 제자를 부르셔서 더러운 귀신을 쫓아내시며 모든 병과 모든 약한 것을 고치는 권능을 주셨음을 믿습니다. 저희들에게도 권세와 능력이 주어진 것을 확신합니다. 모든 병과 모든 약한 것을 고치는 권능을 행사하게 하시옵소서.

저희들이 즐거움으로 예배하지만, 이 자리에 같이 하지 못하는 이들이 있어 심히 안타깝습니다. 환난 중에서 하나님의 섭리와 의도를 깨닫게 하시옵소서. 육체가 병들고, 환경에 얽매여서 이 날을 구별하지 못해서 안타까워하는 형제와 자매들을 기억해 주옵소서.

날마다 저희들의 가정이 신령한 집으로 세워져 가게 하시는 은혜에 감사드립니다. 저의 헌신과 충성으로 주님의 몸 된 ○○교회도 날로 부흥하는 것을 경험하게 하시옵소서.

예수님의 이름으로 기도드립니다. 아멘.

5월 5주

생명을 주신 하나님,

멸망당할 죄인을 위하여 독생자를 세상에 보내 주신 하나님의 계획을 찬양합니다. 오늘도 저희들의 생명에 새로운 날을 주셨으니, 이 모인 자리를 새롭게 하시옵소서.

저희들은 때로는 주님의 간섭이 귀찮고, 자신의 이기심으로 살아 보려 하였는데, 용서해주시옵소서. 이제는 하나님의 긍휼하심을 받고, 때를 따라 돕는 은혜를 얻는 것에 목마르게 하시옵소서.

이 시간에도 하나님의 말씀을 사모합니다. ○○의 성도들에게 하나님의 말씀을 귀하게 여기는 은혜를 경험하게 하시옵소서. 주님의 집에 속한 모든 이들이 천국의 법도를 사랑하게 하시옵소서.

하나님의 크신 은혜와 저희들을 위하여 계획된 언약적인 복을 누리게 하셨음에 감사합니다. 우리 ○○교회의 성도들과 함께 하나님의 약속을 받아 누림이 있게 하시옵소서. 삶의 현장 안에서 복음으로 승리를 하며, 전도자로 살아가도록 하시옵소서.

우리 주님께서 이 땅에 계시던 동안에, 하나님께 순종하셨던 삶이 저의 것이 되게 하시옵소서. 이 시간에, 성령님께서 주님의 생각과 마음을 저에게 부어주시옵소서. 하나님을 사랑하는 저희들의 마음을 하나님께 주목하는 심령으로 내보이게 하시옵소서.

예수님의 이름으로 기도드립니다. 아멘.

6월 1주

시온에서 복을 주시는 하나님,

이 백성들에게 여호와께서 주가 되어주셨음을 즐거워하여 찬송합니다. 이 밤에 고백하기는, 저희들의 교만을 용서해 주옵소서. 조금의 일을 하고서도 이름이 드러나기를 바라고, 남을 위해 한 방울의 땀이라도 흘리면 알아주기를 바라는 마음이 있음을 회개합니다.

거룩한 시간에 천국의 자녀 됨을 풍성히 누리면서 하나님과의 인격적인 만남을 경험하는 복을 누리게 하시옵소서. 세상을 위하여 일하신 하나님의 손길을 찬양하는 복된 예배로 인도해 주시옵소서.

성경을 가까이 하고, 성경의 말씀에 순종해서 면류관을 받게 하시옵소서. 성경의 말씀에 따라 기도하게 해주시며, 순종하여 봉사하 게 해주시고, 약속의 말씀이 성취될 것을 소망하게 하시옵소서.

지금, 목사님께 기름을 부어주시옵소서. 말씀에 순종하여 지키게 하시며, 성령님으로 영원히 함께 하심을 기다리게 하시옵소서.

죄인들의 구속과 온전함에 이르게 하신 여호와의 일하심에 감사합니다. 영원히 삼위 하나님의 위대하심을 찬송하게 하시옵소서.

여호와 앞에서 존귀한 ○○의 지체에게 하나님께서 의로우신 것처럼, 의롭게 살아가기를 소망하게 하시옵소서. 공법을 물 같이 정의를 하수 같이 흐르게 하는 사회를 이루게 하시옵소서.

예수님의 이름으로 기도드립니다. 아멘.

6월 2주

영화로우신 주 여호와여,

저희들에게 할렐루야 소리로 주가 되시는 하나님께 찬송을 드리게 하시옵소서. 영과 진리로 예배하는 지금, 저희들에게 경건함과 거룩함으로 찬양을 드리게 하시옵소서. 생각과 마음을 모아서 여호와를 공경함으로써 예배하는 저희들로 삼아 주시옵소서.

지금, 저희들의 죄를 고백합니다. 저희들을 둘러싸고 있는 증오와 다툼 그리고 죄악이 가득함을 봅니다. 주님의 사랑과 긍휼로 이 더러움을 깨끗이 씻어 주시고, 용서해주시옵소서.

원죄로 말미암아 하나님께로부터 멀어진 인간에게 여자의 후손을 통해서 구원을 약속해주셨던 하나님을 묵상합니다. 예수님께서 저희들의 죄 때문에 제물이 되어 주셨고, 하나님을 아버지라 부르게 하셨으니 그 사랑에 감격하며 살게 하시옵소서.

이제, 목사님께서 하나님의 말씀을 대언하실 때, 그 교훈을 묵상하게 하시옵소서. 그 말씀으로 저희들의 삶에서 하나님의 일하심이 드러나고, 성령님께 순종하는 도구의 삶이 되게 하시옵소서.

저희들이 살아가는 일들에 마음을 빼앗기고 분주할지라도 언제나 하나님께 집중하게 하시는 성령님의 역사를 소망합니다. 보혜사 성령님께서 우리를 도와주시니 하늘에 소망을 두게 하시옵소서.

예수님의 이름으로 기도드립니다. 아멘.

6월 3주

주 여호와여,

거룩한 날을 보내면서 다시 모인 시간에, 만왕의 왕이신 하나님의 이름을 송축합니다. 여전히 죄를 버리지 못함에도 사랑해주시고, 고백할 때, 사하시는 하나님의 이름을 높여드립니다.

목사님께서 말씀을 전하실 때, 그 진리를 따를 것을 다짐하게 하시옵소서. 생명의 말씀이 선포되기를 간절히 원합니다. 저희들은 그대 로 말씀을 받아 지키는 거룩한 무리가 되기를 소망합니다.

6. 25의 한국전쟁을 기억합니다. 하나님께서 받으실만한 영광을 드리게 하시옵소서. 전쟁의 아픔을 갖고 있는 이 백성을 위로해 주시기를 원하는 저희들에게 하늘의 위로를 경험하게 하시옵소서.

저희들은 하나님의 영광을 구하고, 하나님의 말씀에 순종하여 달려갈 길을 다하기까지 힘을 쓰도록 인도해 주시기를 빕니다. 이슬과 같이 사라질 세상에 대하여서는 너무 집착하지 않게 하시옵소서.

하나님은 간구하매 응답하시고, 모든 두려움에서 건지십니다. 이에, 기도하오니, ○○의 지체들이 하나님을 영화롭게 하며, 그를 영원토록 즐거워하게 하시옵소서. 믿음 위에 굳게 서서 흔들리지 않게 하시옵소서. 이 시간에, 주님께서는 하늘에서 성도들의 기도와 간구를 들으시고 그들의 일을 돌아보아 주시기를 간절히 빕니다.

예수님의 이름으로 기도드립니다. 아멘.

6월 4주

예배를 받으시는 하나님,

자기의 십자가를 지고 주님을 좇는 것을 즐겁게 하시니 감사합니다. 저희들에게 날마다 자신을 부인하도록 은혜를 내려 주시옵소서. 저희들을 주장하던 자리에 주님의 십자가를 내세우게 하시옵소서.

말할 수 없이 어리석게 살아온 시간들을 고백합니다. 하나님 앞에서 둔감한 양심으로 살아 죄를 멀리하지 못하였던 삶을 고백합니다. 거룩하고, 참되지 못한 저희들의 마음을 주님 앞에 내어 놓습니다. 주님의 아름다우심으로 그것을 깨끗하게 하시옵소서.

지금, 저희들 무리에게 "상심한 자들을 고치시며 그들의 상처를 싸매시는" 은혜가 있기를 소원합니다. 잠시 질병으로 고통을 당하고 있으나 병 낫기를 기도하면서 십자가 너머에 있는 소망을 바라보는 은혜를 내려 주시옵소서. 하나님께 영광을 돌리게 하옵소서.

세운 것을 헐기도 하며 심은 것을 뽑기도 하시는 하나님을 두려워합니다. 심은 것마다 하나님께서 심으시지 않은 것은 모두 뽑힐 것이라고 하신 말씀을 묵상하게 하시옵소서.

세상의 빛이 되시는 주님의 마음으로 거듭나는 나라와 민족들이 되어서 예수님의 이름을 높여드리게 하시옵소서. 살아가고 있는 이 나라의 목표가 하나님의 뜻을 이루어드리는 것이 되게 하시옵소서.

예수님의 이름으로 기도드립니다. 아멘

7월 1주

임마누엘로 같이 하신 하나님,

자기 백성을 향해서 임마누엘로 같이 하신 그 은혜를 감사합니다. 주님과 복음을 위하여 자신을 내어놓은 저희들과 ○○교회가 되도록 이끌어 주시옵소서. 하나님의 일이 이루어지고, 주님의 나라가 어서 속히, 이루어지는데 힘을 다하는 저희들이 되기 원합니다.

지금, 돌이켜볼 때, 허물이 많이 있음을 고백합니다. 저희들의 심령이 죄로 더러워졌고, 마음이 죄로 가득 찼음을 회개합니다. 매일, 매일의 생활에서 후히 주시고 꾸짖지 않으시는 하나님을 체험하게 하심을 믿어 용서를 구합니다.

여름의 햇살을 받으면서 만물이 생기를 더해가는 이 때, 말씀과 성령님의 은혜로 생기를 더하기 원합니다. 영혼을 소성케 하시는 은혜를 소망하게 하시옵소서.

이 예배를 위해서 목사님으로 하여금 말씀을 준비하게 하심에 감사드립니다. 저희들의 영혼을 새롭게 하고, 하나님의 사람으로 세상에 나갈 담대함을 주시는 말씀이 들려질 것을 믿습니다.

오늘도 하나님의 말씀에 순종하게 하시옵소서. 하나님을 사랑하기 때문에 순종을 즐거워하게 하시옵소서. 저의 생각하는 것이나 말을 하는 것, 무엇을 행하든지 그것이 순종으로 나아가게 하시옵소서.

예수님의 이름으로 기도드립니다. 아멘.

7월 2주

하나님 아버지,

여호와의 섭리를 깨달으며, 인생이라는 삶을 바라보게 하신 크신 사랑에 찬양을 드립니다. 은혜와 진리 안에서 십자가를 지고 인내의 힘과 변하지 않는 믿음으로 그리스도를 따르게 하시옵소서.

좋은 것으로 만족하게 하셨으나, 저희들의 심정은 불평과 불만이었음을 회개합니다. 죄를 지었던 행위로부터 돌이켜 자복하게 하시고, 죄악에서 떠나는 용기를 누리게 하시옵소서. 이 백성이 저지른 죄와 실수를 용서하시고, 저희들을 하나님의 것으로 삼아주시옵소서.

말씀을 준비하신 목사님께 성령으로 감동해주시고, 하나님의 뜻이 선포되기 원합니다. 하나님의 말씀으로 저희들을 향한 주님의 뜻이 무엇인지 분별하여 새로워지게 하시옵소서.

주님의 은혜로 저희들의 연약함을 긍휼히 여겨주시고 지체들 모두에게 사랑과 기쁨으로 가득 차게 도와주시옵소서. 온 교회가 신령한 은혜를 받아 믿음의 반석 위에 굳건히 세워지게 하시옵소서.

자기 백성을 돌아보시는 하나님, 저희들의 이웃에 재정의 부족으로 곤고하게 지내는 지체들이 있습니다. 그들에게 풍성함의 은총으로 소유의 넉넉함을 허락해 주옵소서. 저희들이 주님의 손이 되어 사랑의 손길을 내어밀도록 은혜를 주옵소서.

예수님의 이름으로 기도드립니다. 아멘.

7월 3주

하나님 아버지,

구원의 문이신 주님께로 들어가서 은혜를 누리는 저희들이 되게 하시옵소서. 주님과 더불어 지내는 중에, 들어가며 나오며 꼴을 얻는 은혜를 보게 하시옵소서. 신령한 복을 받아 즐겁게 하시옵소서.

하나님께서 주시는 그대로 감사함으로 받지 못하고, 불만으로 여겼음을 회개합니다. 주님께서 주신 것들이 많았음에도 받은 복은 헤아리지 않고, 이기적인 욕망에 눈이 어두웠음을 용서해 주시옵소서.

주 안에서 적극적으로 살아가기 위해서 지난 날, 자신을 괴롭히던 불쾌한 기억을 버리게 하시옵소서. 예수님을 모시기 전에 겪었던 쓰라린 시간을 버리도록 도와주시옵소서. 오래된 상처와 과거의 실패에 대한 기억으로 인하여 괴로움을 당하지 않게 하시옵소서.

저희들의 인생을 새롭게 해준 복음을 이웃에게 전하게 하시옵소서. 아직도 인생의 문제 속에서 헤매고 있는 이들에게 문제의 해결이 되시는 그리스도를 전해주게 하시옵소서. 이 귀한 날을 전도자로서 충성을 다하게 하시옵소서.

오늘도, 찬양을 드리는 중에 저희들의 믿음이 말씀의 반석 위에 세워지고, 하나님의 은혜를 바라는 소망을 말씀 안에서 갖게 하시옵소서. 그 소망이 기쁨이 되어 즐거움을 누리게 하시옵소서.

예수님의 이름으로 기도드립니다. 아멘.

7월 4주

하나님 아버지,

저희들이 거두어들인 것들이 많아 여호와의 도우심을 찬송합니다. 비록 바라지 않은 일을 하게 되거나, 어려운 일에 부딪치더라도 감사함으로 받아들이며 살게 하시옵소서.

세상에 사는 날 동안에 하나님의 일꾼으로서의 사는 삶보다는 자신의 생각과 바람에만 마음을 쏟았던 죄를 고백합니다. 주님의 사람이라 하면서도, 주님이 없는 사람이었던 행실을 용서해 주시옵소서. 옛 사람의 행위를 버리지 못함을 뉘우칩니다.

우리의 죄를 마음 깊이 슬퍼하고, 그것을 더욱 더 미워하고 피하는 은혜로 이끌어 주시옵소서. 죄 사함의 감격으로 말미암아 하나님을 기뻐하고, 하나님께서 원하시는 모든 선을 즐거이 행하려는 결단하게 해주시옵소서. 말씀 안에서 믿음으로만 살게 하시옵소서.

우리 ○○교회에 목사님을 세워주셨음에 감사드립니다. 목사님께서 성령의 은혜로 지금보다 갑절의 근면하심과 열렬하심, 신중하심, 관대하심으로 사역에 임하시게 하시옵소서.

이 시간에, 성령님의 깨닫게 하시는 은혜로 말씀의 진리를 풍성하게 얻게 하시옵소서. 그 진리로 말미암아 기도의 무릎을 꿇게 하시며, 기도를 통해서 하나님의 일을 이루어 드리도록 인도해주시옵소서.

예수님의 이름으로 기도드립니다. 아멘.

8월 1주

영화로우신 주 여호와여,

원근 각처에서 각자에게 주어진 인생이라는 삶의 길을 가던 저희들이 다시 모였습니다. 예배하는 이 자리가 복된 제단이 되어 산 제물을 드리는 은혜를 주시옵소서. 하늘로부터 받은 은총을 감사하는 예배의 한 시간이기를 빕니다.

단호하게 거절하지 못하고, 하나님의 영광보다는 사람들을 더 살폈던 눈치를 회개합니다. 여호와의 지켜보시는 눈동자를 외면했던 죄악을 자복하고 회개하오니 주님의 보혈로 깨끗함을 얻게 하시옵소서.

여호와께서 이 민족을 사랑하셔서 광복의 은혜를 허락하셨고, 오늘은 광복 ○○년을 맞이해서 예배를 드립니다. 대한독립만세를 외치게 하시고 광복을 주신 하나님의 섭리를 되새기기 원합니다. 이 민족을 위한 여호와의 열심 때문에 온 겨레가 평안히 살아가고 있습니다.이 민족을 구원해주신 하나님께 영광을 드리게 하시옵소서.

오늘도 시간을 놓치지 않고, 여호와의 이름을 부르게 하셨음에 감사드립니다. 저의 입술에 구할 말을 넣어주셔서 부르짖게 하시니 간절한 마음으로 여쭙니다. 하늘에서 내려오는 은혜로 복을 받게 하시옵소서.

예수님의 이름으로 기도드립니다. 아멘.

8월 2주

주일을 지키게 하시는 하나님,

할렐루야로 여호와의 위대하심을 찬송합니다. 예수님 안에서 하나님과 새로운 가족이 되게 하신 뒤부터 지금까지 지켜 주셨습니다. 좋은 날들을 주시고, 형제, 자매의 교제가 있음에 찬송합니다. 주 안에서 살게 하시는 은혜에 찬양을 드리는 한 시간이 되게 하시옵소서.

하나님의 영광 앞에서 여러 가지로 범한 죄와 허물이 그대로 드러남을 회개합니다. 둔감한 양심으로 살아 죄를 멀리하지 못하였던 삶의 시간들을 용서해주시옵소서. 성령님의 은혜를 기다립니다.

저희들이 세상에서 고난을 당할 때, 고난을 겪는 만큼 하나님께 대하여 의를 이루어가게 됨을 믿습니다. 그 고난의 시간에 땅에 속해있던 죄의 습관들이 벗겨질 것입니다. 그리고 그것이 단련의 시간이 되어 저를 그만큼 거룩함에 이르게 하실 것을 믿습니다.

예수님께서 십자가에 달려 죽으심을 감사드립니다. 주님께서는 저의 구원을 위하여 자신의 몸을 내어 주셨습니다. 자신의 희생으로 온유를 가르쳐 주신 예수님을 기억하면서 살기를 원합니다.

예수님께서 짊어지고 가셨던 십자가의 길을 따르게 하시옵소서. 못을 박히셨던 주님의 손, 주님의 발을 사모하게 하시옵소서. 그 길을 가려는 마음을 달게 해주시옵소서.

예수님의 이름으로 기도드립니다. 아멘.

8월 3주

신실하신 하나님,

은총을 베풀어주시고, 날마다 하나님이 되어 주셨음을 인하여 찬양합니다. 하나님의 이름을 높이고, 세세무궁토록 영광을 바치는 한 시간이 되게 하시옵소서. 주님의 사랑이 저희들의 가슴에서 싹트기를 원합니다. 그 사랑에 감격하고, 그 은혜 감사하게 하시옵소서.

저희들이 함께 살아가면서 서로에게 마음을 열어야 하는 이웃 관계에서 야박하고, 이해하려 하지 않은 편협하기 짝이 없었던 행실을 용서해주시옵소서. 자신의 유익만을 앞세운 삶이었음을 회개합니다.

목사님께서 말씀을 강도하실 때, 미쁘게 듣는 귀를 갖게 하시옵소서. 그 말씀을 받아 그대로 지키겠다는 각오를 주시옵소서. 그 말씀의 아름다움으로 저희들의 심령을 깨끗하게 하시옵소서. 하나님의 지바하심으로 은혜의 길을 열어 주셨음에 감사하며 간구하게 하시옵소서.

저에게 믿음의 방패를 주시고, 악한 자가 쏘는 모든 화전을 소멸시켜 주시는 성령님을 찬양합니다. 갈보리에서 흘리신 주님의 보혈로 마귀의 권세를 이겼기에, 사탄이 저에게 얼씬도 못할 것을 믿습니다. 주님의 이름으로 매일 승리하는 종이 되게 하시옵소서.

저희들은 주님의 ○○ 교회 안에서 서로 지체가 되었으니 진리 안에서 살게 하시옵소서. 하나님을 소망으로 삼게 하시옵소서.

예수님의 이름으로 기도드립니다. 아멘.

8월 4주

복의 근원이 되시는 여호와여,

저희들이 찬양 예배로 모였으니, 베풀어 주시는 신령한 식탁으로 인해 천국 잔치의 기쁨을 누리게 하시옵소서. 이 예배로 하나님께 영광을 드리며, 주님의 다스리심에 모든 것을 맡기게 하시옵소서.

유혹을 이기지 못하고, 쾌락에 마음을 빼앗겨 주님께서 미워하시는 일도 저질렀음을 고백합니다. 특히, 이웃을 사랑하고, 하나님의 영화로움을 위해서 살아가지 못한 죄에 대하여 용서해주시옵소서. 이제는 주님의 나라를 상속받기 위해 경건한 자녀로 살게 하시고, 우리가 주의 백성으로 지내는 날들이기를 사모하게 하시옵소서.

오늘도 단에 서신 목사님에 의해 주시는 진리의 말씀이 언제나 저희들의 입에서 떠나지 않게 하시옵소서. 삶의 모든 희망을 그 말씀에 두게 하시옵소서.

저희들에게 주님의 가슴으로 이웃을 품게 하시옵소서. 오늘도, 빠르게 바뀌는 사회 질서 속에서, 예수님의 가르치심에 복종하는 새로운 사랑의 생활을 건설하게 하시며, 현실의 모든 병폐가 사라지고, 형제와 같이 서로 봉사하는 즐거운 날이 동터오게 하시옵소서.

저희들은 하나님의 뜻을 이루어 드리는 손과 발이 되게 하시옵소서. 나라와 민족을 위하여 사랑을 다하는 저희들이 되게 하시옵소서.

예수님의 이름으로 기도드립니다. 아멘.

8월 5주

주 여호와 하나님,

영원한 생명을 주신 그 은총에 마음을 다해 찬양을 드립니다. 오늘도, 천지를 지으신 그 능력으로 시온에서 복을 주실 여호와의 이름에 감사함의 노래로 올려드리는 찬양을 받으시옵소서. 죄를 용서하시고, 구원의 은혜를 베푸신 예수님을 묵상합니다.

이 시간에, 저희들의 죄를 용서하여 주시고, 십자가의 보혈로 정케 하여 주옵소서. 육신의 미혹에 자신을 내어주었던 행실을 기억하니 용서해주옵소서.

진리의 말씀이 풍성한 ○○의 강단을 축복합니다. 기름을 부으신 강단이기를 원합니다. 목사님에 의해서 생명의 진리가 넘쳐흐르게 하시옵소서. 말씀을 전하시는 목사님께는 영력을 더해주시옵소서.

주님의 교회에서 귀한 청지기들이 충성을 다하기를 소원하게 하시옵소서. 주님의 은혜에 감사하면서 순종하여 섬기는 일이 온 교회를 시원하게 하는 봉사가 되게 하시옵소서.

하나님께서 저희들을 속이지 않으시는 것처럼, 저희들에게 남을 속이지 않겠다는 결단의 은혜를 내려 주시옵소서. 어떤 일에 있어서든지 겉으로는 합법적으로 보일지라도 이웃을 속이는 행위가 된다면 거절하게 하시옵소서. 이웃의 유익을 위하여 사랑을 다하게 하시옵소서.

예수님의 이름으로 기도드립니다. 아멘.

9월 1주

만군의 주 여호와여,

그리스도의 피로 한 몸 된 지체들에게 한 목소리로 여호와의 이름을 부르게 하시옵소서. 하나님의 이름을 부르는 입술이 기뻐서 즐겁게 해주시기 원합니다. 오직 하나님만이 경배를 받으시옵소서. 우리의 모든 생각과 정성 그리고 사랑을 모아 예배하기 원합니다.

곤란한 환경에서 끌어내어 주시고, 저희가 당하는 곤고와 환난을 보시고 죄를 용서해 주시는 여호와의 이름을 높여드립니다. 예배를 드리는 시간 내내 주님의 이름에 합당한 영광을 드리게 하시옵소서.

말씀을 증거하실 목사님께서 예비하신 복음을 선포하도록 하시옵소서. 저희들을 또 다시 생명의 삶으로 이끄시려고 말씀을 주시니 감사드립니다. 오늘, 주시는 말씀이 영혼을 치료하는 약이 되기를 소망합니다. 여호와의 이름을 사랑하게 하는 가르침의 말씀이 되게 하시옵소서.

세상에서 지내는 삶에, 선과 악을 분별하게 하시고, 죄는 버리고 의를 취할 수 있는 용기를 갖게 해주시옵소서. 주변의 환경이나 사람들로 말미암아 흔들리지 않고, 주님께 집중하게 하시옵소서.

○○의 권속에게 예수님께 믿음을 보여드리는 은혜로 풍성하게 하시옵소서. 믿음이 구원을 받은데 머무르지 않고, 주님께서 하나님의 영광을 나타내시는데 사용되어지는 데까지 이르게 해주시옵소서.

이 모든 말씀을 예수님의 이름으로 기도드립니다. 아멘.

9월 2주

구원의 주 여호와여,

예배로 모인 지금, 저희들의 마음에 험한 그리스도의 십자가를 새겨봅니다. 갈보리 산 위에 세워진 주님의 십자가에 얼룩진 핏자국을 보게 하시옵소서. 죄인들을 구원하시려고 십자가를 지신 주님께 우리 자신을 드리는 시간이 되게 하시옵소서.

저희를 하나님께로부터 낳게 하셨기에, 죄를 거절하는 담대함을 경험하게 해주시고, 악에서 지켜주신 은혜에 영광을 바칩니다. 이 복스러운 예배에서 한 마음, 한 입으로 주님께 영광 드리기를 소망합니다. 구원의 은혜를 누리게 하신 그리스도의 피를 생각합니다.

단 위에 세워주신 목사님께 성령님의 역사가 크게 나타나기를 소망합니다. 설교를 하시는 목사님께 말씀의 영이 풍성하게 임하여 저희들이 생명의 꼴로 배부르게 하시옵소서. 하나님께서 원하시는 대로 손을 움직이는 진리가 되기를 소망합니다.

저희들을 위하여 예비해 놓으신 복을 내려 주시옵소서. 복의 문을 여시고, 약속하신 그대로 넘치도록 하시옵소서. 자기 백성을 사랑하시는 하나님의 인자하심으로 풍성하게 해주실 것을 믿습니다.

오직 여호와의 은혜로 살아가기를 소망하는 지체를 복스럽게 해주시옵소서. 기도로 지내게 하시며, 주님의 삶을 사모하게 하시옵소서.

이 모든 말씀을 예수님의 이름으로 기도드립니다. 아멘.

9월 3주

자나 깨나 손을 펴주시는 주여,

복된 시간에, 의롭다 함을 받은 주님의 자녀들이 믿음으로 드리는 경배를 받아 주시옵소서. 오직 주님만이 방패시며 힘이 되심을 찬양을 드립니다. 하나님은 참으로 우리가 섬겨 마땅한 주님이십니다. 여호와를 섬기는 성실함으로 예배하게 하시옵소서.

악한 길에서 떠나 스스로 겸비해서 기도하면, 죄를 용서하시고, 그 얼굴을 저희에게로 향하시는 하나님의 이름을 높여드립니다. 위대하신 주님을 송축하면서 예배를 시작합니다. 오직 크신 주님께 영광을 드리는 예배가 되게 하시옵소서.

주님 앞에 서기만 하면, 자신 속에 있는 교만과 미움을 봅니다. 또한 완악함으로 가득 찬 마음을 감출 수 없음을 고백합니다. 주님의 사랑과 긍휼로 이 더러움을 깨끗이 씻어 주시고, 용서해 주시옵소서.

목사님을 단에 세워주셨으니, 은혜와 진리의 말씀이 선포되기를 빕니다. 하나님의 말씀이 소망을 하늘에 두려는 저희들에게 더욱 굳게 해주심을 믿습니다. 세상을 이기고, 죄악을 이김에 담대하도록 하는 말씀이 되도록 저희들의 심령을 열어 주시옵소서.

하나님께 복을 받음에 부족함이 없도록 자기를 지키게 하시옵소서. 하늘의 복을 받아 누리고, 그 복을 전하는 통로가 되게 하시옵소서.

이 모든 말씀을 예수님의 이름으로 기도드립니다. 아멘.

9월 4주

인자와 긍휼이 많으신 주여,

○○의 지체들이 마음을 열어 주님께로 향합니다. 마음을 드려 산 제사가 되는 예배가 되기 원합니다. 하나님께서 받으시는 영적 예배를 드리게 하시옵소서. 즐거이 주님의 이름을 부르고, 하나님께서 기쁘게 받으시는 예배를 드리게 하시옵소서.

저희들에게 진정한 복은 하나님께로 옴을 깨닫게 하시옵소서. 하나님 앞에서 늘 신령한 복을 사모하며 구하는 자들이 되도록 인도해주시옵소서. 하늘의 복을 소중히 여기고 열심히 구하는 가운데서 야곱이 누린 축복을 저희도 맛보며 살게 하시옵소서.

그리스도 안에서 새 생명을 입게 하셨음을 예배할 때마다 감사하게 하시옵소서. 그 은혜를 찬미하게 하시옵소서.

선포되는 말씀을 듣는 순간에 마음을 다하고, 성품을 다하여 여호와를 순종하겠다는 각오를 갖게 하시옵소서. 말씀이 귀에 닿는 순간, 생명의 약속이 되어 위로부터 임하는 힘을 느끼게 하시옵소서. 그 말씀이 천국시민의 계명이 되고, 법도가 되며, 율례가 되게 하시옵소서.

하나님과 원수 되었던 저를 자녀로 불러 주시는 하나님을 찬양합니다. 예수님 안에서 하나님을 아버지라 부르게 하신 은혜를 늘 새롭게 하여 감사하는 ○○의 지체가 되기를 빕니다.

예수님의 이름으로 기도드립니다. 아멘.

10월 1주

아바 아버지의 하나님,

복된 날을 다 보내는 시간에, 주님의 집으로 모였습니다. 하나님께서 지키도록 구별해 주신 여호와의 성일을 기뻐하였습니다. 저희들은 복된 이들입니다. 누릴 수 없음에도 누리고 있는 복을 헤아리면서 찬양으로 하나님을 영화롭게 해드리게 하시옵소서.

하나님의 영광에 이르지 못했던 저희를 그리스도 예수 안에 있는 구속으로 의롭다 하셨음에 찬송을 드립니다. 거룩한 날 아침에 저희들 각 사람에게 그리스도의 선물의 분량대로 은혜를 주셨음에 찬양합니다. 주님의 십자가를 바라보면서 대속의 은총을 묵상하는 저희들에게 주님을 좇아 은혜와 평강이 있게 해주셨음을 즐거워합니다.

목사님의 입술을 사용하여 들려주시는 말씀을 청종하게 하시옵소서. 생명의 말씀을 받아 마음의 판에 새기도록 하시옵소서. ○○의 지체들이 하나님의 말씀에 풍성함을 누리게 하시며 진리의 말씀이 생수가 되어 허전했던 심령을 시원하게 하시는 은혜를 입게 하시옵소서.

저희들에게 부활의 확신과 구원의 감격으로 날마다 주님을 증거하는 생활이 되도록 인도해 주시옵소서. 고통을 겪고 있는 지체에게 서로를 용납하고 사랑하는 마음으로 부활시켜 주시옵소서. 저희들이 죽어 썩고, 희생하여 많은 부활의 열매를 풍성히 거두게 하시옵소서.

예수님의 이름으로 기도드립니다. 아멘.

10월 2주

자기 백성을 살피시는 하나님,

사랑을 입은 아버지의 자녀들이 나아왔습니다. 저희들 모두 함께 거룩한 예배의 자리로 나아갑니다. 목소리 합하여 전능하신 하나님을 찬양하게 하시옵소서. 날마다 저희들을 가엾게 여기시는 은혜에 감사의 찬양을 바치게 하시옵소서. 오직 영광이 되게 하시옵소서.

지난 한 주간에도 주님이 저희들과 함께 하셨음을 감사드립니다. 오늘도 예수님의 보혈로 씻어 주시고, 주님을 찬양하도록 교회로 불러 주신 은혜에 감사드립니다. 베풀어주신 은혜에 감사하러 모인 이 모임에서 주님의 이름은 높여지고, 하나님은 영광을 받으시옵소서.

하나님의 말씀을 기다립니다. 이 시간에, 강단에서 하나님의 말씀이 선포될 때, 사모하는 마음을 갖게 하시옵소서. 하나님께서는 선포하셔야 하는 말씀, 여호와께서 저희들에게 주시는 평생에 지켜 따를 말씀으로 받기 원합니다. 이 자리에 모인 주님의 백성들, ○○의 지체들에게 반가운 진리가 되게 하시옵소서.

우리 ○○ 교회를 이루는 모든 이들이 한 마음, 예수님의 마음을 품어, 하나님의 영광을 드러내는 지체들이 되게 하시옵소서. 세상에 계실 때, 하나님과 하나 되시고자 기도하신 주님을 본받기를 원합니다. 이로써. 기도와 말씀으로 세워질 것을 결단하게 하시옵소서.

예수님의 이름으로 기도드립니다. 아멘.

10월 3주

주 여호와 하나님,

하나님 중심, 성경 중심, 교회 중심으로 지내면서 예배를 사모하던 저희들입니다. 찬양예배로 다시 모여 주일을 성수하는 복된 날을 영화롭게 할 수 있도록 은혜를 주셨음에 감사드리게 하시옵소서.

불의를 긍휼히 여기시고, 저희의 죄를 다시는 기억하지 않으시는 하나님께 영광을 바칩니다. 여호와를 예배하는 영화로운 자리에 나아오게 하셨음에 합당한 영광을 드리게 하시옵소서. 주님의 품에 안겨 항상 그 이름에 영광을 바치는 ○○의 지체들이 되게 하시옵소서.

설교하시는 목사님께 영력을 더하셔서 생명의 말씀으로 저희들이 배부르게 하여 주시옵소서. 선포되는 말씀을 ○○ 교회의 권속들이 아멘으로 받아 제사를 드림보다 더 나은 순종함에 이르게 하시옵소서. 성령님의 은혜 안에서 순종의 열매를 맺는 아름다움을 주시옵소서.

주님의 친절한 팔에 안겨서 지내왔습니다. 세상은 어지럽고, 복잡하지만 아버지의 평강과 안식으로 살아왔음에 감사드립니다.

성령님의 강권해 주심으로 천국 백성의 모습을 회복하도록 하시고, 이 땅에서 성도의 사명과 역할로 살아갈 것을 다짐하게 하시니 감사합니다. 주님의 나라를 위하여 헌신할 수 있도록 저희들을 승화시켜 주시옵소서.

예수님의 이름으로 기도드립니다. 아멘.

10월 4주

창대하게 하시는 여호와여,

주님의 자녀들이 하나, 둘 모여서 이 전을 채웠습니다. 주님을 영화롭게 해드리려고 모인 이들에게 찬송을 부르게 하시기 원합니다. 하늘에서 내려지는 신령한 말씀으로 저희들을 새롭게 하시옵소서.

주님께서 저희를 부르셨고, 저희들이 이 험악한 세상을 개혁 하기 원하시지만 우리는 늘 불의를 보고도 눈을 감고 하나님의 뜻 앞에 늘 이렇게 나약한 존재로 살아갑니다. 불쌍히 여겨 주시옵소서.

이 시간에도 말씀을 증거하실 목사님께서 예비하신 복음을 선포하도록 하시옵소서. 저희들은 여호와의 명령에 순종하고, 하나님의 은혜를 전심으로 구하는 시간되기를 소망하게 하시옵소서. 저희 교회에는 말씀에 순종하는 보배로운 전통이 있음을 즐거워 합니다.

세상이 달라지기를 바라기 전에 내 자신이 달라질 수 있으며, 자기 개혁을 먼저 이루게 하시옵소서. 하나님이 나와 함께 하시는 확실한 믿음을 가짐에 도전하게 하시옵소서. 종교개혁자의 위대한 믿음의 유산을 따라서 승리하기를 사모하게 하시옵소서.

저희들은 가진 것이 부족할지라도 낙심하지 않음에 감사드립니다. 지금은 잠시 곤란하고, 또한 어려울지라도 하나님의 손을 기대합니다. 그 손으로 역사하실 때, 심히 창대하게 해주심을 확신합니다.

예수님의 이름으로 기도드립니다. 아멘.

10월 5주

새 날을 살라 하신 하나님,

오직 하나님의 은혜로 살아온 지체들이라, 머리를 숙여 하나님을 경배합니다. 믿음으로 드리는 예배를 받아 주시옵소서. 같은 생각, 같은 말. 같은 행동으로 우리 하나님께 경배하게 하시옵소서.

이 시간에, 주님의 사랑으로 하나를 이루지 못하는 저희의 모습을 고백합니다. 다 같이 하나님의 자녀들이라 말하면서도, 자신만 특별한 하나님의 자녀로 착각하는 어리석은 죄를 용서해주시옵소서.

목사님께서 예비하신 복음을 선포하도록 하시옵소서. 목사님께서 온 몸을 바쳐 말씀을 준비하셨던 그대로, 저희들도 온 몸으로 받아 여호와의 율례를 쫓으며, 규례를 지키는 은혜를 누리게 하시옵소서.

저희들의 가정을 축복합니다. 사랑하는 ○○의 지체들마다 가정이 복 되게 하시옵소서. 주님께서 호주가 되어주시고, 생명을 창조하는 언어의 복이 넘치기를 소원합니다.

코로나19의 상황을 수습하고 있는 이들을 축복합니다. 그들의 노력으로 이 상황이 안정되게 하시옵소서. 수습을 위하여 제시되는 상황에 협력하느라 고통을 겪고 있는 이들은 참으로 보기에 민망할 정도로 어려움에 시달리고 있습니다. 그들에게도 살아갈 수 있도록 회복시켜 주시옵소서.

예수님의 이름으로 기도드립니다. 아멘.

11월 1주

영화로우신 주 여호와여,

모든 좋은 것으로 넉넉하게 하신 하나님이십니다. 마련해 온 감사의 예물이 주님을 기쁘시게 하는 것이 되어, 예배가 되게 하시옵소서.

거룩하고, 참되지 못한 저희들의 마음을 주님 앞에 내어 놓습니다. 주님의 아름다우심으로 그것을 깨끗하게 하시옵소서. 이기심이 가득 찬 저희들의 마음을 아버지께 드립니다. 주님의 사랑으로 이기심을 털어내어 주시옵소서. 주님의 피로 새롭게 해주시옵소서.

오늘, 저희들에게 하나님의 이름에 받으실 만한 찬양을 드려 그 이름을 높여드리게 하시옵소서. 하나님의 뜻이 하늘에서 이루어진 것처럼 저희들에게서 하나님의 뜻이 이루어지게 하시옵소서.

하나님께서 챙겨주시는 천상의 말씀을 들음은 정녕 저희들에게 복입니다. 생명의 말씀을 사모하게 하시옵소서. 달고 오묘하신 말씀은 저희들에게 기도가 되고, 노래가 되게 하시옵소서. 그 말씀의 능력으로 하나님을 기쁘시게 하는 소망에 따라 행하도록 하시옵소서.

저희들을 살려 주시려고 십자가에 자기의 몸을 내어주신 은혜에 다시 감사드립니다. 저를 위하여 십자가에서 흘리셨던 그 피로 가슴을 적시게 하시옵소서. 주님의 고난을 당하심은 하나님의 계획이었고, 우리를 구원하시려 하심이셨습니다.

예수님의 이름으로 기도드립니다. 아멘.

11월 2주

감사절의 시간을 기다리며 지내게 하시는 하나님,

감사로 찬양을 불러도, 못다 부를 감사의 노래가 있게 하신 주님을 경배합니다. 범사에 감사하면서 지내오던 저희들에게 추수감사절을 지키게 하시니 기다리게 하시옵소서.

주님께서는 저희들의 마음을 들여다보고 계심을 압니다. 저희들이 지은 죄를 고백하게 하시옵소서. 주님의 뜻대로 산다하면서 그렇게 살지 못한 연약함을 주님께 드리니 이 시간에야말로 저희들의 심령을 새롭게 하시옵소서.

여호와의 손이 주님의 백성들을 창성하게 하셨음에 감사하여 머리를 숙입니다. 저희들이 여호와로 인한 즐거움에 찬송을 부를 때, 하늘에 가득하기를 소망합니다. 하나님의 도우심이 즐거움을 더하게 하셨으므로 추수하는 즐거움에 찬양으로 감사함이 넘치게 하시옵소서.

○○교회도 주님의 몸으로서 우리 자신을 사회에 내어 주어, 어두운 자리를 밝히게 하시옵소서. 그리고 그들에게 모자란 부분을 채워주는 아름다운 교회로 만들어 주시옵소서. 이로써 세상에 대하여 하나님의 나라를 만들어 가게 하시옵소서. 또한 이 사회를 바르게 하는 일에 앞장서서 더욱 굳게 함으로써 우리 교회가 이 지역 사회를 섬기는 종의 모습으로 함께하게 하시옵소서.

예수님의 이름으로 기도드립니다. 아멘.

11월 3주

하나님의 마음에 합하게 하시는 하나님,

거룩한 자리에 다시 모인 ○○의 지체들이 주님을 찬양할 때, 하나님의 자녀들에게 기쁨이 있는 잔치의 자리가 되기 원합니다. 여호와 하나님을 즐거워하며 찬송할 때, 홀로 하나님께만 영광이 드려지게 하시옵소서. 사탄의 궤계가 틈타지 않게 하시옵소서.

저희들이 담임 목사님의 기도 동역자가 되어서 성도들의 삶과 담임 목사님의 목회를 위해 간구하기를 소원합니다. 또한 이 땅에서 예수님의 사랑을 이웃에게 전하고, 복음을 전파하는 사명에 충성하는 ○○교회가 되기를 원하는 마음을 갖게 하시옵소서.

저희들 모두에게 절제의 생활에 힘쓰게 하시옵소서. 오늘, 저희들이 갖고 있는 모든 것이 주님께서 허락해 주셨으니 하나님의 뜻을 위해 사용하기 원합니다. 하나님의 마음에 합하게 쓰이게 되기를 원합니다. 하나님의 나라에 소망을 두고 보내도록 도와주심을 믿습니다.

마음이 아프게도 주일을 함께해야 될 지체들이 보이지 않습니다. 오늘, 자신의 자리를 지키지 못한 이들을 불쌍히 여겨 주시옵소서. 만일, 그들이 고통 중에 있거든 그 고통에서 벗어나게 하시고, 혹시라도 고난 중에 있거든 주님께서 함께 해주시옵소서. 그렇지만 자신의 유익이나 쾌락 때문이라면 어서 그 마음을 돌이키게 해주시옵소서.

예수님의 이름으로 기도드립니다. 아멘.

11월 4주

복의 근원이 되시는 여호와여,

믿음의 지체들이 오늘 주의 이름으로 다시 모이게 하시니 감사드립니다. 하나님은 지난 주간에도 저희들과 함께 하셨습니다. 오늘, 저희들은 서로를 사랑하면서 예배드리기 원합니다. 이 자리가 주님의 성령이 충만하여 하나님의 영광만이 선포되게 하시옵소서.

이미 오신 예수님의 생일을 축하하면서 또 다시 오실 예수님을 기다리는 저희들이 되도록 이끌어 주심을 믿습니다. 메시야의 약속이 이루어지던 날, 하나님의 아들은 초라하게 오셨지만 다시 오시는 예수님께서는 하나님의 영광 가운데 오시리라 믿습니다.

예배하는 시간마다 저희들에게는 성탄절이 되기를 원합니다. 구주가 오셨음을 찬양하면서 주님을 맞아드리는 저희들이 되게 하시옵소서. 이로써 주님께서 다시 오실 그날에, 영원한 생명으로 다시 살아나게 하시옵소서.

주님의 세상에 오심은 하나님의 사랑이라고 깨닫습니다. 성탄절을 갖고 있는 저희들이라 이웃과 마음을 같이할 수 있는 믿음의 태도를 갖게 하시옵소서. 신자이든, 혹은 아직도 불신자이든 그들에게 사랑으로 섬기고, 한 마음을 품게 하시옵소서. 그리하여 천국 백성답게 오직 겸손한 마음으로 그들을 대하게 하시옵소서.

예수님의 이름으로 기도드립니다. 아멘.

12월 1주

천지를 지으신 여호와여,

이 시간에, 예배하기 위하여 모인 ○○의 지체들을 하나님의 나라와 영광에 이르게 하시옵소서. 창세 전부터 저희를 택하여 하나님의 백성이 되게 하신 것을 기억하게 하시옵소서. 성령님의 거룩하게 하심과 진리를 믿음으로 구원에 이르기를 바라는 소망을 주시옵소서.

주님 앞에서 우리를 돌이켜 볼 때, 부끄럽습니다. 저희의 추함을 고백하오니 주님의 십자가의 능력으로 용서해주시옵소서. 바리새인과 조금도 다름없었던 종교적인 신앙을 버리게 하시옵소서.

아기 예수님께서 세상에 오셨던 날을 기다리는 은혜로 인도해 주시옵소서. 하나님께서 사람이 되신 의미를 깨달아 동방의 박사들처럼 예물을 준비하는 저희들이기를 빕니다. 죄인을 구원 하시려는 하나님의 약속이 이루어졌으니 메시야의 영광을 기다리게 하시옵소서.

오래 전 옛날의 성도들과 같이 하나님의 약속을 기다리는 심정으로 지내게 해주시옵소서. 성탄절을 기다리면서, 성탄의 약속을 이루어주신 하나님의 사랑을 찬송하게 하시옵소서.

교만한 자를 물리치시고 겸손한 자에게 은혜를 주시는 하나님이심을 고백합니다. 주님께로부터 사랑을 받는다하여 교만해지지 않게 하시옵소서. 또한 게으름을 피우지 않게 하시옵소서.

예수님의 이름으로 기도드립니다. 아멘

12월 2주

공의를 펴시는 하나님,

예수님 안에서 믿음과 소망 그리고 사랑으로 살게 하시니 감사드립니다. 이 시간의 예배가 향기로운 제물이 되게 하시옵소서. 비록 작고, 주님의 영광에 미비하다 할지라도 받으시옵소서.

저희들의 모자라기 그지없는 모습을 주님께 내어 놓습니다. 저희의 죄를 십자가의 보혈로 씻어 주시옵소서. 하나님께서 지으신 날을, 하루하루 또는 시간 시간을 아무 생각 없이 거저 되는대로 살아온 저희들입니다 사유하시는 은혜로 용서하시고, 정결함을 주시옵소서.

강단에 세워주신 목사님의 설교로 주시는 말씀을 생명의 양식으로 받아 심령이 배부르게 하시옵소서. 말씀의 성찬이 베풀어진 거룩한 시간에 온 몸으로 주님께 영광을 드리게 하시옵소서.

이 시간에, 하나님의 너그러우심이 ○○의 지체들에게 있기를 빕니다. 안타깝게도 곤궁에 빠져있는 지체는 어서 속히 일으켜 주시옵소서. 곤란에 처한 지체들에게는 하나님을 소망하게 하시옵소서.

○○교회에 복음을 선물로 주신 은혜를 생각합니다. 생명을 살리시려고, 각자의 심령에도 복음을 주셨음을 믿습니다. 이제, 이 지역과 온 세상을 향해서 이 복음을 전하는 저희들이 되게 하시옵소서. 한 사람, 한 사람의 전도로 구원에 이르는 것을 보게 하시옵소서.

예수님의 이름으로 기도드립니다. 아멘

12월 3주

영화로우신 이름의 주여,

아기 예수님의 나심을 기뻐하며 마음으로 엎드려 경배합니다. 하나님의 아들이 죄인들의 구원을 위하여 찾아오신 날은 참으로 기쁜 날입니다. 예수님의 세상에 오셨음을 반가워하게 하시옵소서.

지금, 저희를 용서해주시옵소서. 교회 안에서는 주님을 사랑하노라 고백하고, 생활현장에서는 눈에 보이는 것에 마음을 내어주는 저희들이었습니다. 이제, 독생자를 보내주신 사랑, 대속의 은총으로 저희의 죄를 용서해 주시기 원합니다.

성탄절의 메시지를 준비하신 목사님을 성령님께서 함께 해주시옵소서. 저희들이 받아야 하는 하나님의 말씀을 대언하시게 하시옵소서. 하나님 앞에 엎드려 말씀을 들으려는 겸손함을 주시옵소서.

오늘, 저희들에게 메시야의 오심이 인류에게 구원이 선포되었음에 대한 복음의 기쁨을 확인하게 해주시옵소서. 하나님의 아들이 우리를 위하여 사람이 되셨음을 기쁨으로 맞이하게 하시옵소서. 이 기쁨을 모든 이들에게 선포하는 날로 성탄절을 지키게 하시옵소서.

예배를 마치고 일어설 때, 구원의 문이신 주님께로 들어가서 은혜를 누리는 저희들이 되게 하시옵소서. 주님과 더불어 지내는 중에, 들어가며 나오며 꼴을 얻는 은혜를 보게 하시옵소서.

예수님의 이름으로 기도드립니다. 아멘

12월 4주

알파와 오메가의 하나님,

하나님의 사랑을 누리며 살던 저희들이기에 예배드림을 즐거워하여 모인 모임이기를 원합니다. 믿음으로 드리는 예배로 이끌어 주시옵소서. 주님께서 이 자리에 임하셔서 만나 주시옵소서.

저희들의 죄를 뉘우치며, 회개하오니 용서해주시옵소서. 이 시간에, 저희들이 살아온 삶을 뒤돌아보며 회개합니다. 사람들의 눈초리와 비판을 두려워하면서도, 하나님의 불꽃 같으신 눈초리는 생각하지도 않았습니다. 부끄러운 삶을 회개합니다.

이제까지와 같이 오늘도 강단에서 말씀이 선포될 때, 마음의 문을 활짝 열어주시옵소서. 목사님의 설교를 통해서 주님의 십자가로 죄의 문제가 해결되었음을 확인하게 하시옵소서. 천국의 백성으로 살아가려는 다짐을 하게 하시옵소서.

주님께서 병든 자들을 불쌍히 여기셨을 때, 고침을 받았던 이들의 역사가 지금, 고통에 처해있던 이들의 것이 되게 하시옵소서. 신체의 각 일부가 떨어져나가는 것같이 아픈 고통을 완화시켜 주시옵소서.

주님의 말씀에 순종하여 하나님을 사랑하고, 이웃을 사랑하는 일에 힘쓰게 하시니 감사합니다. 주님께로부터 거저 받은 삶이므로, 그 시간의 일부에 하나님을 영화롭게 해드리게 하시옵소서.

예수님의 이름으로 기도드립니다. 아멘.

3
수요일 밤 (오후) 예배 기도문

1월 1주

우리를 돌아보시는 하나님,

새해를 맞이하여 첫째 주간을 살다가 첫 삼일기도회에 나왔습니다. ○○의 권속에게 여호와를 향해서 평생을 노래하려는 마음을 품게 하시옵소서. 때를 따라 도우시는 손길에 찬양을 드리게 하시옵소서.

주님께서 주신 것을 사용하는 삶을 살면서도 내 것처럼 욕심을 내며 지냈던 죄를 용서해주시옵소서. 저희들의 회개를 받아주시고 의롭게 하시는 은혜의 옷을 입게 하시옵소서.

○○교회가 날로 부흥되고 있음에 감사드립니다. 주님의 은혜에 감사하면서 순종하여 섬기는 종들로 삼아 주시옵소서. 이로써 온 교회를 부흥시키고, 여호와의 영광을 드러내는 봉사가 되게 하시옵소서. 담임 목사님의 목회 비전에 뜻을 같이하여, 이 지역에서 교회의 사명을 이루는데 앞장서는 은혜를 주시옵소서.

오늘도 목사님께서 전해주시는 말씀에 감격하는 은혜를 누리게 하시옵소서. 한 마디, 한 마디의 말씀에서 진리를 구하게 하시고, 지키고 따를 생명의 길로 받게 하시옵소서.

이 시간에, 선교사님들이 온 땅에 퍼져 있는 민족들에게 복음을 전하실 때, 함께 해주시옵소서. 그들이 전하는 복음으로 주님의 잃어버린 양들을 돌아오게 하시옵소서.

예수님의 이름으로 기도드립니다. 아멘.

1월 2주

전능하신 하나님,

저희들의 혀에 찬양이 가득 차게 하시옵소서. ○○의 지체들에게 여호와의 이름을 찬송하는 은혜가 계속 되게 하시옵소서. 지나온 삼일 동안에도 지켜주신 하나님의 자비하심을 찬미하게 하시옵소서.

이 밤에 머리를 숙일 때, 죄가 눈 앞을 가리고 있습니다. 하나님의 영광을 막는 것을 알면서도 순간의 욕심에 죄를 지은 것이 있습니다. 저희들의 모든 죄를 자복하고 회개하오니 주님의 깨끗케 하시는 보혈로 씻음 받게 하시옵소서.

이 시간에, 하나님의 인도하시는 음성을 듣고 순종하도록 하시는 은혜를 주시옵소서. 새해 첫날을 맞이해서 하나님의 이름은 높임을 받으시고, 복스러운 시간의 삶으로 들어가게 하시옵소서. 여호와 우리 하나님의 이름을 찬송하며 살아가기 원합니다.

말씀을 듣고 단 위에 서신 목사님과 함께 하셔서 능력의 말씀을 전하실 수 있도록 인도해 주시옵소서. 그 말씀이 듣는 순간에 저희들의 마음에 새겨지기 원합니다. 저희들의 심령이 뜨겁게 반응되도록 은혜를 내려주시고, 열매를 맺게 하시옵소서.

오늘, 하나님의 마음에 합한 한 해를 살고자 하는 결단의 은혜를 주시옵소서. 천국 백성으로서 살아가기를 다짐하게 하시옵소서.

예수님의 이름으로 기도드립니다. 아멘

1월 3주

주 여호와여,

천국의 자녀 됨을 누리면서 하나님과의 만남을 경험하는 복을 생각합니다. 인생의 죄를 속하시고, 구원의 은혜를 누리게 하셨음에 그 이름을 높여 찬송을 드리게 하시옵소서.

오직 마음을 다 드리는 지금, 감사로 제사하는 저희들이 되어 여호와의 영광을 인정하게 하시옵소서. 그리하여 세상의 일을 위하여 일을 하신 하나님의 손길을 찬양하는 복된 예배로 인도해주시옵소서.

○○의 권속에게 하나님의 자비하심으로 은혜를 누릴 뿐이니, 교만하지 않게 하시옵소서. 혹시 저보다 먼저, 예수님을 구주로 영접한 이들에 대하여 똑같이 여기는 교만을 부리지 않게 하시옵소서.

목사님을 세워 말씀을 주시니 감사드립니다. 영생의 말씀으로 저희를 변화시켜 주시옵소서. 말씀이 살아있는 ○○ 교회와 성도가 되도록 인도해 주시옵소서.

오늘, 우리 안에서 정직한 영을 창조하시옵소서. 자신을 속이지 아니하는 진실한 마음을 허락하여 주시옵소서. 언제나 예수님의 밝은 빛 가운데서 살아가는 소망의 한해를 저희 모두에게 주시옵소서. 자기 백성에게 선대하심이 날마다 저의 삶에 넘치게 하시고, 여호와의 후대하심을 기다리게 하시니 감사드립니다.

예수님의 이름으로 기도드립니다. 아멘.

1월 4주

하나님 아버지,

저희들을 돌아볼 때, 하나님의 사람으로 살지 못한 죄를 고백합니다. 하나님을 주목하지 못하고, 자신의 생각에 따라 지냈습니다. 하나님의 평화와 질서를 선포해야 함에도 불구하고 많은 핑계와 게으름 속에서 무책임한 삶을 살았습니다. 모든 죄를 용서해주시옵소서.

하나님의 생명에서 떠나 있었던 인생을 불쌍히 여겨주신 은혜를 깨닫습니다. 그 은혜로 하나님이 없이 지내던 저를 깨워주셨습니다. 보혈의 공로를 받아들이게 하시고, 천국을 사모하게 하시옵소서.

강단에 계신 목사님께 성령님의 권능을 더하여 주시옵소서. ○○의 지체들에는 겸손한 마음으로 하나님의 사자의 입술에 의해 생명과 진리의 말씀을 듣게 하시옵소서. 대언되는 하나님의 명령에 순종하여 지키게 하시옵소서.

○○의 권속에게 부활에 보증이 되시는 예수님을 사랑하게 하시옵소서. 주님의 부활로, 영생의 보증이 되셨음을 확신합니다. 저희들에게 부활의 신앙이 있기에, 죽음도 두려워하지 않음을 믿습니 다.

저희들의 연약함을 아시고 성령님을 허락하신 하나님 감사합니다. 저희들에게 담대히 세상을 이기도록 축복하여 주시옵소서. 저희들이 낮아지게 하시고, 저희의 어리석음 가운데 지혜롭게 하시옵소서.

예수님의 이름으로 기도드립니다. 아멘.

1월 5주

하나님 아버지,

겨울을 이기도록 해주시는 하나님이십니다. 모여서 머리를 숙인 저희들에게 마음으로 찬송을 부르게 하시옵소서. ○○의 권속에게 여호와의 이름을 부름이 산 소망이 되게 하시고, 오늘을 살아갈 의지가 되게 하셨음에 감사드립니다.

지금, 저희들의 마음 깊은 곳에서 외치는 양심의 소리를 듣습니다. 사람들의 눈을 속일 수 있어도 하나님께는 가릴 수 없는 죄가 있음을 회개하며 고백합니다. 죄의 허물을 용서해주시옵소서.

우리 교회 안에서 주님의 형제와 자매들이 남의 잘못이나 허물이 있을 때마다 자신을 먼저 돌아보는 사랑으로 충만하기 원합니다. 진정으로 감싸주고, 피차 덕 세우기를 힘쓰는 저희들로 삼으옵소서.

주님께서 말씀하시니 힘을 얻기 원합니다. 주님의 말씀으로 고난도 담대하게 부딪치게 하시옵소서. 말씀과 함께 하는 은혜를 나타내주시옵소서. 그 은혜가 임하여 말씀 안에서 살아갈 것을 믿습니다.

예배 중에 함께 하시는 하나님의 사랑을 나누며, 성도의 교제로 사랑을 실천하는 은혜로운 예배가 되게 하여 주시옵소서. 서로가 부족한 가운데 한 몸을 이루고 있습니다. 하나님의 능력으로 채워주셔서 승리자의 반열에 서게 하여 주시옵소서.

예수님의 이름으로 기도드립니다. 아멘.

2월 1주

하나님 아버지,

주일 이후에 사흘 동안, 주님 앞에서 성도로서 부족했던 모습을 회개합니다. 하나님의 말씀을 순종하면서 빛으로, 소금으로 살았어야 하나 아무 생각 없이 되는대로 살아온 죄를 용서해주시옵소서. 믿음이 없이 행해왔던 지난 시간들의 모든 것들을 용서해주시옵소서.

이 자리에 머리를 숙인 지체들이 순간마다 하나님을 사랑한다고 고백하고, 여호와의 원하심에 순종하는 헌신의 시간을 보내게 하시옵소서. 말씀에 순종해서 살 때, 여태껏 경험해보지 못한 놀라운 일들을 보게 하시옵소서.

목사님께서 준비하신 말씀을 전하실 때, 예수님의 십자가로 죄의 문제가 해결되었음을 확인하게 해주시고, 하늘나라의 백성으로 살아가려는 다짐을 새롭게 하게 다짐하도록 도우시기 원합니다. 또한 새롭게 깨닫는 천국의 법도가 되기를 소망합니다.

십자가로 말미암아 구속의 은혜를 누리면서 살아가는 지체들이 되게 하시옵소서. 저희들의 시민권이 하늘에 있음을 고백하는 저희들 각자와 ○○교회가 되게 하시옵소서.

주님께서 오실 때까지 하늘나라에 마음을 두고 살게 하시옵소서. 저 천국에 소망을 두고 지내는 저희들이 되기를 원합니다.

예수님의 이름으로 기도드립니다. 아멘.

2월 2주

하늘에 계신 아버지여,

지난 한 주간 동안에도 주님을 기쁘시게 못하고, 육신을 위하여 이기적인 욕망과 많은 죄악에서 살아온 죄를 씻어주시옵소서. 전에 하던 헛된 일을 원통히 여기니, 주 예수님의 보혈로 용서해주시옵소서.

주님의 십자가를 가까이 하며 지낼 때, 생명의 기쁨을 찬송하면서 가슴이 사랑으로 벅차게 하시옵소서. 자신의 몸을 내어주심으로써 사랑을 나타내신 주님을 따르려는 다짐의 은혜를 내려 주시옵소서.

이제, 곧 우리 민족의 명절인 설날을 맞이합니다. 명절을 즐기기 위하여 일가와 친척이 모일 때, 복음을 나누게 하시옵소서. 하나님을 영화롭게 해드리게 하시옵소서.

기도회로 모인 공동체에 기도의 불을 더욱 태우는 말씀을 주시옵소서. 기도로 설교를 준비하신 목사님께 성령님의 기름을 부으심으로 천국의 비밀이 있는 말씀을 선포하시도록 하옵소서. 그 말씀으로 주저앉은 저희들이 다시 일어나는 체험을 주시옵소서.

○○교회의 성도들 가운데 질병으로 고통 중에 있는 식구들에게 회복의 은혜를 내려 주시기 원합니다. 참기 어려운 시간을 보내고 있으나 질병이라는 사실만 보는 데 그치지 않게 하시고 병고의 뒤에서 움직이시는 하나님의 손을 보게 하시옵소서.

예수님의 이름으로 기도드립니다. 아멘.

2월 3주

자기 백성을 찾으시는 하나님,

새해의 첫 날이 엊그제인데 벌써 2월의 한 날을 보내게 하시니 감사드립니다. 저희들을 하나님의 팔로 품어 주시고, 하나님의 발등상에서 교훈을 받게 하심을 기뻐하게 하시옵소서.

○○의 가족들, 어린아이에서 장년에 이르기까지 마음이 부패해지거나 진리를 잃어버리지 않게 하시옵소서. 날마다 구원의 은혜에 감사하는 마음으로 살도록 거룩함을 주시옵소서.

지난 사흘 동안에도 어둡고 험악한 세상에서 방황하며 살았습니다. 아버지의 영광과 뜻을 드러내기 보다는 우리의 육신의 안일과 평안만을 추구할 때가 많았음을 용서해주시옵소서.

하나님의 말씀을 받게 하시니 감사합니다. 떡으로만 살아갈 수 없어, 이 시간에 생명의 말씀을 받기를 원합니다. 선포되는 말씀을 아멘으로 받게 하시고, 순종을 결단하게 하시옵소서. 저희들이 의를 행할 수 있는 진리의 말씀을 반가운 마음으로 청종하게 하시옵소서.

하나님께서 힘을 주시고 평강의 복을 주심에 감사드립니다. 하늘의 기쁨을 누리는 중에, 소원의 항구로 인도하시는 하나님의 자비하심을 보게 하시옵소서. 저희를 안전히 거하게 하시는 이는 오직 하나님뿐인 줄을 확고히 깨닫는 지체들이 되게 하시옵소서

예수님의 이름으로 기도드립니다. 아멘

2월 4주

사랑으로 섭리하시는 하나님,

오늘도 사랑하는 주님의 권속들을 은혜의 자리로 불러 주셔서 영과 진리로 예배하게 하셨으니 영광을 드립니다. 이 밤에는 저희들에게 헌신된 제물로 살아가기를 다시 한번 다짐하게 하시옵소서.

아침마다 은총이 새롭고, 안연히 살게 하시니 감사드립니다. 이 시간에는 저희 인생들에게 이웃이 되어주신 예수님을 묵상합니다. 저희들이야말로 마귀에게 강도를 만나 죽음에 이른 자들이었습니다.

○○의 권속에게 성령님께 붙들려져서 강도를 만난 자에게 다가가게 하시며, 그에게 이웃이 되는 은혜를 주시옵소서. 나에게 주신 재물과 능력을 도움을 받아야 하는 이에게 베풀게 하시옵소서.

영생에 이르는 진리를 선포하시는 목사님께 능력을 더하여 주시고 저희들은 기쁨으로 받아 순종하게 하시옵소서. 하나님의 사자의 입술에 의해 생명과 진리의 말씀을 듣게 하시옵소서. 하나님의 말씀을 깨우쳐서 저희의 심령을 새롭게 하시옵소서.

눈물과 한숨으로 지내야 했던 이 백성들에게 독립에 대한 몸 부림이 있게 하신 하나님이셨습니다. 나라와 겨레를 자신들의 몸으로 바꾼 귀한 선조들이 일어나게 하셨던 그 하나님께 예배합니다. 영원히 영광을 드리게 하옵소서.

예수님의 이름으로 기도드립니다. 아멘.

3월 1주

봄을 맞이하게 해주시는 하나님,

의인은 종려나무 같이 번성하게 하시는 은혜를 누리고 있음에, 여호와의 이름을 찬미하게 하시옵소서. 영광, 영광, 영광이 되시는 하나님께 찬송을 드려 영원히 그 영광을 선포하게 하옵소서.

저희들에게 삭개오의 소원을 갖게 하시옵소서. 예수님을 보고자 하여 돌감람나무에까지 올라갔던 그 열정을 저희들에게도 주옵소서. 그 열정으로 주님을 경험함이 저희들의 것이 되게 하시옵소서.

우리를 부르시는 주여, 신앙의 성공으로 세상을 이기는 은혜를 보게 하옵소서. 삭개오가 돈보다도 더 좋은 것, 새 생명을 알게 되었듯이, 저희들에게도 이제까지 알지 못하던 것을 알게 하옵소서.

이 귀한 시간에, 영생에 이르는 진리를 선포하시는 목사님께 능력을 더하여 주시고 저희들은 기쁨으로 받아 순종하게 하시옵소서.

저희들에게도, 하나님께 드리는 것이 있어서 사람들의 눈에 비쳐질 때, 허비하는 것이 있기 원합니다. 하나님의 뜻이 이루어지고, 하나님께서 취하셔야 하는 영광을 위하여 드리게 하시옵 소서.

저희들의 영혼이 십자가에서 나타난 주님의 은혜만을 갈망하게 하시옵소서. 그 은혜가 우리를 강권하여 복음을 전하는 증인들이 되기를 빕니다. 갈보리 십자가의 보혈을 불신자들에게 전하게 하시옵소서.

예수님의 이름으로 기도드립니다. 아멘.

3월 2주

하나님 아버지,

하나님의 뜻에 합당하게 살아오지 못한 이 부족한 저희들의 허물과 죄를 고백합니다. 저희들의 소유하려는 욕심에 사로 잡혀 있었음을 용서해주시옵소서. 버리지 못하는 탐욕의 죄를 용서해 주시옵소서.

주님께서 함께 하심이 바로 인생 최고의 복이요, 은혜임을 깨닫게 하시옵소서. 천국 시민으로서 하늘의 소리에 귀를 기울이는 은혜를 주시옵소서. 듣고자 해서가 아니고, 은혜로 듣게 하시옵소서.

영생에 이르는 진리를 선포하시는 목사님께 능력을 더하여 주시고 저희들은 기쁨으로 받아 순종하게 하시옵소서. 목사님의 입술을 사용하여 들려주시는 말씀을 청종하게 하시옵소서. 생명의 말씀을 받아 마음의 판에 새기도록 하시옵소서.

하나님 앞에서 존귀한 ○○의 권속, 하나님 앞에서 자녀 된 청지기로 살기 원합니다. 지혜의 청지기로 살기 원합니다. 아는 것이 많아질수록 그 놀라운 지식을 펴신 하나님을 발견하게 하시옵소서. 복음의 청지기가 되기를 원합니다.

십자가에서 이루어진 주님의 사랑을 기억합니다. 구원을 위하여 보혈의 피를 흘려주신 주님의 사랑이 하나님의 은혜였음을 늘 기억하며 지내게 하시옵소서. 천국의 영광을 구하며 살게 하시옵소서.

예수님의 이름으로 기도드립니다. 아멘.

3월 3주

보좌에 앉으신 하나님,

하나님이시여, 이곳에 오셔서 왕이 되어 보좌로 임하시옵소서. 그 발 아래에서 무릎을 꿇고 찬양하게 하시옵소서. 찬송을 받으옵소서.

부지불식간에 죄를 짓고도 모름을 용서해주시옵소서. 거룩하게 지낸다고 하면서도 죄를 짓기도 하고, 연약한 인간의 모습 속에서 짐짓 죄를 짓기도 합니다. 죄를 용서해주시고, 보혈로 씻겨주시옵소서.

여호와를 바라보고, 주님의 뜻을 이루어드리려는 소망으로 가슴이 뜨거워지게 하시옵소서. 이 백성들을 향하신 하나님의 뜻을 소중히 보게 하시고, 어떤 경우에도 소망을 놓치지 않게 하시옵소서.

이 시간에, 강단에 세워주신 목사님을 성령님으로 충만하게 하시옵소서. 저희들에게는 들을 귀를 열어 주시옵소서. 이로써 그 말씀으로 저희들은 부활절을 기다리는 신앙의 삶에 도전을 받게 하시옵소서.

지난 시간에도 세상의 삶에서 힘이 들고 지친 이들에게 은혜를 내려 주시옵소서. 상한 심령이 치료함을 받고, 낙심된 심령에게는 주님의 다시 일으켜 세워주심을 보게 하시옵소서.

자신의 몸을 내어 주사 사랑을 나타내신 주님을 세상에 전하게 하시옵소서. 아직도 주님을 모르는 이들에게 하나님의 사랑을 보여주게 하시옵소서. 나를 구원해 주신 예수님을 전하게 하시옵소서.

예수님의 이름으로 기도드립니다. 아멘.

3월 4주

평강과 구원의 하나님,

지난 시간 동안에 지켜 주셨다가 모인 저희들에게 주님을 즐거워하는 예배가 되게 하옵소서. 주님께 찬송을 드리기를 소망합니다.

겸손과 온유로서 주님 가까이로 이끌어 주시며, 우리의 죄를 낱낱이 고백하게 하사 주의 은총 안에 의탁하게 하시고 주 안에서 비로소 우리의 피난처와 능력을 발견하게 하시옵소서.

사순절에 생명의 기쁨을 찬송하면서 저희들의 가슴이 사랑으로 벅차게 하시옵소서. 서로 사랑하여 주님의 몸을 이루어 드려서 주님을 본받아 형제를 위하여 목숨을 버리는 데까지 이르게 하시옵소서.

마지막 만찬을 하시면서 제자들의 발을 씻겨주셨던 주님을 묵상하게 하시옵소서. ○○의 지체가 서로 발을 씻겨주지는 못하여도 발을 씻겨주는 섬김의 자세를 배우도록 성령님의 인도하심을 구합니다.

목사님의 입술에서 떨어지는 생명의 말씀으로 저희들의 영혼이 배부르게 하시고, 하나님 앞에서의 삶을 결단하는 경험을 주시옵소서. 그리하여 주님을 따르는 겸손의 삶을 사모하게 하시옵소서.

사순절의 기간이 저희들에게 복이 되기를 빕니다. 주님의 지체들이 사랑을 조금씩 실천하면서 이기적이던 기질이 이타적인 기질로 조금씩 바뀌어 가고, 하나님께 영광을 드리도록 인도해 주시옵소서.

예수님의 이름으로 기도드립니다. 아멘

4월 1주

하나님 아버지,

이 시간에, 저희들의 허물을 보게 됩니다. 자기의 좋은 생각에 따라 멋대로 살던 행실을 용서해주시옵소서. 십자가에서 나타난 주님의 사랑과 긍휼로 이 더러움을 깨끗이 씻어 주시고, 용서해주시옵소서.

저희들을 주님의 몸으로 주신 ○○ 교회에서 한 지체로 섬기게 하셨으니, 서로를 섬기되 열심을 내게 하시옵소서. 이 교회에 속한 지체들이 은혜 안으로 들어가게 하시옵소서. 교회 공동체에서 하나된 성도들을 섬기는 희락을 저의 기쁨으로 삼게 하시옵소서.

저희들을 사용하여 일 하시기를 원하시는 하나님을 믿습니다. 하나님께서 저희들을 기뻐하시도록 먼저, 저희들 자신을 거룩하게 해주시옵소서. ○○의 성도들이 스스로 성결하게 하시옵소서.

이 시간에도 말씀을 준비하신 목사님께 성령으로 감동해주시고, 하나님의 뜻이 온전히 선포되기 원합니다. 그 말씀으로 저희들을 향한 주님의 뜻이 무엇인지 분별하여 새로워지게 하시옵소서.

○○의 지체들 중에, 병든 이들이 있어 빕니다. 육체적으로 병들어서 병원이나 집에서 치료 중인 이들을 하나님의 자비하심으로 고쳐주시옵소서. 살아가는 환경이 관해서 함께 하지 못한 지체들도 불쌍히 여기시옵소서. 그들에게 예수 이름의 능력을 바라게 하시옵소서.

예수님의 이름으로 기도드립니다. 아멘.

4월 2주

살아계신 주 여호와여,

예수님의 고난 속에서 아름답게 핀 생명의 꽃을 보게 하시니 영광을 드립니다. 만물이 새롭게 피어나는 계절에 저희들의 죽어야 하는 생명도 새롭게 피어나게 하셨습니다.

십자가의 밭에 주님의 보혈이 뿌려져 저희들에게 영생의 생명을 갖게 하셨으니 하나님은 찬미를 받아 주시옵소서.

주님의 은혜에 감사함이 게으름을 용서해주시옵소서. 감사를 새기는 진정한 자세가 되지 못하고 있음을 고백합니다. 마음으로는 하나님을 사랑하고 감사하는 마음이 넘치기를 원하였지만 그러하지 못한 게으름과 불신앙적 행실을 용서하시옵소서.

십자가의 구속을 찬송하는 권속에게 은혜의 물결이 넘치기를 소망합니다. 주님을 즐거워하는 예배가 되게 하옵소서. 주의 이름으로 오신 왕에게 찬송을 드리는 한 시간이기를 소망합니다.

강단에서 하나님의 말씀이 선포될 때, 심령의 문을 활짝 열고 듣게 하시옵소서. 목사님의 설교를 통해서 예수님의 십자가로 죄의 문제가 해결되었음을 확인하게 해주시고, 천국의 백성으로 살아 가려는 다짐을 새롭게 하게 하시옵소서. 그리하여 오직 하나님의 말씀으로 주님을 따르는 겸손의 삶을 사모하게 하시옵소서.

예수님의 이름으로 기도드립니다. 아멘.

4월 3주

보좌에 앉으신 하나님,

하늘나라에서의 기쁨을 지금, 맛보게 하시는 구원의 하나님을 향하여 즐거이 외치는 예배의 한 시간으로 이끌어 주시옵소서. 자비로우심이 영원하신 아버지의 이름을 높여드립니다. 성령님의 충만하심이 있어 춤을 추며 기뻐하는 예배로 영광을 받으시옵소서.

하나님께서 원하심은 저희들이 은혜 안에서 자라가는 것인데, 천국 백성으로서 온전함에 이르지 못하고 있음을 회개합니다. 십자가에서 속죄의 제물로 흘려주신 주님의 피로 깨끗함을 받게 하시옵소서.

소망을 모르고 지내던 저희들에게 예수님을 믿어 희망을 갖게 해 주셨음에 감사합니다. 어떤 경우가 닥쳐오거나, 어떤 장애가 생겨도 처음 가졌던 소망을 나중까지 계속 가지고 있게 하시옵소서.

이 한 시간, 온전한 마음으로 하나님의 말씀을 받게 하시옵소서. 진리의 말씀이 넘쳐흐르는 강단을 통해 이 교회가 더욱 든든하게 하시옵소서. 그 진리의 은혜를 통해서 하나님을 배우게 하시옵소서.

저희들에게 성령을 선물로 주셨으니, 성령 안에서 하나 되는 교회가 되기 원합니다. 하나님의 은혜를 나누며, 무엇을 하든지 하나 되어 주님의 몸을 이루게 하시옵소서. 지금, 저희들에게는 예수님의 사랑이 있으니 이 사랑을 가지고 뜻을 합하는 한 몸이 되게 하시옵소서.

예수님의 이름으로 기도드립니다. 아멘.

4월 4주

은혜가 무궁하신 하나님,

자비로우심이 영원하신 아버지의 이름을 높여드립니다. 성령님의 충만하심이 있어 춤을 추며 기뻐하는 예배로 영광을 받으시옵소서.

하나님께서 원하심은 저희들이 은혜 안에서 자라가는 것인데, 천국 백성으로서 온전함에 이르지 못함을 회개합니다. 십자가에서 속죄의 제물로 흘려주신 주님의 피로 깨끗함을 받게 하시옵소서.

소망을 모르고 지내던 저희들에게 예수님을 믿어 희망을 갖게 해 주셨음에 감사합니다. 어떤 경우가 닥쳐오거나, 어떤 장애가 생겨도 처음 가졌던 소망을 나중까지 계속 가지고 있게 하시옵소서.

이 한 시간, 온전한 마음으로 하나님의 말씀을 받게 하시고 정성된 기도를 드릴 수 있도록 성령님께서 주관해주시옵소서. 진리의 말씀이 넘쳐흐르는 강단을 통해 이 교회가 더욱 든든하게 하시옵소서. 그 진리의 은혜를 통해서 하나님을 배우게 하시옵소서.

저희들에게 성령을 선물로 주셨으니, 성령 안에서 하나 되는 OO 교회가 되기 원합니다. 하나님의 은혜를 나누며, 무엇을 하든지 하나되어 주님의 몸을 이루게 하시옵소서. 아름다웠던 초대 교회처럼 마음을 같이 할 수 있도록 인도해 주시옵소서. 지금, 저희들에게 주님의 사랑을 갖고 뜻을 합하는 한 몸이 되게 하시옵소서.

예수님의 이름으로 기도드립니다. 아멘.

5월 1주

하늘에 계신 주 여호와여,

측량할 수 없을 만큼 베풀어주신 은총에 감사드립니다. 영원히, 영원토록 주님의 이름을 찬양하게 하옵소서. 생각과 마음을 모아서 여호와를 공경함으로써 예배하는 저희들이 되게 하시옵소서.

죄와 허물로 얼룩졌던 상한 심령을 그대로 내어놓고 통회하게 하시옵소서. 죄의 무거운 짐을 풀어 놓을 때, 십자가에서 흘려주신 그리스도의 보혈로 정결케 하시옵소서. 마음을 다하여 대속의 십자가를 지신 주님의 사랑을 찬양하게 하시옵소서.

하나님께 충성된 대제사장이 되어주신 예수님을 찬양합니다. 단 한 시간도 자기를 위하여 사시지 않으시고, 우리를 구원하시려 하셨던 예수님을 찬양합니다. 죄인 되었던 우리를 도우시려고 친히 고난을 당하셨던 주님께 찬양을 올려 드립니다.

하나님의 말씀을 사모하니 진리의 말씀을 받게 하시옵소서. 하늘 말씀을 대언하시는 목사님께 능력을 더하여 주시옵소서. 말씀의 가르침으로 하나님 앞에서 자녀 된 청지기로 세움을 받게 하시옵소서.

저희들은 담임 목사님의 목회 비전에 뜻을 같이하여, 이 지역에서 교회의 사명을 이루는데 앞장서는 은혜를 주시옵소서. 교회 안에서는 성도들을 잘 대접하고, 교회가 해야 할 일을 섬기게 하시옵소서.

예수님의 이름으로 기도드립니다. 아멘.

5월 2주

우리의 소망이 되시는 하나님,

갈보리 십자가의 은혜로 저희를 새롭게 하셨음을 감사드립니다. 하나님 앞에서 의롭다 변화를 받았으니 예배하는 지금, 저희들의 몸을 하나님께서 기뻐하시는 거룩한 산 제사로 드리게 하시옵소서.

기도회로 나와 주님의 십자가를 바라보니 눈물이 앞섭니다. 하나님의 사랑을 받기에 합당치 못한 저희들의 삶이었기에 주님 앞에 다 내어 놓습니다. 하나님의 집은 기도하는 곳이건만 저희들은 온갖 욕망과 개인적인 꿈으로 오염시켰음을 용서해주시옵소서.

저희들의 힘이시며, 저희들의 노래가 되시는 여호와의 이름을 즐거워하게 하시옵소서. 이 시간에, 여기에 모인 지체들로 하여금 구원이 되시는 하나님을 높이게 하시옵소서.

생명의 말씀을 주시려고 하나님의 말씀을 듣게 하셨으니 감사드리게 하시옵소서. ○○의 지체들, 하나님의 의를 가까이 하게 하시옵소서. 말씀의 즐거움으로 행복함을 누리게 하시옵소서. 강단에 오르신 목사님께 말씀으로 충만하게 하시옵소서.

저희들에게 죽어있는 영혼을 구원하기를 그렇게 원하시는 하나님의 마음을 품게 하셨으니 감사드립니다. 저희들로 말미암아 혼돈과 공허의 모습뿐인 세상에 한 줄기 생명의 빛이 비추어지게 하시옵소서.

예수님의 이름으로 기도드립니다. 아멘.

5월 3주

거룩한 시간을 주신 하나님,

황혼의 지금, 찬송을 드리며 간구하는 시간으로 삼게 하시옵소서. 생명과 빛으로 오신 주님을 즐거워하면서 예배의 자리로 나아갑니다. 영과 진리로 예배하며, 하나님께 부르짖음으로 나아가게 하시옵소서.

이 시간에, 예배하는 중에 ○○ 교회의 권속들에게 하나 되는 은혜를 주시옵소서. 먼저, 기도로 마음과 마음이 하나가 되어 간구하는 공동체가 되게 하시옵소서. 이 거룩한 자리에 주님의 나라가 이루어지고, 대속의 은혜를 입은 자들이 찬송을 드립니다.

목사님께서 말씀 전하실 때, 강단에 기름을 부으심이 있기를 원합니다. 말씀을 받는 저희에게는 그 명령에 순종하고, 하나님의 은혜를 구하게 하시옵소서. 지체들 모두에게 진리로 세워주시옵 소서.

저희들을 성령님께서 강권하사, 하나님께서 ○○교회를 세우시고, 이 지역에서 생명을 살리는 방주가 되도록 하시는 일을 감당하게 하시옵소서. 성령님의 도구로 쓰임을 받은 지체들이 되게 하시옵소서.

성령님이시여, 약속하신대로 저희들의 심령에 임하시기를 원합니다. 저희들을 불쌍히 여기사 단비 같이 부어 주시옵소서. 간절히 기다리는 심령에 베풀어 주시옵소서. 거룩하신 성령님과 주님의 기쁨으로 ○○의 지체들을 소생시켜 주실 것을 믿습니다.

예수님의 이름으로 기도드립니다. 아멘.

5월 4주

하나님 아버지

주일 이후에 사흘 동안, 세상으로 보내어졌던 저희들이었습니다. 주신 사명의 터전에서 복음의 증인되어 지내게 하시니 감사합니다.

가족과 일가친척의 복음화에 무관심했던 죄를 고백합니다. 가정을 제단으로 삼는 것에 소홀했던 죄를 용서해주시옵소서. 오직 여호와만을 의지하는 간구에 기쁨을 보게 해주시옵소서.

예수님께서 사탄의 손에서 저희들을 건져주시고, 하나님의 자녀가 되게 하셨음에, 주님을 왕으로 섬기게 하시옵소서. 자녀로서 마땅히 하나님의 나라가 확장되어짐을 비전으로 품고 살아가게 하시옵소서.

여호와 앞에서 신앙에 유익한 것은 빨리 내 것으로 하고 나쁜 것은 빨리 버려는 은혜를 경험하게 하시옵소서. 믿음으로 시작한 금년의 삶이 매일, 매일을 믿음으로 충만하게 하시옵소서.

강단에서 하나님의 말씀이 선포될 때, 마음의 문을 활짝 열고 듣게 하시고, 그 은혜로 저희들의 마음과 생각을 기도로 집중하게 하시옵소서. 그리하여 오늘 간구해야 될 것을 다 여쭙게 하시옵소서.

사랑하는 지체들에게 말씀을 붙잡고 기도하는 생활을 하게 하시옵소서. 하나님의 뜻을 이루어 드리는 손과 발이 되게 하시옵소서. 말세를 살아갈 때, 하늘의 권능으로 승리하도록 이끌어 주시옵소서.

예수님의 이름으로 기도드립니다. 아멘.

5월 5주

하나님 아버지,

하나님께 찬송을 드릴 때, 회개의 영으로 충만해지기를 원합니다. 행위로는 죄를 짓지 않았으나 마음으로 주님을 떠나있던 죄를 회개합니다. 겉과 속이 다른 이중적이었던 삶을 용서해주시옵소서.

아직도 하나님을 모르는 사람들은 우상숭배를 버리지 못하고 있습니다. 나라의 크고 작은 행사에 미신을 섬기는 일들이 벌어지고 있음을 용서해주시옵소서. 죄를 버리고 하나님께로 돌아오는 이 백성이 되게 하시옵소서. 거룩한 백성, 거룩한 민족이 되게 하시옵소서.

설교를 위하여 단 위에 세우신 목사님께 영육간의 강건함을 주시옵소서. 주저앉았던 저희들은 그 말씀으로 다시 일어나는 체험을 주시옵소서. 말씀의 생수로 메마른 영혼이 시원해지게 하시옵소서.

담임 목사님과 교역자들을 위해서 기도하게 하시옵소서. 바울이 곤경에 처할 때 좋은 동반자가 되었던 디도와 같이 목회자들과 함께 하는 지체들이 되게 하시옵소서. 담임 목사님과 같은 믿음을 따라 그의 편에 서서 성도의 삶을 살도록 이끌어 주시옵소서.

질병의 그늘 아래에서 고통 가운데 있는 이들에게 주님의 얼굴을 향하여 주시옵소서. 그들이 눈물로 기도하는 병상에서 여호와 우리 하나님의 거룩하심이 선포되기 원합니다.

예수님의 이름으로 기도드립니다. 아멘.

6월 1주

하나님 아버지,

저희들을 받아 주시옵소서. 저희들의 모자라기 그지없는 모습을 주님께 내어 놓으니 용서해주시옵소서. 저희들의 죄를 십자가의 보혈로 씻어 주시옵소서.

여호와의 은혜를 누리는 ○○ 교회의 권속이 찬양으로 주님과 함께 걷는 날들로 지내게 하시옵소서. 주님의 영화로우심을 찬양하게 하소서. 주님의 아름다우심을 찬양하면서 자신의 일에 힘을 쏟게 하시옵소서. 찬송의 삶으로 인해 의롭게 해주시옵소서.

여호와의 도우심에 선한 행실에 힘쓰게 하시며, 오직 하나님께 영광을 두는 자녀가 되게 하시옵소서. 저희들의 재산은 금이나 은이 아니고, 주님과 친밀하게 교제하는 영성의 풍성이기를 소망합니다.

설교를 준비하신 목사님께 힘을 더하셔서 권세가 있는 말씀을 선포할 수 있게 하옵소서. 말씀으로 상한 심령들이 치유를 받게 하시옵소서. 그리하여 여호와를 사랑하는 열정을 품어서 하나님의 영광을 위해서 무엇이라도 하겠다는 소원을 갖게 하시옵소서.

○○의 지체는 하나님 나라의 영광을 위하여 믿지 않는 우리의 이웃을 전도하게 하시옵소서. 저희들의 마음이 온전히 하나님만을 바라볼 수 있도록 동행하여 주시옵소서.

예수님의 이름으로 기도드립니다. 아멘.

6월 2주

살아계신 주 여호와여,

감사를 새기기 못하고 있음을 고백합니다. 마음으로는 하나님을 사랑하고, 감사하는 마음이 넘치기를 원하지만 그러하지 못하였습니다. 주님의 뜻보다는 제 마음에 만족하기를 원했음을 회개합니다.

예수님을 주로 믿고, 하나님의 자녀가 되는 권세를 누리게 해주셨음에 감사합니다. 하나님의 자녀라 인을 쳐주시고, 성령님으로 영원히 함께하게 해주셨음을 믿습니다. 존귀와 영광을 하나님께 드리고, 인생의 목표가 주 예수님이심을 고백하며 지내게 하시옵소서.

세상을 지으신 그 능력으로 이 나라를 지키시는 하나님을 기뻐합니다. 하나님께서 의로우신 것처럼, 저희도 의롭게 살아가기를 소망하게 하시옵소서. 공법을 물처럼, 정의를 하수처럼 흐르게 하는 사회를 이루게 하시옵소서.

목사님께서 하나님의 말씀을 대언하실 때, 그 교훈을 묵상하게 하시옵소서. 그 말씀으로 저희들의 삶에서 하나님의 일하심이 드러나고, 성령님께 순종하는 도구의 삶이 되게 하시옵소서.

여호와의 은혜를 누리는 ○○교회의 권속들이 찬양으로 주님과 함께 걷는 하루하루가 되게 하시옵소서. 주님의 영화로우심, 주님의 아름다우심을 찬양하면서 자신의 일에 힘을 쏟게 하시옵소서.

예수님의 이름으로 기도드립니다. 아멘.

6월 3주

위대하신 주 하나님,

지금, 저희들에게 자신의 뜻대로 살지 않고, 하나님의 뜻대로만 살겠다고 결단하는 은총의 경험을 주시옵소서. 믿음으로 견고하며 흔들리지 말며 항상 주님의 일에 더욱 힘쓰는 자들이 되게 하시옵소서.

저희들의 죄를 제거해 주시고, 마음에 성령의 불을 붙여 주시옵소서. 돌 같은 마음에 새로운 마음을 허락 하셔서 기쁜 마음으로 당신을 따르며 즐거워 할 수 있는 귀한 믿음을 허락해주시옵소서.

다시 또 6. 25 한국전쟁일을 맞이해서 영광과 찬미를 드립니다. 저희들을 자녀삼아 주시고 하나님의 은혜 가운데 평안을 누리게 하셨으니, 영과 진리로 예배하게 하시옵소서. 하나님의 도우심과 지켜주셨음에 머리를 조아려 기도로 영광을 나타내게 하시옵소서.

○○의 성도들에게 우리 하나님 앞에서 귀히 쓰임을 받는 그릇이 되기를 소망하게 하시옵소서. 주인이 되신 하나님의 쓰심에 합당하도록 성령님의 인도하심을 빕니다. 하나님께서 쓰시려하실 때, 어떤 모습으로든지 드려지도록 준비되게 하시옵소서.

귀하게 쓰임을 받아 착하고 충성된 종이라는 칭찬을 받게 하시옵소서. 그리하여 우리를 생명으로 불러 주셨던 주님의 사랑을 가지 고, 불신자들을 주님의 품으로 초청하는 저희들이 되게 하시옵소서.

예수님의 이름으로 기도드립니다. 아멘.

6월 4주

우리 민족을 위하시는 하나님,

언제까지나 선하시며, 자기의 자녀들에게 은혜로 아름다움이 되시는 여호와의 이름에 올려드리는 찬양을 받으시옵소서. 저에게도 예수님이 나의 주님이시며, 하나님의 아들이 되어 주셨음에 감사합니다. 성경의 말씀대로 주님을 섬기게 하시옵소서.

○○의 권속에게 예수님을 주로 고백하고, 즐거워하며 지내는 한 날이 되기를 빕니다. 저의 믿음이 성경의 말씀에서 비롯되며, 신앙의 내용이 성경의 진리 안에서 증명이 되게 하시옵소서.

맥추절을 맞이하면서 풍성한 감사를 드리고 즐거워하게 하시옵소서. 저희들이 억지로나 인색함으로 드리지 않음에서 더욱 감사합니다. 주님께는 감사하고, 서로가 즐거움으로 기쁘게 하시옵소서.

목사님의 말씀에서 생명의 말씀이 선포되기를 간절히 원합니다. 그 말씀을 붙잡고, 저희들이 천국에 가서 상급을 받고, 면류관을 받으며, 영원한 복을 누리는 소망으로 충만하게 하시옵소서.

성령님이시여, 약속하신대로 저희들의 심령에 임하시기를 원합니다. 저희들을 불쌍히 여기사 단비 같이 부어 주시옵소서. 간절히 기다리는 심령에 베풀어 주시옵소서. 거룩하신 성령님과 주님의 기쁨으로 ○○의 지체들을 소생시켜 주실 것을 믿습니다.

예수님의 이름으로 기도드립니다. 아멘.

7월 1주

하나님 아버지,

돌이켜 볼 때, 선한 일에 열심을 내지 못한 저희들을 용서해주시옵소서. 개인적으로나 교회적으로 몸소 행했어야 하는 선한 일들이 많은데 부족했음을 회개합니다. 주님의 보혈로 죄를 씻어주시옵소서.

저의 믿음은 오직 여호와의 말씀으로 말미암으니, 하나님의 말씀을 가까이 하고, 그 말씀의 진리에 귀를 기울이는 사모함을 주시고, 마음에 간직하게 하시옵소서. 하나님의 말씀으로 양식을 삼는 다짐의 은혜를 주시옵소서.

기도하기를 원하며 모인 저희들, 이제 하나님의 말씀에 기도의 불이 붙여지기를 원합니다. 하나님의 말씀이 선포될 때, 마음의 문을 활짝 열고 듣게 하시며, 오늘, 간구해야 될 것을 다 아뢰게 하시옵소서. 주님의 말씀을 생명의 양식으로 받아 심령이 배부르게 하시옵소서.

우리 교회의 여러 기관들이 있습니다. 기관들이 부흥되게 하시옵소서. 직분자들이 겸손한 자세로 자신을 하나님께 전적으로 맡기게 해주시고, 저들의 손길에 선한 열매들이 많이 쌓이게 하시옵소서.

성도들을 보살피고, 돕는 중에, 믿음이 연약한 이들을 붙잡아 주는 은혜를 주시옵소서. 아직도 곳곳에 사랑을 나타내고 심어야 할 곳이 많습니다.

예수님의 이름으로 기도드립니다. 아멘.

7월 2주

하나님 아버지,

저희들의 양심이 괴로울 만큼 여러 가지의 죄와 허물이 있어 회개합니다. 하나님의 뜻을 알면서도 고의로 거절하며, 자신의 뜻대로 행해 왔습니다. 주님의 깨끗케 하시는 보혈로 죄를 씻음 받게 하시옵소서.

이 시간에도, 주님의 은총과 도움을 바라는 생명들이 우리의 현실 속에 수없이 많이 있습니다. 나라의 일을 맡은 위정자들, 국민을 위해서 봉사하는 공무원들, 휴전선을 지키는 국군장병들, 대학가의 젊은 지성들을 사랑과 능력으로 보살펴 주시옵소서.

○○ 교회의 권속은 어디에서, 무엇을 하든지 십자가의 군사가 되게 이끌어 주시옵소서. 예수 이름으로 믿음과 소망 그리고 사랑으로 살게 하시옵소서. 하나님의 사랑으로 완성되는 삶이기 원합니다.

목사님의 입술을 통하여, 준비된 말씀에도 성령님의 역사가 나타나기 원합니다. 하나님의 말씀으로 이 시대를 살아가는 저희들이 되게 하시옵소서. ○○ 교회의 권속에게 말씀의 약속이 이루어지는 것을 소망하게 하시옵소서.

친히 사랑의 본이 되어 주신 예수님을 따라 사랑으로 살게 하시옵소서. 주님 안에서 드러난 하나님의 사랑이 저의 사랑이 되기 원 합니다. 사람의 사랑이 아닌, 하나님의 사랑을 하기 원합니다.

예수님의 이름으로 기도드립니다. 아멘.

7월 3주

나를 나 되게 하신 하나님,

부족한 모습에 부끄럽습니다. 육신의 안일과 평안만을 추구할 때가 많았음을 회개합니다. 말씀을 사모하고, 말씀에 순종하기보다는 인간의 생각과 인간의 지혜를 따르던 불신앙을 용서해주시옵소서.

하나님 앞에서나 자기 자신에 대하여 결심이 많고, 주님께 영광을 드리려 하지만 행함이 뒤따르지 못하오니 힘을 주시옵소서. 다짐한 것을 이루고야 말겠다는 인내심을 주시옵소서.

설교를 준비하신 목사님에게 성령의 능력이 더해지기 원합니다. 이제 저희들은 겸손히 말씀을 듣게 하옵소서. 말씀으로 새 힘을 얻게 해주시옵소서. 강단에서 주님의 권세와 주권이 선포되는 귀한 시간이 되게 하여 주시옵소서.

○○교회 공동체를 위해서 일꾼을 세우셨음에 감사드립니다. 저들의 마음으로부터 여호와를 사랑하는데서 나오는 봉사를 통해서 교회에는 부흥을 가져오고, 성도들은 평안을 누리게 하시옵소서. 빛도 없이 이름도 없이 섬기는 봉사로 교회가 든든히 세워져 가기 원합니다.

저희 교회에 속한 권속을 위하여 간구하니, 가정마다 은혜의 강물이 흘러가게 하시옵소서. 성전에서 흘러나오는 생수의 역사가 가정마다 흘러서 더욱 더 믿음 안에서 굳건히 세워지게 하시옵 소서.

예수님의 이름으로 기도드립니다. 아멘.

7월 4주

하나님 아버지,

죄로 말미암아 저주 아래에 처해져 있던 저희들이였습니다. 그런데 주님께서 십자가에 달려 죽으심으로써 저주에서 속량을 받았음에 감사드립니다. 저희들의 하루는 언제나 주님의 보혈을 찬양하는 시간이 되게 하시옵소서.

주님의 이름으로 다시 모인 지금, 회개의 은혜를 내려 주시옵소서. 하나님이 나라를 이루어 드리는데 앞장을 서지 않았던 죄를 고백합니다. 주님의 영광을 구함에 무관심했던 삶을 용서해주시옵소서.

나라를 구성하는 모든 이들에게 자신의 역할을 통해 섬기게 하옵소서. 군인은 군인으로서, 경제인은 경제인으로서, 근로자는 근로자로서, 학생은 학생으로서 자신의 의무를 성실하게 감당하게 하옵소서. 이로써 대한민국이라는 국가가 평안에 이르게 될 줄 믿습니다.

오늘도 저희들을 위하여 진리의 말씀을 주심에 감사드립니다. 오늘도 하나님의 말씀을 대언하시는 목사님을 성령의 권능으로 붙들어 주시고 주님의 역사가 펼쳐지게 하시옵소서.

주님만을 의지하며, 주님만을 순종하게 하심으로써 영광을 돌리게 하시옵소서. 항상 기뻐하게 하시고, 쉬지 말고 기도하게 하시며, 범사에 예수님의 뜻대로 살아가는 믿음의 사람들이 되게 하시옵소서.

예수님의 이름으로 기도드립니다. 아멘.

8월 1주

살아계신 주 여호와여,

이 시간에, 이 나라의 해방을 위한 많은 몸부림들이 교회를 중심으로 일어나도록 하신 하나님의 일하심을 기억하게 하시옵소서. 영과 진리로 드리는 예배에 성령님의 역사하심을 소망합니다.

여호와의 구원하심이 민족적으로, 국가적으로 나타났음을 마음에 새기게 하시옵소서. 신앙 선배들의 국가관을 물려받아, 조국을 사랑하던 그들의 마음을 저희의 것으로 삼게 하시옵소서.

오늘, 예배할 때, 섬기기보다 섬김 받기를 좋아하는 마음을 다스려 주시옵소서. 저희들이 버리지 못하고 있는 제 눈의 대들보를 깨닫지 못하고 형제의 눈에 있는 티를 보는 마음을 다스려 주시옵소서.

이 교만함이 서로를 향하여 높은 담을 헐지 못하게 하고 있습니다. 자신보다는 이웃을 위하여 희생할 줄 알게 하시옵소서. 그리고 참으로 섬기는 겸손을 배우게 하시옵소서.

의를 이루고, 하나님의 뜻을 성취하기 위해서 저희들이 짊어져야 할 십자가를 지게 해주시옵소서. 성도라는 이름을 주셨으니 그 이름으로 인해 찾아오는 많은 시련과 고난을 달게 받아들이게 하시옵소서.

주님만이 저희들에게 의미가 됩니다. 사랑하는 권속에게 하나님 중심, 교회 중심, 말씀 중심의 신앙을 오늘도 다짐하게 하시옵소서.

예수님의 이름으로 기도드립니다. 아멘.

8월 2주

하늘에 계신 아버지여,

능력과 권세로 원근 각처에서 각자에게 주어진 인생이라는 삶의 길을 가던 저희들이 다시 모였습니다. OO의 지체들이 하늘로 부터 받은 은총을 감사하는 예배의 한 시간이 되게 하시옵소서.

사유하시는 하나님을 바라보면서 간절히 구하니, 저희들의 죄를 용서해주시옵소서. 아직도 구원받기 이전의 옛사람을 버리지 못하고 혈기를 부리며 지냈던 지난 시간의 행실을 주님의 피로 씻어 주시옵소서.

저희들에게 깨어짐의 은혜를 주시옵소서. 영적으로 깨어져지는 거룩함을 맛보게 하시옵소서. 교만함이 깨어지고, 이기심이 깨어지고, 옛 사람의 행실이 깨어지기 원합니다.

사랑하는 지체들이 거짓을 버리고 각각 그 이웃으로 더불어 참된 것을 말하도록 하시옵소서. 저희들이 주님의 OO 교회 안에서 서로 지체가 되었으니 진리 안에서 살게 하시옵소서.

하나님의 품 안에 있는 OO의 지체들이 강건하게 지내는 은혜를 보게 하시옵소서. 심한 병고에 시달리는 이들의 병든 몸을 통해서 하나님의 일이 이루어지기를 소망합니다. 관절과 골수, 오장과 육부를 만져 주셔서 하나님의 영광을 나타내시옵소서.

예수님의 이름으로 기도드립니다. 아멘.

8월 3주

보좌에 앉으신 하나님,

우리 민족을 위하시는 하나님의 행사를 높이 찬송하며, 선포하게 하셨음에 감사드립니다. 하나님의 사랑에 감격하게 하시옵소서.

저희들의 지난 시간에 있었던 삶은 주님을 떠난 것이었음을 회개합니다. 하나님의 저희들을 사랑하심은 열심을 내셨으나, 저희들은 그렇지 못하였습니다. 고의적으로 하나님을 사랑하는 길에서 떠나 지냈던 죄를 용서해주시옵소서.

저희들에게 주님께 향유를 부어드린 마리아의 은혜를 보게 하시옵소서. 주님께 향유를 부어드리기 위해 오래 전부터 준비했을 그 태도를 닮게 하시옵소서. 주 예수님 생각하고, 향유를 드리기 위해 수많은 날을 기다렸을 마리아의 마음을 주시옵소서.

저희들에게 주님을 사랑하는 것을 가슴으로만 갖고 있지 않고, 행동을 통해서 나타내 보이게 하시옵소서. 주님을 사랑하기 위해서 자신을 낮추는 겸손함도 주시옵소서. 우리 ○○의 지체들을 축복합니다. 그들의 심령이 그리스도의 피로 적셔지게 해주셨음에 감사드립니다.

주님께서 2천여 년 전에 갈보리에서 피를 쏟으셨는데, 그 피를 만지는 저희들의 심령이 뜨거워지고 있습니다. 그 피로 저희들의 심령을 뜨겁게 하게 하시옵소서.

예수님의 이름으로 기도드립니다. 아멘.

8월 4주

사랑의 주 여호와여,

하나님의 이름에 영광을 드리기 전에 죄를 회개합니다. 베드로처럼, 하나님의 일을 생각하지 않은 죄를 용서해 주옵소서. 사람의 일만 생각하고, 땅에서의 유익에 마음을 내어준 죄를 용서해주시옵소서.

하나님께서 저희들 가운데 거하심을 확실히 믿게 하시옵소서. ○○의 가족들을 한 자리에 모이도록 하신 이 시간에 성령님께서 함께 하심을 확신합니다. 하나님께서 함께 하시니 구할 바를 다 아뢰는 복된 은혜를 주시옵소서.

허물이 많이 있음에도 불구하고, 하나님께서 함께 하시니 감사로 기도하게 하시옵소서. 그 사랑에 감격하게 하시옵소서. 주님의 교회가 기도하는 성전인 것을 지키게 하시옵소서.

기도회로 모인 이 밤에도 목사님을 세워 말씀을 주시니 감사드립니다. 영생의 말씀으로 저희를 변화시켜 주시옵소서. 주시는 말씀으로 ○○교회의 권속들이 죄에서 떠나기를 소망합니다. 하나님을 깊게 알고, 또한 넓게 배우기 위해서 열심을 내게 하시옵소서.

이 민족에 복음의 횃불이 들려진 것을 감사드립니다. 한국전쟁으로 많은 이들이 피 흘리며 숨져 갔고, 그들의 유가족들이 슬픔 속에서 지내고 있습니다. 전쟁의 아픔이 있는 이 민족을 위로해 주시옵소서.

예수님의 이름으로 기도드립니다. 아멘.

8월 5주

좋은 것으로 만족하게 해주신 하나님,

인생에게 복을 주시는 여호와께 머리를 숙여 경배합니다. 지금, 저희들의 손에 금 면류관이 있다면 드리게 하시옵소서. 하나님의 종이 되어 주인에게 드려야 할 찬송과 영광을 바치게 하시옵소서.

"나를 충성되이 여겨 내게 직분을 맡기심이니"라고 하시며, 충성할 것을 권면해주셨으나 그러하지 못하였습니다. 용서해주시옵소서. "나를 능하게 하신 그리스도 예수 우리 주께 감사함"에 유의하지 못하고, 기도와 생활이 따로따로였음을 불쌍히 여기시고, 교정해주시옵소서.

남남이 되어버린 겨레의 아픔을 어루만져 주시옵소서. 한 핏줄 한 겨레이면서도 서로 헐뜯고 싸웠던 저희들입니다. 남과 북의 동포들에게 서로 용서하는 화해의 은총을 내려주시옵소서.

저희들에게 말씀을 들을 귀를 열어 주시옵소서. 목사께 성령 충만하게 하셔서, 말씀을 대언하실 때 사단의 권세 일절 틈 못 타게 하시옵소서. 여기에 모인 저희들 모두에게 은혜를 누리도록 하시옵소서.

○○의 지체들에게 하나님의 말씀을 주시옵소서. 땅이 공허하고, 혼동한 데서 만물이 창조되게 하셨던 그 말씀을 주시옵소서. 저희들에게 창조의 역사가 있어지기를 소원합니다. 오직, 하나님의 말씀이 저희들에게 생명인 것을 믿습니다. 그리하여 평안으로 인도해주시옵소서.

예수님의 이름으로 기도드립니다. 아멘.

9월 1주

홀로 한 분이신 하나님,

여호와 그 이름의 영광을 찬양하고, 영화롭게 찬송하게 하시옵소서. 삼일 예배를 시작하면서 새 노래로 주님께 노래를 드리기를 즐거워하게 하시옵소서. 여기에 모인 지체들에게 온 마음으로 노래하게 하시며, 주님의 이름을 송축하고, 구원을 날마다 전파하기를 결단하게 하시옵소서.

하나님의 나라보다는 자신의 유익을 구하기에 바빴던 저희의 행실을 용서해주옵소서. 받은 은혜 많사오나 구별된 삶을 살지 못했습니다. 십자가의 사랑을 실천하지 못했습니다. 사하시는 은혜를 허락하옵소서. 저희들이 육신적인 일을 도모하다 지칠 때, 새롭게 하시는 은총을 보게 하시옵소서. 약할 때, 도리어 강하게 해주시는 여호와의 손길을 누리게 하시옵소서.

생명의 말씀을 주시려고 목사님을 단에 세워주셨습니다. 목사님께서 말씀을 강도하실 때, 미쁘게 듣는 귀를 갖게 하시옵소서. 그 말씀을 받아 그대로 지키겠다는 각오를 주시옵소서. 하나님께서 은혜의 길을 열어 주셨음에 감사하며 간구하게 하시옵소서.

여호와 닛시, 승리의 하나님을 불러봅니다. 우리를 위하여 승리가 되어주시는 하나님을 사모하게 하시옵소서. 하나님의 승리가 저희들의 승리가 되어 주시옵소서. 하나님께서 미리 가셔서 싸워주시옵소서.

예수님의 이름으로 기도드립니다. 아멘.

9월 2주

찬송을 받으실 하나님,

자기들의 삶의 자리에서 흩어져 지냈던 ○○의 지체들이 주님의 이름으로 머리를 숙였습니다. 주일이 지나고 사흘 밖에 안 되었으나 저희들이 다시 모이니 얼마나 반가운지요. 하나님의 사랑이 저희들을 한 몸이 되게 하셨으니 만민 중에서 우리 하나님께 감사드리며, 열방 중에서 주를 찬송하게 하시옵소서.

알면서도 잠간 동안의 이익 때문에 저지른 죄를 회개합니다. 또한 깨닫지도 못하는 순간에 저지르게 된 죄를 고백할 때, 더러워진 심령을 그리스도의 보혈로 깨끗하게 씻어 주시옵소서. 저희들이 지은 죄를 고백하니 용서해주시옵소서.

목사님께서 하나님의 말씀 선포하실 때 힘 있는 말씀, 능력이 있는 말씀이 되게 하시며, 듣는 성도들이 강단의 메시지에 은혜를 받게 하시옵소서. 말씀을 받음이 이 교회에 복이 되기 원합니다.

저희들에게 예수님을 주님으로 받게 하셨음을 묵상합니다. 그 은혜를 기억하여 언제나 십자가 아래에서 지내게 하시옵소서. 저희들의 생각이나 말, 행동이 주님의 뜻 안에서 행해지도록 성령님의 인도하심을 빕니다. 이 시간에, 머리를 숙인 지체들이 주님 안에 뿌리를 박음으로 세움을 입게 하시옵소서.

예수님의 이름으로 기도드립니다. 아멘.

9월 3주

빛난 보좌에 계신 여호와여,

원근각처에 흩어져 있던 지체들을 다시 불러 주시니 감사드립니다. 이 밤에, 하나님은 광대하시며, 능력이 많으시며, 그 지혜가 무궁하심을 묵상하게 하시옵소서. ○○의 지체들이 하나님의 위대하심을 송축하면서 예배하게 하시옵소서. 하나님은 모든 나라 위에 높으심을 자랑하게 하시옵소서.

주님을 기쁘시게 못하고, 육신을 위하여 이기적인 욕망과 많은 죄악에서 살아 왔습니다. 저희들의 회개를 들어주시고 용서해 주옵소서. 각 사람이 행한 대로 심판하실 하나님을 두려워하기 원합니다. 그리하여 죄를 지었던 삶에서 돌이켜 회개하고 모든 죄에서 떠나는 용기를 주시옵소서.

오늘, 저희들에게 거룩해지기를 원하게 하시옵소서. "인자가 자기 영광으로 모든 천사와 함께 올 때에 자기 영광의 보좌에 앉으리니"(마 25:31) 라는 말씀으로 살아가는 지체가 되게 하시옵소서.

○○의 지체들은 피 흘리심으로써 구속하신 주님을 기억하며 하나님 나라의 영광을 위하여 믿지 않는 이웃을 전도하게 하시옵소서.

저희들 모두에게 하나님을 사랑하는 믿음과 이 땅에서 살아가는데 필요한 지혜를 내려 주시옵소서. 하나님의 사람으로 살기에 조금도 부족함이 없도록 물질과 재능을 주시옵소서.

예수님의 이름으로 기도드립니다. 아멘.

9월 4주

평강과 구원의 하나님,

저희를 보호해 주시며, 저희의 출입을 지금부터 영원까지 지켜 주셨음을 찬송하게 하시옵소서. 오늘, 하나님이 품을 그리워 한 지체들을 지켜 주셔서 악인의 손에 빠지지 않는 은혜를 주시옵소서. 저희들의 연약함을 통해서 유혹을 하는 불의한 자에게서 벗어나게 하시옵소서.

자신이 연약하다는 핑계로 게을렀던 죄를 고백합니다. 저희들의 죄가 주홍 같이 붉을지라도 눈처럼 희게 되는 용서의 기쁨을 주시옵소서. 평안과 안일만을 추구하는 저희들에게 기꺼운 마음으로 고난당하신 그리스도를 따르는 믿음도 허락해주시옵소서.

이 시간에, 하나님 앞에서 갈급한 심령이 되게 하시옵소서. 성령님의 깨닫게 하시는 은혜로 영혼의 목마름을 발견하게 하시옵소서. 하늘에 대하여 생수를 기다리게 하시옵소서. 마른 땅과 같은 저희들의 심령이 은혜의 단비로 적셔지는 은혜를 사모하는 영을 주시옵소서.

우리 ○○ 교회에 은혜의 강물이 흐르게 하시옵소서. 우리 지체들 각자의 메마른 심령에는 시내가 흐르게 하시며, 성령님으로 충만케 해주시옵소서. 그 은혜로 주님의 풍성한 사랑에 들어가게 하시옵소서.

저희들에게 한 가지의 소원으로 하나님을 사랑하고, 기도에 쉬지 않으며 예배하는 삶을 살아가기를 소원하게 하시옵소서.

예수님의 이름으로 기도드립니다. 아멘.

10월 1주

교회의 머리가 되시는 주여,

저희들에게도 젖과 꿀이 흐르는 땅을 주셨음에 감사드립니다. 지난 이레 동안에 영적인 광야에서 지내오던 백성이 하나님의 전에 모였습니다. 오늘, 기도회의 한 시간에, 주님의 이름을 찬미하게 하면서 하나님의 말씀으로 위로해주시옵소서.

저희들을 불쌍히 여겨 주시옵소서. 삶이 고달프게 되다보니, 재물에의 탐욕에 끌리는 지체들이 있습니다. 그들에게 하나님의 나라를 생각하게 하시옵소서. 사탄이 재물의 유혹을 통해서 공격해 올 때, 너끈히 물리치도록 지켜 주시옵소서. 재물보다는 영원히 복이 되시는 하나님을 사랑하는 마음으로 가슴을 채우게 하시옵소서.

하나님께 속한 백성을 위하여 드보라가 쓰임을 받았음에 주목하게 해주시옵소서. 하나님을 경외하는 사람은 시대와 사상도 초월한다는 것을 배우게 하시옵소서. 하나님과 동행하는 자는 그가 어떤 위치에 있든지 반드시 들어서 사용하시는 하나님을 깨닫게 하시옵소서.

주님의 사자가 전하시는 말씀에 귀를 기울이는 은혜를 허락해주시옵소서. 저희 ○○ 교회의 지체들이 하나님의 말씀에 정성된 마음을 갖게 하시옵소서. 선포되는 말씀에 정성을 다하여 듣게 하시고, 결단하고 순종함에도 정성을 다하게 하시옵소서.

예수님의 이름으로 기도드립니다. 아멘.

10월 2주

자비로우신 주여,

하나님 그 이름이 높임을 받으시는 기도의 시간을 드리게 하시옵소서. 일상의 생활을 잠시 멈추고, 기도회의 한 시간으로 모였으니, 자기 자신들을 위해서 사흘 동안 지냈던 생각을 바꾸기를 원합니다.

주님의 피로 말미암은 예복을 입게 하시옵소서. 짧은 시간이지만 구원의 첫 은혜를 누렸을 때, 꿈꾸던 것 같았던 감격으로 예배하게 하시옵소서. 하나님께서 ○○교회와 이 백성에게 갖고 계시는 거룩함을 묵상하면서 저희들을 새롭게 하게 하시옵소서.

이 시간에도 말씀을 통해서 하나님의 영화로우심을 깨닫기 원합니다. 말씀이 선포되는 동안에 저희들의 심령은 주님을 향해서 더욱 두려워지게 하시옵소서. 목사님께서 힘을 다하여 외치시는 말씀을 듣고 지키며 살 것을 다짐하는 은혜를 입게 하시옵소서.

교회의 온 성도들이, 아무 일에든지 다툼이나 허영으로 하지 않도록 성령께서 인도해 주시옵소서. 사랑하는 권속은 성령의 열매를 맺어서 포도나무와 가지의 관계를 누리게 하시옵소서.

저희들은 우쭐대거나 경박하지 않도록 성령님께 충만하게 하시옵소서. 여호와 앞에서 친 백성으로 충성을 다하게 하시옵소서. 그렇게 충성을 다하다가 주님 오실 때, 받을 상급을 바라보게 하시옵소서.

예수님의 이름으로 기도드립니다. 아멘.

10월 3주

거룩하신 삼위의 하나님,

하나님의 이름에 예배하려는 저희들에게 성령님으로 충만하게 하시옵소서. 이 세상이 주님을 대적한다 할지라도 세상을 두려워하지 않게 하시옵소서. 오히려 하나님을 두려워하게 하시옵소서. 이 시간에, 전심으로 기도하여, 하나님의 영광을 높여드리게 하시옵소서.

저희들에게 믿음의 안목을 갖게 해주시옵소서. 가나안 땅을 정탐했던 이들이 같은 장소와 같은 사람을 보고서도 여호수아와 갈렙 이외의 열 사람은 하나님의 능력을 믿지 못했던 것을 기억합니다. 그들이 가나안 정복을 불가능한 것으로 여겼기 때문에 그 땅에 들어가지 못했던 사실을 저희들은 경고로 받아들이게 하시옵소서.

이 시간에, 저희들에게 복을 주시려고 말씀을 듣게 하셨습니다. 목마른 사슴이 물을 찾는 심정으로 말씀을 사모하게 하시옵소서. 이 교회를 위해서 목사님을 세워주셨으니, 사랑하는 종이 전하시는 말씀에 귀를 모으게 하시옵소서.

지키고 따를 말씀을 주셨음에 감사드립니다. 하나님을 가까이 하고, 사랑하는 실천으로서 말씀에 순종하는 자손들이 되게 하시옵소서. 하나님의 말씀을 지키고 따름으로써 오늘도 천국 백성으 로서 이 땅에서의 삶에 승리를 누리게 하시옵소서.

예수님의 이름으로 기도드립니다. 아멘.

10월 4주

은혜에 은혜를 더하시는 주여,

죄 가운데 태어나 죄를 지으면서도 그 죄를 몰랐던 우리를 주의 것으로 삼으신 주님을 바라봅니다. 험한 십자가에 못 박히셔서 고통과 치욕으로 창백해지신 주님의 얼굴을 보기 원합니다. 피와 같이 붉은 죄를 씻어내시고, 흰 눈보다 더 희게 해주시려고 십자가를 지셨던 주님을 바라보게 하시옵소서.

지금, 하늘의 문이 열리고, ○○○님께서 어서 속히 병사에서 일어나시는 것은 하나님의 구속 계획에 들어있음을 믿습니다. 주님의 죽으셨던 무덤을 빈 무덤으로 만드셨던 기적의 역사를 이 가족들에게 보여 주옵소서. 여호와의 은혜를 기다리니 위로해주시옵소서.

오늘도 예배 중에 하나님께 집중하게 하시고, 말씀에 마음을 모으게 하시옵소서. 목사님께서 기도하시면서 설교를 준비하셨던 것처럼, 저희들도 기도하는 마음으로 듣게 하시옵소서. 하나님의 말씀만이 신앙자의 삶에 생명의 힘이 공급될 줄로 믿습니다.

우리 사회에 공교육기관들이 있어서 모든 이들이 교육을 받게 하셨음에 감사드립니다. 공교육기관에 의해서 도덕적인 인격을 형성하고, 시민의식을 기르게 하옵소서. 특히, 자라는 어린이들이 공교육기관에서 차별이 없이 교육을 받게 하시옵소서.

예수님의 이름으로 기도드립니다. 아멘.

10월 5주

하나님 아버지,

죽을 수 밖에 없는 저희들을 사랑하시되 독생자 외아들까지 내어 주심으로 죄 용서 받게 하셨으니 감사를 드립니다. 그리스도를 믿는 믿음 안에 살아갈 수 있도록 힘을 더하여 주시옵소서.

저희들에게 기도하도록 모이게 하셨으니, 이 시간에 빌어야 될 것을 다 간구하게 하시옵소서. 개인적으로, 교회적으로, 나라와 사회적으로 하나님께 구해야만 될 것을 다 여쭙게 하시옵소서. 하나님의 응답을 확신하여 간구하게 하시옵소서.

중심을 보시는 여호와 앞에서 지난 시간에 저지른 죄를 고백합니다. 회개의 은혜로 인하여 사람들에게 드러나지 않았던 추악한 죄를 낱낱이 고백하게 하시옵소서.

굶주린 심령의 저희들에게, 진리의 말씀을 준비해주신 은혜에 감사드립니다. 목사님의 입술을 통하여 말씀이 대언될 때, 소생케 하시는 말씀, 새롭게 하시는 말씀의 선포를 기다립니다. 우리를 위하시는 하나님께서 말씀으로, 주저앉았던 저희들이 다시 일어나게 하시옵소서.

이 민족에 하나님께서 받으실 만한 정의로운 사회가 구현되게 하시옵소서. 민족적으로 회개하고 돌아오는 복음의 역사가 있게 하시옵소서. 저희들이 이 민족을 품고 기도할 때, 복음의 불길이 타오 르게 하시옵소서.

예수님의 이름으로 기도드립니다. 아멘.

11월 1주

살아계신 주 여호와여,

11월을 맞이합니다. 감사하는 계절을 맞게 하시니, 하나님께서 베풀어주신 은혜를 헤아려 보게 하시옵소서. 내려주신 크신 복을 세어보면서 감사절의 날을 기다리게 하시옵소서.

풍성한 거둠의 즐거움을 주신 은혜에 감사드립니다. 농부들의 풍성한 수확 못지않게, 사랑을 입은 지체들에게 은혜를 베풀어 주셨으니 감사의 제단을 쌓게 하시옵소서.

이 시간에 고백하기는, 저희들의 교만을 용서해주시옵소서. 조금의 일을 하고서도 이름이 드러나기를 바라고, 남을 위해 한 방울의 땀이라도 흘리면 알아주기를 바라는 마음이 있음을 회개합니다.

하나님이 은혜는 밭고랑마다 비로 적셔지게 하셨고, 움을 트인 싹들마다 크게 자라 알곡들이 맺히게 하셨습니다. 적당한 햇빛과 바람에 가지마다 열매를 맺었습니다. 이로써 사람들이 추수의 즐거움을 누리게 되었으니 감사드립니다.

주님의 자녀로의 부르심과 택하심을 더욱 굳게 하시는 은혜를 내려 주시옵소서. 날마다, 순감마다 임마누엘의 신앙을 가지고 세상을 이겨나가게 하시옵소서. 성령님의 충만하심에 따라 능력을 받아 세상을 이기는 종들로 삼아주시옵소서.

예수님의 이름으로 기도드립니다. 아멘.

11월 2주

하늘에 계신 아버지여,

금년에 저희 ○○교회와 성도들에게 베풀어주신 은총을 일일이 헤아리기 어렵습니다. 감사하면서 찬양을 드리게 하시옵소서. 그리고 받은 복을 세어보면서 매일, 매일을 지내게 하시옵소서.

추수감사절의 기쁨을 누리며 지내지만, 사실, 주님의 이름을 부르노라니, 죄의 아픔이 앞을 가립니다. 용서해주시옵소서. 입으로는 예수님이 나의 주인이라 하면서도, 행실로는 제가 스스로 주인 노릇을 했음을 회개합니다. 용서해주시옵소서.

말씀을 듣고 단 위에 서신 목사님과 함께 하셔서 능력의 말씀을 전하실 수 있도록 인도해 주시옵소서. 저희들은 그 말씀에 대한 응답으로 진리가 마음에 새겨져 열매를 맺게 하시옵소서.

하나님께서 예배를 받으실 때, 그 응답으로 ○○교회의 가족들에게 치료의 은혜를 내려주시옵소서. 주님의 은총으로 나음을 믿습니다. 구원은 오직 주님께 있으니, 치료해주시는 은혜를 받게 하시옵소서.

이제, 저희들이 거두어들인 것들을 보면서, 감사하고 감격합니다. 하늘의 문이 열리고 위로부터 부요와 번성의 은혜가 나타나 이렇게 거두어들였습니다. 이제, 추수의 기쁨을 여호와 앞에서 즐기게 하시옵소서. 추수감사절의 축제를 기다리게 하시옵소서.

예수님의 이름으로 기도드립니다. 아멘.

11월 3주

보좌에 앉으신 하나님,

하나님께서 참으로 하늘의 영광을 드러내셨으니, 훌륭하신 솜씨에 찬양을 드리면서 기도회의 한 시간을 가게 하시옵소서. 부요의 복을 누리게 하셨으니 찬양을 받으시옵소서.

그러나 저희들의 모습은 주님께 영광이 되지 못해 회개합니다. 여호와를 찬양하는 삶을 사는데 게을렀고, 고의적으로 순종하지 않은 행실을 불쌍히 여기시고, 죄를 용서해주시옵소서.

저희들에게 성탄의 기쁜 소식을 주시니 감사합니다. 빛으로 오신 아기 예수님을 사랑하면서 성탄절을 맞이하게 하시옵소서. 죽을 수밖에 없었던 인생들에게 생명의 빛을 주시려고 세상에 오신 예수님을 맞이하는 저희들이 되게 하옵소서.

인생에게 허락하신 이 날과 생명을 하나님의 영광을 드러내는 일에 쓰여 지기를 원하여 기도하게 하시옵소서. 우리의 삶 속에서 늘 주님을 예배함을 습관으로 삼고자 기도하게 하시고, 삶을 주님께 맡겨서 주님의 인도를 따라 바른 길을 가도록 간구하게 하시옵소서.

주님의 ○○교회는 날마다 은혜로 풍성하게 해 주시고, 이 지역에서 영혼을 살리는 방주가 되게 하시옵소서. 저희들의 소원은 오직 하나, 불신자들에게 복음을 전하는 것이 되게 하시옵소서.

예수님의 이름으로 기도드립니다. 아멘.

11월 4주

사랑의 주 여호와여,

영광을 하늘에 두신 여호와의 이름을 묵상합니다. 그 이름이 저희들에게 영원히 찬송의 주제가 되게 하시옵소서. 대림절의 기간을 보내는 마음에서 기도회의 한 시간을 갖게 하시옵소서. 저희들의 삶에서, 이 땅에 성탄절을 누리게 하는 기도를 드리게 하시옵소서.

부끄럽게도 저희들의 모습은 허물과 죄로 얼룩져 있습니다. 하나님의 영광을 구하지 못하고, 말씀에 따라 주님의 뜻을 이루어 드리는 데도 실패했음을 회개합니다. 보혈의 은혜로 죄를 씻음 받게 하시옵소서. 성탄절의 의미가 죄를 용서 받음에 있다고 깨닫습니다.

대림절의 절기를 맞이하면서, 다시 한 번, 구원은 유일하신 하나님께만 있음을 믿게 하시옵소서. 하나님 외에 다른 신, 다른 곳에는 절대로 구원이 없음을 확신하게 하시옵소서. 하나님께서 아기의 모습으로 세상에 오신 은혜를 감사하며 기도하게 하시옵소서.

저희들에게 아론과 훌이 피곤한 모세의 손을 받드는 일을 했던 은혜를 보게 하시옵소서. 교회의 부흥과 불신자들의 영혼을 구하는 일에 전 성도들이 목숨을 바치는 하나 됨이 있도록 인도해 주시옵소서. 그리하여 하나님께서 이 지역에 교회를 세워 주신 의도를 이루어 가게 하시옵소서.

예수님의 이름으로 기도드립니다. 아멘.

12월 1주

선한 일을 주시는 하나님,

12월의 시간, 이 밤에도 우리 하나님은 하늘 위에 높이 들리시며, 그 영광은 온 세계 위에 높아지기를 원합니다. 이로써 온 땅이 하나님을 경배하고 여호와의 이름에 합당한 영광을 드리게 하시옵소서.

지난 시간의 발자취를 돌아볼 때, 부끄럽기 그지없습니다. 발람처럼 어그러진 길이었고, 거역하는 길이었음을 용서해주시옵소서. 갈보리 언덕의 십자가에서 쏟으신 주님의 피로 죄악을 씻어주시옵소서.

저희들 앞에 가로놓인 역경의 상황을 역전시켜 주시옵소서. 극한 고난에 처해 있던 욥의 상황을 역전시키시고, 그에게 갑절이나 복을 주신 하나님이 저희들의 하나님이심을 믿습니다. 하나님의 은혜는 저희에게도 그런 역전의 상황을 보게 하심을 믿습니다.

○○의 권속들 가운데 고난당하는 자들이 있으면 그들에게 상황을 역전시키는 은혜를 주시옵소서. 역전의 은혜가 저희들에게 열매가 되어 하나님께 영광이 되게 하시옵소서. 주님의 보혈이 세상을 이기는 능력이 되어, 저희들이 하나님께 합당하게 살게 하시옵소서.

○○교회의 성도들에게 여호와를 가까이 하고 그 계명을 지켜 순종함에 이르기를 소망하게 하시옵소서. 계명을 지키며, 심령의 어두운 눈을 열어 주님과 동행하는 삶을 살게 하시옵소서.

예수님의 이름으로 기도드립니다. 아멘.

12월 2주

천지를 지으신 하나님,

하나님의 아들이 사람이 되심으로써 저희들에게 새롭고 산 길로 걷게 하셨음을 묵상합니다. 새 포도주는 새 부대에 담는 것처럼, 저희들의 심령이 변화를 받아 주님을 모시고 살아가게 하시옵소서. ○○의 지체들이 새 사람을 입었으니 하나님의 형상을 좇아 지식에까지 새롭게 하심을 받는 자 되게 하시옵소서.

저희들의 죄를 주님의 피로 씻어주옵소서 대림절을 보내면서 갈보리의 십자가를 바라보아야 하였건만, 살아가는 일로 분주했었습니다. 알게 혹은 모르게 주님의 영광도 가로챘습니다. 주님께 드려야 하는 감사를 잊고, 나의 수고만을 생각했었습니다. 이러한 어리석음을 보혈의 은혜로 깨끗케 하여 주시옵소서.

저희들을 빛의 아들이라 불러주시고, 낮의 아들이라 하셨음을 기억합니다. ○○의 지체들을 거룩하게 하시며, 밤이나 어둠에 속하지 않도록 인도해 주시옵소서. 오직 깨어 근신하게 함으로써 천국 백성의 삶에 부족함이 없게 하시옵소서.

예수님의 사랑이 저희의 가슴과 가슴을 이어 주시기를 원합니다. 성령으로 온 지체들이 한 몸을 이루는 경험을 누리게 하시옵소서. 하나님의 사랑이 저희들의 닫혀 진 마음을 열어 주실 줄로 믿습니다.

예수님의 이름으로 기도드립니다. 아멘.

12월 3주

약속을 성취하시는 여호와여,

하나님의 아들이 저희들에게 오셨음에 감사하며 하늘의 하나님께 영광을 드리게 하시옵소서. 하나님이 사람의 모습을 갖고 이 땅에 오신 기쁨을 서로 나누면서 예배로 영광을 드리게 하시옵소서.

말할 수 없이 어리석게 살아온 시간들을 고백합니다. 하나님 앞에서 둔감한 양심으로 살아 죄를 멀리하지 못하였던 삶을 고백합니다. 이 모든 것들은 나의 유익만을 앞세운 나머지 더러워진 마음에서 비롯된 삶이었음을 회개하오니 용서해주시옵소서.

하나님의 아들이 우리에게 오셨음을 기뻐합니다. 아기 예수님의 나심으로 저희들에게 구원을 선물해 주셨음에 감사드립니다. 성탄절에 우리를 위하시는 하나님의 사랑을 찬양하는 입술을 주시옵소서.

이번 성탄절에는 세상에 오신 주님의 사랑으로 저희들을 이웃에게로 가게 하시옵소서. 하나님께서 그 아들을 저희들에게 주셨듯이, 저희들의 손에 있는 것을 들고 이웃에게로 가서 섬기게 하시옵소서. 정녕 사랑은 자신의 것을 내어주는 것이라 깨닫습니다.

하나님 앞에서 청지기로 살기를 원합니다. 지혜의 청지기로 살게 하시옵소서. 아는 것이 많아질수록 놀라운 지식을 펴신 하나님을 발견하게 하시옵소서. 복음을 전하는 일에 몸을 내어 주게 하시옵소서.

예수님의 이름으로 기도드립니다. 아멘.

12월 4주

여기까지 인도해주신 하나님,

이 시간에, 머리를 숙인 지체들에게 저희들의 마음을 하나님께 주목하게 하시옵소서. 우리를 복 있는 사람이 되게 하시려는 하나님의 은혜에 감사하여 하나님의 말씀을 청종하는 은혜를 주시옵소서. 우리 자신의 의를 세우려고 신앙생활에 열심을 내지 않게 하시옵소서.

저희들의 죄를 고백합니다. 주님의 피로 깨끗이 씻어 주시옵소서. 착한 일을 하면서 하나님께 영광을 돌리도록 하는 삶을 살아야 하였으나, 그렇지 못하였습니다. 용서해주시옵소서.

오늘, 저희들을 구원해주시는 하나님의 은혜를 보여 주시옵소서. 자기 백성에게 자비를 베푸시는 아버지의 은혜를 기다리게 하시옵소서. 저희들을 압제하는 고난과 에워싼 고통을 벗겨 주시옵소서. 어려움과 고난이 있을 때 염려하거나 좌절하지 않게 하시옵소서.

사랑하는 ○○의 지체들에게 구원과 소망이 하나님에게서 나온다는 것을 체험할 수 있도록 해주시옵소서. 오직 하나님의 뜻이 저희들의 삶을 통해서 드러나도록 하려는 열심을 주시옵소서.

복음이 땅 끝까지 전해지기를 원하셔서 성령을 보내신 주님의 뜻을 깨닫게 하시옵소서. 천하보다도 귀한 생명을 구원하는 일에 헌신하는 저희들로 삼아 주시옵소서. 이로써 생활 속에서 전도자로 지내게 하시옵소서.

예수님의 이름으로 기도드립니다. 아멘.

4
구역모임 예배 기도문

1월 1주

하나님 우리 아버지,

오늘, 구역으로 모인 이 모습도 하나님께 기억이 되게 하시옵소서. 지체에게 주님께서 십자가에서 대신 지불해주신 피 값을 통해서 의롭게 하셨으니, 날마다 그 은혜를 찬송하며 지내도록 하시옵소서.

이 세상에서 지내는 동안에, 우리는 넘어지거나 자빠질 수 있음에도 하나님의 붙들어 주심을 믿으며 소망을 갖습니다. 세상의 삶이 때로는 어렵고 고달프더라도 낙심하지 않게 하시옵소서. 하나님을 소망하는 중에, 환난을 이기게 하실 줄로 믿습니다.

오늘의 말씀을 공부할 때, 지체들의 심령에 하나님을 그리워함을 주시옵소서. 말씀을 배우고자 하는 마음이 뜨겁게 하시옵소서. 진리를 기뻐하고 사모하게 하시옵소서. 어긋난 딴 길로 간 것을 확인하여 하나님께로 돌아오는 은혜를 주시옵소서.

저희를 사랑하셔서 주의 이름으로 거룩한 가족이 되게 하시니 감사드립니다. ○○의 권속이 되어 한 몸을 이루게 하셨으니 서로 사랑하며 섬기게 하시옵소서. 자신의 유익 밖에 모르던 옛 사람의 생각이나 행실은 십자가에 못 박게 하시옵소서.

새 삶을 시작하면서 새 결심으로 새로운 소원을 품게 하시옵소서. 무엇보다도 먼저, 예배 중심의 삶을 다짐하게 하시옵소서.

예수님의 이름으로 기도드립니다. 아멘,

1월 2주

성 삼위일체의 하나님,

말씀을 공부하고, 교제를 하려고 모였습니다. 하나님의 이름에 영광을 구하게 하시고, 하늘로부터 내려오는 만나를 기다리게 하시옵소서. 저희들은 제자가 된 공동체로 주님을 사랑하게 하시옵소서.

오늘, 여기에 모인 지체들에게 여호와의 임재를 소망하게 하시니 감사드립니다. 주님의 피로 세우신 믿음의 가정에 구역으로 모인 저희들이 찬양을 드립니다. 여호와께 존귀한 ○○님의 가정에서 여호와의 이름을 높여드리고, 찬송으로 즐거워하기를 원합니다.

사랑하는 우리 구역의 지체들에게는 오직 하나님만이 소망이 되어 주심을 믿습니다. 함께 머리를 숙인 지체들에게 여호와를 바라보게 하시옵소서. 여호와를 바라볼 때, 닫혔던 문이 열리고, 막혔던 길이 뚫어지는 은혜를 보게 될 것을 믿습니다.

공부를 인도하실 구역강사님께 하늘의 영감으로 덧입혀 주시옵소서. 이제까지보다도 더 뜨겁고, 능력이 있는 말씀을 풀게 하시옵소서. 저희들은 그 말씀이 힘이 되어 기꺼이 주를 위하여 살게 하시옵소서.

병으로 말미암거나 생활의 어려움으로 힘에 겨워하는 지체들이 있어 간구합니다. 지금은 견디기 힘든 곤고한 시간이지만 환난풍파의 어떤 어려움일지라도 더 큰 은혜로 이기게 하시옵소서.

예수님의 이름으로 기도드립니다. 아멘.

1월 3주

여호와, 우리 하나님,

오늘 또 한 날의 생명을 주시니 감사드립니다. 하나님의 구속하심에 대한 영광이 저희들에게 머물 것을 기대합니다.

지난 한 주간은 결코 아름답지 못하였습니다. 육신이 연약하고 믿음이 부족하다는 핑계로 주님의 말씀대로 살지 못하였습니다. 모든 죄를 주님께 회개하니 주님의 보혈로 깨끗함을 얻게 하시옵소서.

존귀하게 택하심을 받은 자답게 여호와 앞에서 은혜를 주셨음에 감사드립니다. 하나님을 섬기는 삶이 때로는 세상으로부터 고통을 받게 하고, 마귀의 공격을 받게 하지만 그때마다 넉넉히 참게 하셔서 오래 참음의 열매를 맺는 삶을 살게 해주시옵소서.

오늘, 우리 자신을 위하시는 하나님의 사랑을 배우게 하시옵소서. 인생을 사랑하시는 하나님의 마음을 보게 하시고, 즐거워하게 하시옵소서. 나를 사랑하시고, 나를 위하시는 하나님을 배우게 하시옵소서.

저희들의 자녀들이 공부를 통해서 지식을 쌓고, 자신을 하나님의 일꾼으로 준비하게 하시옵소서. 아침마다 그를 새롭게 하사 배움에 대한 의욕을 강하게 하시고, 열심을 품어 공부하도록 인도하시옵소서.

사랑하는 구역장님께서 저희들을 위하여 기도하시고, 말씀을 전하시는데 조금의 부족함도 없게 하시옵소서.

예수님의 이름으로 기도드립니다. 아멘.

1월 4주

자비로우신 여호와여,

저희들을 세상에서 완전히 자유롭게 하시고, 하나님 앞에서 의로워지도록 하신 주님의 사랑을 기억하게 하시옵소서. 주님의 보혈로 죄를 씻음 받아 천국의 백성이 되게 하셨음에 감사드립니다.

벌써 새해로 시작한 시간의 한 달이 지나가는데, 분주하기만 했던 저희들입니다. 입술로만 결심을 하고, 다짐이 있었지, 행함으로는 아무 것도 시작하지 못했음을 용서해주시옵소서. 이제라도 세상을 향해서 하나씩 실천하는 은혜를 내려 주시옵소서.

우리 주님의 이름으로 ○○○ 님의 복된 가정에 찾아왔습니다. 여호와 앞에서 복된 자들이 이 집을 교실로 삼아 하나님의 말씀을 공부하게 하시옵소서. 생명의 말씀을 받아 누리게 하시옵소서.

하나님의 말씀을 준비하신 구역강사님을 축복합니다. 길이 되고, 진리가 되며, 생명이 되는 말씀을 듣고자 사모하는 심령이 되게 하시옵소서. 그 말씀을 달게 받아, 율례를 좇으며, 규례를 지키기를 결단하게 하시옵소서.

주님의 팔에 의지하여 살아가도록 인도해 주시옵소서. 여호와의 이름을 즐거워하게 하시옵소서. 여호와를 찾는 저희들이기를 빕니다. 결코, 한 지체라도 종교적인 형식으로 하나님을 찾지 않게 하시옵소서.

예수님의 이름으로 기도드립니다. 아멘.

1월 5주

새해의 첫 달을 살아오도록 하신 주여,

성령님의 충만하심으로 하나님의 성품으로 바꾸어지게 하시옵소서. ○○의 지체들에게 하나님께서 말씀으로 계시하신 모든 것 이 진실하다는 것을 알고 믿는 은혜를 경험하도록 도와주시옵소서.

이 시간에도 구역강사님을 세워주셔서 말씀을 배우도록 하시니 감사합니다. 사랑하는 지체들이 배우는 말씀으로 그 안에 뿌리를 박는 은혜를 누리게 하시옵소서. 그 말씀으로 세움을 받는 체험을 하게 하시옵소서. 하나님의 말씀으로 배부른 시간이 되기 원합니다.

하나님께서 저희들을 존귀하게 여겨주시는 지금, 하나님께서 말씀하시고, 저희들은 그 말씀을 감사함으로 받는 은혜를 누리게 하시옵소서. 그 말씀을 배우는 중에, 송이 꿀의 달콤함을 맛보게 하시옵소서. 가난한 저희들의 심령이 진리로 만족하기를 원합니다.

이로써, 교훈을 받은 그대로 믿음에 굳게 서게 하시옵소서. 오직 말씀의 진리에 자기의 믿음을 세워나가게 하시옵소서. 사랑하는 지체들이 되도록, 사람의 생각이나 사람의 말을 버리게 하시옵소서.

○○구역의 지체에게 하나님의 영광이 충만히 임재하시기를 빕니다. 저희들은 하나님께 영광을 드림만 생각하게 하시옵소서. 그 영광에 저희들의 추한 모습을 깨달아 회개하는 한 시간이 되게 하시옵소서.

예수님의 이름으로 기도드립니다. 아멘.

2월 1주

복 주시는 주 여호와여,

하늘의 평안함이 한 주간 동안의 삶에 지친 저희들에게 위로가 되기를 빕니다. 함께 예배공동체가 된 ○○의 지체에게 하나님의 품에 안긴 달콤함의 시간을 누리게 해주시옵소서. 이로써 성령님으로 충만한 구역모임의 한 시간이 되기를 빕니다.

저희들에게 이 시간이 복이 되게 하시고, 지체들을 서로 섬기게 하시옵소서. 저희들을 위하여 하나님께 집을 내어드린 ○○○ 님을 축복합니다. 성령님께서 이 가정을 위하여 복을 빌어 주시옵 소서.

이 시간에, 말씀을 공부하는 지체들에게 주님의 십자가를 바라보게 하시옵소서. 그리스도의 보혈이 저희들에게 하나님의 말씀을 받게 하셨음을 깨닫습니다. 그리고 배운 진리에 의해서 믿음을 강하게 하시옵소서. 그리고 성령님의 감동해 주심에 따라 담대하게 하시옵소서.

○○구역을 위하여 섬김으로 수고하는 종들을 축복합니다. 세움을 받아 지체들을 섬겨주시는 구역장님, 저희들이 모일 때마다 진리를 나누어 주시는 구역강사님께 능력을 더하시옵소서.

집에서든, 병원에서든 병마와 싸우며 고통 중에 있는 자들에게 치료와 회복의 은혜를 허락해주시옵소서. 가정의 여러 문제와 경제적인 문제로 고민하며 간구하는 기도를 받으시고 응답해주시옵소서.

예수님의 이름으로 기도드립니다. 아멘.

2월 2주

구역으로 붙잡아 주시는 하나님,

저희들을 한 자리에 모이게 하신 하나님이십니다. 구역모임을 위하여 ○○○님께서는 가정을 여호와께 드렸습니다. 성도의 교제를 나누면서 예배하게 하셨으니 하나님께 영광이 되기를 소원합니다. 이 가정의 지체들이 아브라함의 제단에 내려진 복을 받게 하시옵소서.

사랑하는 지체들에게 꿈을 꾸게 해주시옵소서. 하나님께서 저희들과 함께 하셔서 나타내실 일들에 대한 환상으로 보여 주시옵소서. 저희들의 생각이 하나님의 뜻으로 가득 차고, 그 일을 이루어드리려는 설렘으로 가슴이 뜨겁게 되기를 원합니다.

이 시간에도 진리의 말씀으로 생명을 얻게 하시옵소서. 스스로를 미혹에 빠뜨리는 것들도 물리치는 능력을 얻게 하시옵소서. 저희들이 공부를 하는 중에, 스스로 성경을 펼쳐 읽으려는 마음을 갖게 하시고, 성경에서 지혜를 구하게 하시옵소서.

몹쓸 병으로 고통을 겪고 있는 지체들을 불쌍히 여겨 주시옵소서. 그들의 질병이 죄로 말미암은 것이라면, 죄를 용서해주시옵소서. 그들의 아픈 상처에 주님의 피 묻은 오른손을 얹어 주시옵소서.

구역 공동체로 인하여 하나님을 사랑하게 하시옵소서. 마음과 힘을 다하여 하나님을 사랑하는 시간으로 삼게 하시옵소서. 구역장님을 비롯한 모든 지체들이 자신의 심령을 드리게 하시옵 소서.

예수님의 이름으로 기도드립니다. 아멘.

2월 3주

여호와, 우리 하나님,

오늘부터라도 주님을 생가하면서 우리를 위해서 자신을 내어주신 주님의 희생과 고난을 당하셨음에 대하여 묵상하게 하시옵소서. 주님을 먹고 마심을 경험하면서 지내기를 원합니다.

저희들의 소위를 살피니 정녕 크리스천입니까? 하나님 앞에서와 교회에서 받은 대로 충성을 다하지 못한 죄를 회개합니다. 이 교회를 위해서, 하나님의 나라를 위하여 맡겨진 사명이 있음을 깨달았지만 충성하지 못한 죄를 용서해주시옵소서.

사랑하는 ○○ 교회를 통해서 주님의 몸이 주는 신비한 은혜를 맛보게 하시고, 성도들의 사랑과 기도를 통해서 세상에서의 또 다른 삶을 알게 하시옵소서. 교회를 가까이 하셔서 주님의 몸에 동참하게 하시고, 거룩한 지체에 대한 소원을 품게 하시옵소서.

저희들의 가정마다에 주신 자녀들이 주님의 품에서 자라게 하시고, 이렇게 좋은 학교에 다니게 해주심을 감사드립니다. 그들을 천국 백성으로 키워내는데 기도와 사랑에 전념하게 하시옵소서. 사랑하는 자녀들이 하나님께서 바라시는 모습을 갖추게 하시옵소서.

구역장님께서 지체들을 보살피고, 돕는 중에, 믿음이 연약한 이들을 붙잡아 주며, 진리 안에서 바르게 세워지도록 하시옵소서.

예수님의 이름으로 기도드립니다. 아멘.

2월 4주

2월에도 함께 해주신 하나님,

○○구역의 권속, 주님을 만난 기쁨으로 가슴이 충만해지게 하시옵소서. 주님의 십자가에서 이루어진 사랑에 감격하여 기쁨으로 충만한 저희들이 되어 하나님의 뜻을 찾게 하시옵소서. 예수는 나의 힘이요 내 기쁨이 되심을 찬송하면서 은혜를 누리게 하시옵소서.

저희들에게 회개의 은혜를 주셔서 왕의 자녀로 살지 못했던 죄를 고백하게 하시옵소서. 하나님의 자녀 된 신분으로 세상을 이기지 못하였고, 또한 은혜도 나누지 못했음을 주님의 피로 깨끗케 하시옵소서.

저희들에게 하나님의 교회를 아름답게 섬기도록 하셨습니다. 성령충만해서 주님의 복음을 전하고, 각종 기사와 기적도 나타 내게 하시옵소서. 말씀대로 날마다 소성케 되는 은총을 내려 주시옵소서.

생명의 말씀을 주시려고 구역강사님을 세워주셨음에 감사드립니다. 오늘, 배우는 말씀이 영혼을 치료하는 약이 되고, 하나님을 사랑하여 굳게 자키는 언약의 말씀이 되게 하시옵소서. 가르쳐주시는 말씀 속에서 삼위 하나님의 거룩하심과 전능하심이 선포되게 하시옵소서.

갈보리의 십자가가 떠올려질 때마다 주님을 생각하게 하시옵소서. 저주를 우리 대신에, 죽음으로 받으신 예수님을 바라보게 하시옵소서. 십자가에 죽으신 주님을 생각하면서 지내게 하시옵소서.

예수님의 이름으로 기도드립니다. 아멘.

3월 1주

복 주시는 주 여호와여,

사랑하는 지체들이 이 가정에 모이게 하신 은혜에 감사드립니다. 저희들을 맞아준 이 가정을 축복합니다. 가족이 한 마음으로 하나님을 섬김에서 이 가정에 예비해 주신 신령한 복을 누리게 하시옵소서.

십자가 위에서 모든 것을 다 이루신 예수님을 찬양합니다. 사랑의 완성을 십자가에서 이루신 주님이 저희들의 주님이심을 고백합니다. 갈보리의 십자가만이 진정으로 인생의 지혜요, 능력이기를 빕니다.

모인 저희들이 성경을 공부하는 것을 귀찮아하지 않고, 도리어 사모하는 마음을 주시니 감사드립니다. 생명의 말씀에 대한 기대를 품고 공부에 임하게 하시옵소서. 사랑하는 지체들이 짧은 시간에 성경을 공부하지만 영생에 이르는 지식을 갖게 하시옵소서.

저희들에게 생명의 삶으로 이끄시려 하시니 감사드립니다. 사랑하는 지체들에게 진리에 따라 행하도록 은혜를 내려 주시옵소서. 그리고 저들의 가정에도 그 은혜가 흘러들어가도록 하시옵소서.

자기 백성을 만나와 메추라기로 먹이셨던 그 은혜가 저희들에게 있어서 옷이 해어지지 않게 하시고, 양식이 떨어지지 않게 하시며, 이웃에게 후히 대접하는 손길이 되게 하시옵소서. 지체들의 가정에서는 풍성한 재정으로 주님을 더욱 존귀케 하시옵소서.

예수님의 이름으로 기도드립니다. 아멘.

3월 2주

신실하신 주 여호와여,

초대 교회 때의 성도들처럼 사순절의 은혜를 바라보게 하시옵소서. 이로써 신앙의 성장을 위해 기도하고 참회하도록 하시옵소서. 자신과 이웃을 돌아보는 영적인 훈련기간으로 삼도록 하시옵소서.

하나님께서 원하시면 인간적으로 불가능한 일들도 가능할 것을 믿습니다. 하나님께서 이루어 위대하심이 세상에 선포되게 하시옵소서.

우리 교회의 지체들 중에, 눈물의 골짜기를 지나고 있는 이들을 위하여 간구합니다. 까닭을 모를 실패로 낙심에 처해진 이에게는 하나님께서 함께 하신다는 담대함을 주시옵소서.

오늘, 공부하게 되는 하나님의 말씀을 듣고자 마음의 문을 열어 주시옵소서. 성령 하나님의 역사하심이 배우는 말씀에 나타나기를 소원합니다. 진리의 말씀에 새로워지고, 힘을 얻게 하시옵소서.

저희들에게 하나님을 향한 사랑을 나타내기를 즐거워하게 하시옵소서. 여호와의 이름을 기뻐하여 그 영광을 찬미하는 드림의 삶을 소원하게 하시옵소서. 주님을 위하여 드림의 손이 되게 하시옵소서.

저희들 각 사람에게 구역을 사랑하는 마음을 주시고, 늘 보고 싶어서 견딜 수 없는 마음으로 인도해 주시옵소서. 서로가 섬기면서 마음의 평안을 누릴 수 있게 하시옵소서.

예수님의 이름으로 기도드립니다. 아멘.

3월 3주

여호와, 우리 하나님,

소망을 주시는 손길을 바라봅니다. 살과 피를 주신 예수님의 사랑을 묵상하는 저희들에게 은혜가 베풀어지기를 소망하게 하시옵소서.

저희들의 마음을 내어놓습니다. 세상에 사는 날 동안에 하나님의 일꾼으로서의 사는 삶 보다는 자신의 생각과 바람에만 마음을 쏟았던 죄를 고백합니다. 주님이 없는 사람이었던 행실을 용서해 주옵소서.

사순절을 보내면서 믿음으로 종려나무 가지를 흔들게 하시옵소서. 주님께서 고난을 당하셨음이 우리를 위함이시기에 환영하는 마음을 갖게 해주시옵소서.

저희들에게 성경을 공부하는 것을 사모하는 마음을 주시니 감사드립니다. 생명의 말씀에 대한 기대를 품고 공부에 임하게 하시옵소서. 진리에 따라 행하도록 은혜를 내려 주시옵소서.

오늘도 자녀들을 위하여 간구합니다. 저희들의 자녀들이 학교에서 공부를 하는 시간 시간마다 공부하는 내용들 속에서 하나님의 살아계심을 발견하게 하시고, 지식을 활용하려 하게 하시옵소서.

구역을 위하여 자기를 돌아보지 않고 섬기시는 구역장님께서 이제와 같이 앞으로도 더욱 선한 일을 사모하게 하시고, 자신의 직분에 순종해서 저희들을 받드시는데 헌신하게 하시옵소서.

예수님의 이름으로 기도드립니다. 아멘.

3월 4주

3월, 한 달을 찬송으로 살아오게 하신 하나님,

하나님을 바라보는 시간이 많아지게 하시옵소서. 삶의 길을 떠나는데, 높은 산이 앞을 가로막을 때 하나님을 소망하게 하시옵소서. 앞을 가로막는 산을 치워주실 성령님의 도우심을 바라게 하시옵소서.

저희들의 지난 시간에서 맡겨진 사명을 다하지 못했던 삶을 회개합니다. 순종하지 못한 죄를 용서해 주옵소서. 때로는 자신의 양심을 속이고, 사람 앞에서 보이도록 행한 일들도 있으니 용서해 주시옵소서. 이 땅에서 사명에 따라 천국백성으로 지내게 하시옵소서.

오늘, 구역의 예배로 이 가정을 드리게 하셨으니 예비 된 복을 받게 하시옵소서. 그리하여 죄와 사망과 질병과 망하는 것과 가난해지는 저주에서 놓여남을 믿습니다. 저희들의 간구에 응답하셔서, 저희들에게 나타날 은혜를 기다리게 하시옵소서.

사랑하는 지체들이 성경을 공부할 때, 가슴으로 말씀을 대하게 하시옵소서. 성령님의 깨닫게 하시는 은혜로 말씀을 읽게 하시옵소서. 짧은 시간이지만 말씀을 공부하면서 오직 주님의 몸을 이루어 드리는 저희들이 되게 하시옵소서.

하나님의 우편에 앉아계신 주님께 찬양을 바치며, 성령님을 통하여 저희들에게 하늘의 은사를 부어주심을 기다리게 하시옵소서.

예수님의 이름으로 기도드립니다. 아멘.

4월 1주

여호와, 우리 하나님,

전에는 하나님의 백성이 아니었던 저희를 백성으로 삼아주시고, 알지도 못했던 긍휼을 얻게 하셨음에 감사드리게 하시옵소서. 구역예배로 모인 식구들이 주님의 자비하심에 감사하게 하시옵소서.

저희들의 죄를 고백하며, 성령님의 은혜를 기다립니다. 주님의 피로 깨끗이 씻어 주시옵소서. 이 자리에, 회개의 영이 가득해서 저희들 각자가 자신의 죄를 고백하고, 깨끗함을 받게 하시옵소서.

하나님만 믿고 사는 것이 때때로 힘들게 하지만, 주님 앞에서 자신을 단장한 신부처럼 살아가도록 이끌어 주시옵소서. 때로는 외로울지라도 하나님의 백성으로 살게 하시옵소서.

오늘, 말씀으로 진리를 학습할 때, 새 진리에 대한 기대로 공부에 임하게 하시옵소서. 지난 시간과 같이 열린 마음으로 말씀을 대하게 하시고, 공부할 때 성실히 임하게 하시옵소서.

저희들의 자녀들이 주님의 친 백성이 된 것을 즐거워하며 주님과 친밀한 관계를 맺고 살아가는 것을 좋아라 하게 해주시옵소서. 하나님을 가까이 할 때, 늘 하늘에 소망을 두고 살 수 있음을 믿습니다.

오늘, 사랑하는 구역장님의 주님을 향한 열정이 저희들에게 좋은 영향을 끼치게 하시옵소서.

예수님의 이름으로 기도드립니다. 아멘.

4월 2주

하나님 우리 아버지,

사랑하는 ○○ 교회의 식구들에게 영육 간에 건강한 삶을 살아가도록 도와주옵소서. 악인들은 자신의 그물에 걸려 넘어지되, 의로운 자는 여호와의 구원하심을 누리게 하셨음에 찬양을 올려드립니다.

주님께서 부활하신 영광이 온누리에 충만하게 하셔서 감사드립니다. 주님께서 우리 대신 지옥에 가서 우리 대신 저주를 당하시므로 지옥의 저주를 도말하셨습니다.

부활하신 주님을 나의 주님으로 고백하는 저희들에게 지옥의 세력을 이기는 복을 누리게 하옵소서. 흑암의 권세를 물리치는 부활 신앙으로 세상을 이기는 성도가 되게 하시옵소서.

오늘도 말씀을 통해서 우리를 사랑하시는 하나님의 사랑을 확인하게 하시며, 위로의 기쁨을 즐거워하게 하시옵소서. 공과를 가르치는 이나 배우는 지체들이 하나님께로 더욱 깊이 안기게 하시옵소서.

오늘, ○○○님께 가정을 하나님께 성소로 드려 구역 모임을 갖게 하심에 감사합니다. 여호와 앞에서 존귀한 ○○○님과 이 가정을 축복합니다. 예배로 말미암아 예비 된 은혜를 내려 주시옵소서.

우리 구역의 지체들, 서로를 섬기며, 교회를 세워나가고, 지역사회에서 사랑과 봉사로 예수님의 이름을 나타내기를 소원합니다.

예수님의 이름으로 기도드립니다. 아멘.

4월 3주

부활의 신앙을 고백하며 4월을 살게 하시는 여호와여,

하나님의 은총으로 우리 구역의 가족에게 평생의 소원을 품게 하시니 감사드립니다. 저희들은 하나님을 사랑하고, 기도에 쉬지 않으며 예배하는 삶을 살아가기를 소원하게 하시옵소서. 하나님의 은혜를 구하게 하시고, 예배하는 가운데서 복되게 살아가게 하시옵소서.

저희들의 가정마다에 주신 아이들을 축복합니다. 그들이 부모의 신앙을 따르고, 여호와의 이름을 높이며, 베풀어 주신 은혜를 찬양하는 입술을 갖게 하시옵소서. 그 입술이 주님을 인정할 때, 하나님의 손이 그들을 더욱 풍성한 곳으로 인도해 주실 것입니다.

하나님의 특별하신 계획으로 저희들이 한 구역을 이루게 하셨음을 믿습니다. 오늘, 말씀을 가르치시는 구역강사님께 성령님의 지혜와 명철로 인도해 주시옵소서. 저희들은 서로를 사랑하고, 섬기면서 말씀의 진리를 함께 깨우치게 하시옵소서.

우리 구역원의 가정들을 위하여 간구합니다. 경제적으로 고통을 당하는 이들이 있다면 불쌍히 여겨주시옵소서. 혹시, 다니던 직장이 문을 닫아 살아가는 것이 막막해진 이들에게 소망을 갖게 하시옵소서.

하나님의 풍성하심이 우리 구역에 넘쳐 사랑하는 지체들이 어떤 환경에서도 하나님의 손길을 기다리게 하시옵소서.

예수님의 이름으로 기도드립니다. 아멘.

4월 4주

부활의 신앙을 고백하며 4월을 살게 하신 여호와여,

오늘, 사랑하는 지체들이 구역모임으로 머리를 숙였습니다. 저희들은 하나님을 사랑하고, 기도에 쉬지 않으며 예배하는 삶을 살아가기를 소원하게 하시옵소서. 이 시간에도 하나님의 은혜를 구하게 하시고, 예배하는 가운데서 복되게 살아가게 하시옵소서.

하나님의 특별하신 계획으로 저희들이 한 구역을 이루게 하셨음을 믿습니다. 구역의 공동체로 모여 연합하게 하시고, 작은 교회가 되게 하셨습니다. 오늘, 말씀을 가르치시는 구역강사님께 성령님의 지혜와 명철로 인도해 주시옵소서. 저희들은 서로를 사랑하고, 섬기면서 말씀의 진리를 함께 깨우치게 하시옵소서.

저희들에게 주신 아이들을 축복합니다. 어려서부터 여호와의 이름을 높이며, 베풀어 주신 은혜를 찬양하는 입술을 갖게 하시옵소서. 그 입술이 주님을 인정할 때, 하나님의 손이 그들을 더욱 풍성한 곳 으로 인도해 주실 것입니다.

우리 구역원의 가정들을 위하여 간구합니다. 하나님의 풍성하심이 우리 구역에 넘쳐 사랑하는 지체들이 어떤 환경에서도 하나님의 손길을 기다리게 하시옵소서. 각 가정마다 성소가 되어 하나님께 영광을 드리게 하시옵소서.

예수님의 이름으로 기도드립니다. 아멘.

5월 1주

복 주시는 주 여호와여,

저희들의 모임 가운데 성령님께서 함께해 주심을 사모하게 하시옵소서. 이 예배를 통해 하나님이 원하시고 기뻐하시는 것이 무엇 인지 깨닫게 하시옵소서.

이 시간에, 구역의 지체들이 주 안에서 한 몸이 되었음을 경험하기를 빕니다. 성령님의 강력한 역사하심으로 교제하는 모든 사람들이 다 성령님의 충만하심을 받게 하여 주시옵소서.

성령님의 인도하심에 따라 진리를 보게 하시고, 생명의 샘이 솟아나와 마른 목을 축이는 은혜를 누리게 하시옵소서. 저희들에게 은혜를 더하셔서 주님의 편에 서게 하시옵소서. 자기의 평안을 바라기보다는 주님의 고난에 참여하기를 바라게 하시옵소서.

오늘도 겸손한 마음으로 여호와께 주목하게 하시옵소서. 구역강사님을 통해서 성경을 공부하는 시간이 지체들에게 복이 되게 하시옵소서. 하나님의 말씀을 배우면서 권능을 받게 하시옵소서. 공부 하는 중에, 지체들에게 꼭 필요한 은혜를 내려 주시옵소서.

각 가정마다 하나님께 성소가 되어, 여호와의 은혜에 바라고, 가족이 축복의 언어로 하루를 시작하게 하옵소서. 부모는 자녀들을 축복하고, 자녀들은 부모에게 효도를 다하는 심정으로 축복하게 하옵소서.

예수님의 이름으로 기도드립니다. 아멘.

5월 2주

사랑이 넘치는 자비하신 하나님,

하나님 앞에서 기다림의 은혜를 즐거워하게 하시옵소서. 저희들에게 사모하는 마음을 주셔서 간구하게 하시며, 부르짖는 기도에 응답하시는 하나님의 손을 기다리게 하시옵소서. 기다리면서 하나님을 사랑하게 하시고, 인내를 배워 천국 백성으로 다듬어지게 하시옵소서.

이 주간에도, 우리 구역을 복 되게 하신 하나님을 찬양합니다. 저희들의 발걸음을 ○○○님의 가정으로 인도해 주신 시간에 여호와의 이름을 찬양하게 하시니 감사드립니다.

말씀을 배우는 지체들에게 주님의 십자가를 바라보게 하시옵소서. 그리스도의 보혈이 저희들에게 하나님의 말씀을 받게 하셨음을 깨닫습니다. 그리고 배운 진리로 믿음을 강하게 하시옵 소서.

곤고한 자가 부르짖을 때에 들으시고, 환난에서 구원하시는 하나님이 나의 하나님이심을 고백합니다. 우리 구역의 지체들 중에, 질병으로 고통을 겪고 있는 이들을 불쌍히 여겨 주시옵소서. 가난으로 한숨을 짓는 이들에게 부요하게 하시는 은혜를 선물해 주시옵소서.

저희들에게 가족을 주셔서 천국에서의 행복을 느끼게 하셨음에 감사드립니다. 형제가 동거하는 즐거움을 주셨으니 서로 사랑하게 하시옵소서. 가정마다 거룩하게 하시고, 성소로 삼아주시옵소서.

예수님의 이름으로 기도드립니다. 아멘.

5월 3주

여호와, 우리 하나님,

의인을 사랑하시는 하나님의 이름을 높여 드립니다. 압박당하는 자를 위하여 공의로 판단하시는 하나님을 사랑합니다. 하나님의 값없는 은혜로 주님 앞으로 나오게 하셨음에 찬송을 드립니다.

하나님 앞에서 감출 수 없는 죄를 고백합니다. 알게 혹은 모르게 주님의 영광도 가로챘습니다. 진심으로 회개하니, 이러한 어리석었던 행실을 보혈의 은혜로 깨끗케 해주시옵소서.

오늘도 여호와 앞에서 거룩하게 살아드리는 한 날이기를 소원합니다. 하루를 지내는 동안에, 어떤 경우가 닥쳐온다 해도 하나님의 자녀라는 신분에서 떠나지 않게 하시옵소서. 혹시 어려움과 손해를 보는 순간일지라도 자신을 속이지 않게 하시옵소서.

오늘, 공부를 인도하시는 구역강사님께 성령님의 충만하심과 지혜로 인도해 주시옵소서. 사랑하는 지체에게는 하나님의 말씀을 다루면서 진리 안으로 들어가게 하시옵소서. 영생이 약속되어 있고, 천국에서의 삶을 소망하는 진리로 인도해 주시옵소서.

저희들의 가정에 주신 자녀들이 영적인 눈을 뜨게 해주시옵소서. 믿음의 눈을 떠서 하나님을 아버지로 보게 해주시옵소서. 주님께서는 잠시도 떠나지 않으시고, 자기의 곁에 계심을 알게 하시옵소서.

예수님의 이름으로 기도드립니다. 아멘.

5월 4주

5월에 축복을 누리게 하신 하나님,

주님의 이름 앞에 무릎을 꿇었습니다. 저희들의 더러워진 마음을 살피셔서, 다시 한 번 속사람을 깨끗하게 하시고, 더러운 것은 성령님의 불로 태워 주시니 감사드립니다.

지금, 회개의 영이 임하여 지은 죄를 고백하게 하시옵소서. 저희들을 세상으로 보내면서 하나님의 사람으로 살기를 바라셨던 기대에 미치지 못했던 행실을 용서해주시옵소서.

구역의 지체들에게 "사도의 가르침을 받아 서로 교제하며 떡을 떼며 기도하기를 전혀 힘썼던" 것을 기억하게 하시옵소서. 저희들도 모임을 사모하게 하시고, 지체들이 모이는 것을 좋아하게 하시옵소서.

사랑하는 지체들이 공과를 공부하려 합니다. 성령님께서 저희들의 마음을 주장해주시옵소서. 하나님의 말씀을 배우면서 주님의 온전하심을 닮아가도록 하시옵소서. 저희들이 성경을 읽는 가운데 하나님만을 섬기는 사람으로 자라기를 소망합니다. 그리스도의 말씀이 풍성히 거하는 은혜를 즐거워하게 하시옵소서.

저희들이 기도하면서 서로 열심히 사랑하게 하시고, 한 마음이 되어 모이기에 힘쓰게 하시옵소서. 기도에 힘쓸 때, 오순절 성령 강림을 경험하게 하시고, 그 능력으로 땅 끝까지 복음을 전하게 하시옵소서.

예수님의 이름으로 기도드립니다. 아멘.

5월 5주

하나님 아버지,

구역 모임을 주셔서 감사합니다. 주일을 거룩하게 보내고, 닷새째, 늘 함께 하고 싶은 지체들, 한 자리에 모아주셨습니다. 바로 이곳이 성전이며, 사랑하는 주님을 만나는 곳이 되게 하시옵소서.

5월을 지내면서 부모와 함께 감사하도록 하셨음을 기억합니다. 부모의 수고로운 손길로 오늘, 저희들이 이만한 삶을 살고 있음에 감사합니다. 사랑하는 부모님을 존귀하게 대접해드리고, 공경하면서 위에서부터 내려오는 은혜로 오늘을 지내게 하시옵소서.

지난 한 주간 동안에도 주님을 기쁘시게 못하고, 육신을 위하여 이기적인 욕망과 죄악으로 살아온 죄를 씻어 주시옵소서.

오늘, 공부를 인도하시는 구역강사님께 성령님의 충만하심과 지혜로 인도해 주시옵소서. 사랑하는 지체들에게는 하나님의 말씀을 다루면서 진리 안으로 들어가게 하시옵소서. 영생이 약속되어 있고, 천국에서의 삶을 소망하는 진리로 인도해 주시옵소서.

하나님께서 믿는 자에게는 이루지 못할 일이 없다고 선언해주셨으니, 그 복의 주인공들이 되게 하시옵소서. 약속의 말씀을 통해서 우리를 속박하고 있는 열등감의 쇠사슬이 풀려질 것을 믿습니다. 주님의 피로 세상을 이기는 것을 누리게 하시옵소서.

예수님의 이름으로 기도드립니다. 아멘.

6월 1주

하나님 우리 아버지,

사랑하는 지체들에게 갈보리의 십자가를 사랑하게 하시옵소서. 십자가에서 흘리신 주님의 피를 바라보게 하시옵소서. 우리를 위하여 흘리신 예수님의 피에 저희들의 심령이 적셔지기를 빕니다. 머리를 맞대고 은혜를 사모하는 심령을 주님의 보혈로 적셔 주시옵소서.

우리 구역의 지체들에게 하나님 나라의 일을 구하게 하시옵소서. 주님의 십자가를 바라보면서 자기를 거절함에 이르게 하시옵소서. 주님의 이름으로 우리 구역을 축복합니다.

오늘, 저희들이 배워야만 하는 생명의 말씀이 가르쳐지게 하시옵소서. 공부를 준비하신 구역강사님께 성령님의 기름부으심이 충만하시기를 빕니다. 저희들은 이삭을 줍듯이 겸손한 심정이 되어 말씀에 귀를 기울이게 하시옵소서.

예수님께서 말씀을 하심과 그 말씀을 받은 이들의 순종을 통해서 하나님의 영광이 나타난 진리를 깨닫게 하시옵소서. 그 영광이, 저의 삶에서도 나타나기를 바라시는 하나님의 뜻을 묵상합니다.

십자가의 은혜가 구원을 받은 저희들에게 하나님의 능력이심을 확신합니다. 하나님의 말씀을 받고, 그대로 순종하는 은혜를 내려 주시옵소서. 그 은혜가 가정에서도 순종의 열매로 맺혀지기를 빕니다.

예수님의 이름으로 기도드립니다. 아멘.

6월 2주

신실하신 주 여호와여,

저희들은 구할 바를 품게 하시고, 믿음으로 간구하게 하시는 하나님을 바라보게 하시옵소서. 저희들이 만일, 주님의 뜻대로 구하면 반드시 얻게 해주실 것을 믿으며 기다리게 하시옵소서.

오늘도 예비하신 하늘의 복으로 OOO님과 이 가정을 둘러 주시옵소서. OOO님께서 이 모임을 통해서 주님의 몸 된 교회를 사랑하고, 성도의 사명을 감당하도록 은혜를 주시옵소서. 우리 하나님 앞에서 존귀한 지체들이 주님의 사랑을 나누게 하시옵소서.

오늘, 모임으로 말미암아 하나님께서 원하시고 기뻐하시는 것이 무엇인지 깨닫게 하시옵소서. 구역의 지체들이 주 안에서 한 몸이 되었음을 경험하기를 빕니다. 성령님의 강력한 역사하심으로 예배하는 모든 이들이 다 성령님의 충만하심을 받게 하여 주시옵소서.

사랑하는 지체들이 공과를 공부하려 합니다. 하나님의 말씀을 배우면서 주님의 온전하심을 닮아가도록 하시옵소서. 그리스도의 말씀이 풍성히 거하는 은혜를 즐거워하게 하시옵소서.

어려움에 처해 있는 지체를 위하여 눈물을 쏟습니다. 비록 우리가 모든 재물을 잃더라도 하나님을 잊어버리는 일이 없게 하시며, 병들고 연약해져도 사랑하시는 하나님을 의심하지 않게 하시옵소서.

예수님의 이름으로 기도드립니다. 아멘.

6월 3주

여호와, 우리 하나님,

지난 한 주간에도 주님이 저희들과 함께 하셨음을 감사합니다. 베풀어주신 은혜에 감사하러 모인 이 모임에서 주님의 이름은 높여지고, 하나님께서는 영광을 받으옵소서.

죄를 자복할 수 있는 은혜를 원합니다. 이제, 저희들이 지은 모든 죄를 고백하고 뉘우치니 용서해주시옵소서. 주님의 마음을 닮지 못하고 허영과 시기와 미움으로 살아왔음을 고쳐주시옵소서.

우리 주님의 뜨겁고, 부드러운 사랑으로 인하여 이웃을 향한 저희들의 사랑도 인내하며 부드러워지게 하시옵소서. 사랑하는 지체들에게 이웃에 대하여 평화와 화해의 길로 이끌어주시옵소서.

성경을 공부하는 시간을 즐거이 여기게 하시옵소서. 하나님의 말씀을 배워 그대로 순종하기를 소망하도록 이끌어 주시옵소서. 이 말씀을 배우는 목표를 오직 순종에 두게 하시옵소서.

이제, 저희들 모두에게 크게 생각하게 하시옵소서. 큰 생각을 갖고 있는 사람만이 이루어낼 수 있음을 기억하게 하시옵소서.

구역장님의 헌신과 봉사로 우리 구역이 교회와 세상을 향해서 열매를 많이 맺게 하시고, 성령님으로 충만한 공동체를 이루어 가도록 하시옵소서. 종의 수고로 지체들마다 교회로 세워지게 하시옵소서.

예수님의 이름으로 기도드립니다. 아멘.

6월 4주

6월을 복 되게 해주신 하나님,

이제, 저희들의 죄를 제거해 주시고, 마음에 성령의 불을 붙이어 주시옵소서. 그리하여 돌 같은 마음에 새로운 마음을 허락해 주시옵소서. 기쁜 마음으로 주님을 따르는 귀한 믿음을 주시옵소서.

저희들이 거두어들인 것을 생각할 때, 여호와의 이름을 만방에 알리고 싶습니다. 저희들에게 내려주신 은혜가 커서 영광을 드립니다. 오직 하나님의 이름을 높이는 맥추감사절을 지키게 하시옵소서.

오늘, 성경을 공부하면서 새롭게 깨닫게 된 진리가 저희들의 것이 되게 하시옵소서. 성령님께서 깨달아 알게 하시는 대로 자기의 것으로 삼아 율례를 행하는 성도들이 되게 하시옵소서.

교회를 사랑하게 하시며, 교회 안에서 주님의 제자로 세워주셨음에 감사합니다. 우리 구역의 지체들이 주님의 몸 된 ○○ 교회로 말미암아 세상을 향해서 하나님이 보여 지게 하시기를 빕니다. 그리고 저희들 각 사람이 교회가 되어 세상에서 빛이 되게 하시옵소서.

우리 민족 모두의 가슴을 사랑으로 채워주시기 바랍니다. 서로 사람다운 길에 설 수 있도록 위로하며 권면하도록 도와주시옵소서. 이 강산의 백성들이 주님으로 인하여 살도록 회개의 영을 부어 주시옵소서. 하나님만 섬기는 은혜의 즐거움을 누리게 하시옵소서.

예수님의 이름으로 기도드립니다. 아멘.

7월 1주

말씀에 순종합니다. 하나님,

시온에서 복을 받으며, 날마다 예루살렘의 번영을 보게 하셨음에 감사드립니다. 이미, 여기에서 이루어진 천국의 삶을 살아가라 하셨지만 여전히 옛 사람의 행실 속에서 지내왔습니다. 용서해주시옵소서.

사랑하는 구역의 지체들은 천국의 백성으로서 옛 사람의 행실은 거절하고, 하나님의 영광을 구하게 하시옵소서. 그리하여 진리의 가르침을 따라 살게 하시는 은혜를 내려 주시옵소서. 성경을 공부하면 할수록 하나님의 은혜가 절실히 요구됨을 깨닫게 하시옵소서.

거룩한 모임을 위하여 복된 가정에 찾아왔으니, 하늘의 문을 여시고, 큰 복을 내려 주시옵소서. 진리를 깨달아 그 말씀대로 순종해서 자기의 것으로 삼는 지체들이 되게 하시옵소서.

저희들은 잘 알지 못하지만 ○○○님께서 눈물로 간구하는 소원이 이루어지게 하시며, 이 가정의 복된 삶을 훼방하는 사탄의 역사를 물리쳐 주시옵소서. 성령의 충만하심으로 세상을 이기게 하시옵소서.

하나님을 사랑하도록 하셨으니 합력해서 선을 이루어주심에 소망을 두게 하시옵소서. 저희들이 오래 참으면 이루심을 믿으니, 잠시 고난의 길을 간다 해도 소망을 놓지 말게 해주시옵소서. 주님의 뜻을 이루어드리려는 소망으로 가슴이 뜨거워지게 하시옵소서.

예수님의 이름으로 기도드립니다. 아멘.

7월 2주

영혼에의 유익을 주목하게 하시는 여호와여,

오늘, 저희들의 걸음을 이 가정으로 인도하셔서 예배하게 하셨음을 즐거워합니다. 사랑하는 ○○○님과 이 가정의 지체들에게 여호와의 임재를 충만히 경험하게 하시옵소서.

저희들이 하늘의 뜻은 모두 이해할 수는 없더라도, 하나님의 뜻에 순종하게 하시옵소서. 하나님께서 우리의 왕이심을 기뻐하게 하시옵소서. 지체들이 더욱 깊은 은혜 안으로 들어가게 하시옵소서.

오늘, 공부를 하는 중에, 지체들이 자신의 영혼에 유익이 되는 것을 놓치지 않게 해 주심을 빕니다. 말씀의 내용에서 선한 본을 발견하게 하시고, 그 본을 따르려는 결단을 하게 하시옵소서. 말씀으로 자기를 세워가는 지체들이 되게 하시옵소서.

교회에서 직분으로 섬기실 때, 봉사의 향기를 드리게 하시옵소서. 저의 마음으로부터 여호와를 사랑하는 데서 나오는 봉사를 통해서 교회에는 부흥을 가져오고, 성도들은 평안을 누리게 하시옵소서.

오늘, 거룩한 모임을 마친 후에는 세상으로 보내어지게 하시옵소서. 하나님의 아들이 죄인이 되사, 낮고 천한 자리에 오셨습니다. 인류를 죄악과 저주로부터 구원하시려고 하나님과 동등 됨을 스스로 버리신 주님의 사랑에 감격하게 하시옵소서. 그 감격을 전하게 하시옵소서.

예수님의 이름으로 기도드립니다. 아멘.

7월 3주

복 주시는 주 여호와여,

영혼이 잘 됨 같이 범사가 잘 되고, 강건하기를 원하시는 하나님의 은혜를 소망합니다. 육체의 욕망, 안목의 정욕, 이생의 자랑에 빠지지 말라 하셨지만 그러하지 못하고 지내온 것을 용서해주시옵소서.

오늘, ○○○님의 가정으로 모이게 하셨으니, 이 자리에 성령님의 충만을 내려 주시옵소서. 그리하여 구역의 지체들이 모두 성령님의 충만케 하심에 들어가게 하시옵소서.

우리 교회의 성장을 원하시는 하나님의 마음으로 저희들을 충만하게 하시옵소서. 구원의 방주가 되어 불신자들이 주님께로 돌아오게 하시옵소서. 온 성도들의 신앙과 삶이 부요해지는 성장을 주시옵소서.

아직도 많은 이들이 죄 때문에, 하나님을 하나님으로 깨닫지를 못하고 있습니다. 영적으로 눈이 어두워 예수님을 하나님의 아들로 보지 못하고 있습니다. 말세의 때가 되어, 심판의 시기가 점점 다가오는 지금, 영적인 잠에서 깨어나게 하시옵소서.

구역강사님께서 수고를 다하여 가르치실 때, 말씀에 귀를 기울이고 기도하여 영적인 신앙인이 되도록 이끌어 주시옵소서. 성령님께 충만하기를 소원합니다. 세속적이고 유혹적인 데서 돌이켜 거룩하게 살기에 힘을 쓰게 하시옵소서.

예수님의 이름으로 기도드립니다. 아멘.

7월 4주

사랑이 많으신 하나님,

구역으로 모인 저희들에게 성령님의 충만하심을 보게 하시옵소서. 하나님을 경외하며, 나라와 민족을 위해서 간구하는 삶을 살아야 하였으나 그러하지 못하고, 저희들 자신을 염려하며 살기에 바빴던 허물을 고백합니다. 용서해주시옵소서.

오늘, 구역의 지체들이 공과를 공부할 때, 우리 주님의 크신 사랑에 젖기를 원합니다. 말씀을 배울수록 우리를 위하시는 하나님의 사랑에 감격하게 하시옵소서.

오늘도 예비하신 하늘의 복으로 ○○○님과 이 가정을 둘러 주시옵소서. ○○○님께서 이 모임을 통해서 주님의 몸 된 교회를 사랑하고, 성도의 사명을 감당하도록 은혜를 주시옵소서.

하나님의 은혜로, 구역의 지체들이 재물을 얻을 능력을 허락해주시옵소서. 재물이 없는 환난으로 어그러졌던 삶은 옳은 자리로 옮겨지게 하시며, 재물에 대한 불신앙적인 삶이 바로 잡혀지게 하시옵소서.

저희들의 마음을 주님의 사랑으로 불붙여 주셔서 구역을 섬기며, 하나님께서 받으시고자 하시는 열매를 맺게 하시옵소서.

사랑하는 지체들의 간구를 들어주시고, 추수를 기다리시는 주님의 밭에서 자원하는 심정이 되어 봉사하여 섬기게 하시옵소서.

예수님의 이름으로 기도드립니다. 아멘.

8월 1주

여호와, 우리 하나님,

주 예수님의 이름과 하나님의 성령 안에서 씻음과 거룩함 그리고 의롭다 하심을 얻게 하셨음에 찬송을 드립니다.

조금만 움직여도 나른해지고, 흐르는 땀에 게으름의 유혹에 빠지고 말았음을 고백합니다. 나태하기 쉬운 계절에, 저희들이 긴장하지 못하고 게을렀음을 용서해주시옵소서.

오늘을 지내는 동안에, 온 가족이 하나님을 경외함으로써 서로를 이해하고 사랑하는 가정이 되기 원합니다. 남편과 아내가 사랑으로 하나 되게 하시고, 부모와 자녀가 그리스도 안에서 서로 섬기는 아름다운 관계를 이루어가게 하시옵소서.

저희들의 자녀들이 정의로운 것처럼 행동하지 않게 하시고, 남을 비방하지 않도록 하시옵소서. 온유함으로 묵묵히 있게 하시고, 주님의 인도하심을 기다리게 하옵소서. 겸손으로 말미암아 하나님 앞에서나 사람들 앞에서 칭찬을 받을 만한 성품을 길러 주시기 원합니다.

오늘도 구역장님으로 말미암아 함께 지체 된 이들이 서로 도우며, 하나 되기를 힘써서 교회를 세워나가는 일꾼이 되게 하시옵소서.

구역장님과 온 구역의 지체들에게 하나님의 음성을 듣기 위해 무릎으로 나아가게 하시고, 하나님의 나라에 영광을 돌리게 하시옵소서.

예수님의 이름으로 기도드립니다. 아멘.

8월 2주

여호와, 우리 하나님,

곤란한 환경에서 끌어내어 주시고, 저희가 당하는 곤고와 환난을 보시고 죄를 용서해 주시는 여호와의 이름을 높여드립니다. 구역 예배를 드리는 시간 내내 주님의 이름에 합당한 영광을 드리게 하시옵소서.

거룩하고, 참되지 못한 저희들의 마음을 주님 앞에 내어 놓습니다. 주님의 아름다우심으로 그것을 깨끗하게 하시옵소서. 주님의 뜻대로 살지 못한 연약한 의지를 주님께 드리니 이 시간에, 새롭게 하시옵소서.

저희들은 지금까지 살아오면서 지은 죄와 상관이 없게 되었음을 선포합니다. 죄를 주님께서 십자가 위에서 해결해 주셨기 때문입니다. 이제부터 매일, 매일 의에 대하여 살아가기를 원합니다.

저희들의 자녀들이 하나님의 생각과 자신의 생각이 다르다는 것을 깨닫게 하시옵소서. 자신의 생각과 지식을 가지고 해보려는 마음을 다스려 주옵소서. 오직 하나님만 붙잡게 하시옵소서.

오늘, 주님의 보혈의 은혜가 생명수의 강수로 우리 구역의 지체들에게 흐르게 된 것에 감사드립니다. 그 은혜로 사랑하는 지체들은 예배의 깊은 데로 나아가게 하시옵소서. 구역장으로 택함을 받은 종이 하나님과의 일에 동역자가 되어, 구역의 지체들을 위하여 무릎으로 섬기는 일에 더욱 힘쓰시게 하시옵소서.

예수님의 이름으로 기도드립니다. 아멘.

8월 3주

여호와, 우리 하나님,

이 시간, 영광의 보좌에 좌정하신 여호와를 바라봅니다. 예배하러 나아온 주님의 백성이 여호와의 이름에 영광을 드리게 하시옵소서.

생활 속에서 하나님을 찾아야 했고, 돌려드려야 하는 영광을 구해야 하였지만, 전혀 그렇게 지내지 못한 죄를 용서해주시옵소서.

저희 구역 지체들의 가정을 여호와께서 계시는 처소로 삼으셨으니, 시온의 영광을 나타내는 가정이 되게 하시옵소서. 착한 일을 함으로써 열매를 맺어 주님의 뜻을 이루게 하시옵소서. 이 가정을 무너뜨리려고 참소하는 귀신의 세력을 대적하여 물리치도록 은혜를 내려 주시옵소서.

저희들의 아이들이 사소한 일들 속에서 하나님의 특별하신 은혜를 보게 하옵소서. 성령님의 은혜로 하나님의 자비하심을 날마다 새롭게 느낌을 감사하게 하옵소서. 순적하게 지낸 사실을 감사하게 하시옵소서.

저희들의 영혼과 육체를 주님 앞에 드립니다. 저희들의 가슴과 머리를 주님의 뜻으로 채워 주시기 원합니다. ○○교회의 권속들이 주님을 향한 사랑으로 가득 차게 하심을 믿습니다.

오늘도 사람들에게 드러나지 않더라도 구역장님의 빛도 없이 이름도 없이 섬기시는 봉사로 우리 구역이 든든히 세워져 가게 하시옵소서.

예수님의 이름으로 기도드립니다. 아멘.

8월 4주

여호와, 우리 하나님,

보혜사 성령님께서 저희를 위하심에 감사드립니다. 성령님의 감동과 감화로 나왔으니, 영과 진리로 충만함을 경험하게 하시옵소서. 구역예배를 드리는 중에 더욱 성령님의 충만하심을 받게 하시옵소서.

땅에 있는 것들은 잠깐뿐이라 하면서도 저희들은 땅의 것을 소유하기에 분주했었음을 회개합니다. 주머니를 채우고, 개인의 욕망을 채우는 것에 시간을 다 쓴 저희들입니다. 용서해주시옵소서.

성령님께서 충만히 임하셔서 저희들이 겪고 있는 문제를 해결해주시옵소서. 사탄이 저희 가정을 쓰러트리려 갖은 계략을 지어 낼 때, 담대히 맞서기 원합니다. 사탄의 계획을 무찌르게 하시옵소서.

저희들의 가정에서 자녀들을 자라게 하셨습니다. 그들이 부모를 따라서 예배당으로 가는 것을 즐거워하게 하시옵소서. 교회로 모이는 거룩한 공동체를 통해서 하늘나라를 바라보게 하시옵소서.

말씀을 공부하면서 이 말씀이 살아있는 말씀임을 깨달아 즐거워하게 하시옵소서. 말씀의 은혜로 말미암아 저희들의 심령이 새로워지고, 저희들의 가정에도 진리의 생명수가 흘러들어가게 하시옵소서.

구역장님의 기도와 헌신으로 말미암아 주님의 몸 된 교회가 세워져 나가는 비전에 대한 은총을 더하여 주시옵소서.

예수님의 이름으로 기도드립니다. 아멘.

8월 5주

만유에 계신 하나님,

저희들, 지체들에게 주님을 사랑하게 하시옵소서. 저희들에게 주님을 본받아 걸으라 하시고, 주님의 발자국을 따를 수 있는 은총을 주셨지만 저희들의 유익만을 좇으며 지내왔음을 용서해주시옵소서.

매일, 십자가를 질 수 있는 은혜를 내려 주셔서 고난도 참을 수 있게 하시옵소서. 나 자신을 부인하지 않으려는 감각, 욕망, 열정을 부인하는 연습을 하게 하시옵소서.

사랑하는 지체들이 반석 위에 터를 닦는 심정으로 공과를 대하게 하시옵소서. 하나님의 말씀을 배워 신앙의 집을 잘 짓게 하시옵소서. 지체들이 말씀을 배워서 가르침에 따라 살게 하시는 하나님의 은혜가 필요하다는 것을 깨닫게 하시옵소서.

여호와께 존귀한 구역(셀)의 지체들에게 하나님을 위하여, 자신을 위하여 봉사하는 일에 소망을 갖게 하시옵소서. 예배를 영화롭게 하는 일과 성도들을 도와주는 일, 교회를 굳게 하는 일 등에 참으로 많은 손길들이 필요하니, 성도님의 가슴을 뜨겁게 해주시옵소서.

이제, 저희들에게 하나님의 은혜를 사모하게 하시며, 그 은혜로 살아가도록 인도해 주시옵소서. 다른 이들과의 삶에서도 하나님의 은혜로 바라보게 하시고, 주님의 온유하심으로 이웃을 대하게 하시옵소서.

예수님의 이름으로 기도드립니다. 아멘.

9월 1주

하나님 우리 아버지,

오늘, 저희들이 모일 수 있도록 우리를 초대한 ○○○ 님께 하늘의 문이 열리고, 성령님의 충만하심에 들어가게 하시옵소서. 이 가정에 속해 있는 식구들에게도 하나님께서 주시는 기쁨의 충만을 주시옵소서. 여호와 앞에서 의의 가정을 이루어 가게 하시옵소서.

우리에게 말씀을 주신 하나님을 찬양합니다. 이 시간에 의의 길로 인도하시는 하나님의 말씀을 공부하려 하니, 말씀을 사모하는 마음을 주시옵소서. 셀(구역)의 지체들에게 하늘의 지혜를 허락해 주심을 빕니다. 성경을 배워서 깨달은 진리에 이르는 지체들이 되게 하시옵소서. 진리가 죄를 이기고, 세상을 이기는 능력이 되게 하시옵소서.

이 땅 위에 모든 불의의 세력을 도말하시고, 저희들을 악인의 손에서 건지시옵소서. 저희들을 유혹하는 모든 악한 세력과 싸울 때, 이김을 주시옵소서. 이로써 온전히 인내를 이루어 천국에 합당한 자들이 되게 하시옵소서.

예수님께서 온 갈릴리에 두루 다니사 그들의 회당에서 가르치시며 천국 복음을 전파하시며 백성 중의 모든 병과 모든 약한 것을 고치셨던 은혜가 오늘, 병들어 고통 중에 신음하는 내 형제와 자매들에게 임하여, 치료의 광선을 쪼여 주시옵소서.

예수님의 이름으로 기도드립니다. 아멘.

9월 2주

복 주시는 주 여호와여,

오늘, 하나님은 광야에서도 하늘로부터 만나의 양식을 주셨듯이 저희들을 먹이심을 고백합니다. 구역의 지체가 이 세상을 살아갈 동안에, 저희들에게 필요한 양식으로 먹이심을 확신하는 은혜를 주시옵소서. 하늘과 땅의 양식을 공급해 주심을 기다리게 하시옵소서. 하나님의 풍성한 은혜에 감사하면서 지내게 하시옵소서.

오늘도 하나님의 말씀을 사모합니다. 하나님의 말씀을 공부할 때, 여호와의 훈계에 착심하게 하시옵소서. 지식의 말씀에 귀를 기울이며, 진리의 말씀을 붙잡고 살아가게 하시옵소서. 여호와께 존귀한 지체들이 하나님의 영광을 위한 소원을 갖게 하시옵소서.

생명의 빛 가운데서 성도의 기업의 부분을 얻게 하셨으니, 아버지께 충성을 다하기를 원합니다. 주님의 나라를 이루어드리게 하시옵소서. 저희들의 심령이 기도의 영으로 인도되기를 소원합니다. 입을 벌려 간구할 때, 하나님의 뜻에 합당한 것들을 구하게 하시옵소서.

지체들의 식구들에게도 하나님의 자녀가 되는 권세가 있음에 감사드립니다. 주님의 이름의 권세로 죄를 물리치고, 사탄의 유혹에도 너끈히 이기게 하셨음을 믿습니다. 주님의 이름으로 귀신을 쫓아내고, 새 방언을 말하고, 병든 자에게 손을 얹어 낫는 것을 보게 하시옵소서.

예수님의 이름으로 기도드립니다. 아멘.

9월 3주

사랑이 많으신 하나님,

오늘, 하나님의 친 백성을 받아주시옵소서. 셀(구역)의 가족으로 모인 저희들에게 자신을 내려놓는 은혜를 경험하게 하시옵소서. 우리 자신의 삶과 목숨까지 여호와와 이름 앞에 내려놓는 은혜를 경험하게 하시옵소서. 하나님의 뜻에 따라 시용되게 해주시옵 소서.

오늘, 저희들의 성경공부는 잘 차려진 식탁이 되기를 빕니다. 하나님의 사람으로 살아가기에 부족함이 없는 양식이 되게 하시옵소서. 가르치는 이와 배우는 지체들 모두에게 풍성한 양식이 되게 하시옵소서. 진리의 풍성함으로 인도해 주시옵소서.

며칠 있으면 추석입니다. 추석에도 하나님께 영광을 드림에 주목하게 하시옵소서. 구역의 식구들에게 민족 고유의 정서와 부딪쳐서 하나님 앞에서 죄를 짓는 경우가 생기지 않도록 도와주시옵소서.

성령님의 불같은 인치심의 은혜를 체험하게 하시옵소서. 성령님의 강력하신 역사를 체험해서 자신을 주님께 드리는 은혜를 내려주시기를 빕니다.

지금, 재정으로 어려움에 처한 지체들이 있습니다. 가난하게 하시는 하나님의 의도에 집중하게 하시옵소서. 궁핍이 주는 곤란함이 고통스럽게 하지만, 하나님의 뜻을 깨닫는 시간이 되게 하시옵소서.

예수님의 이름으로 기도드립니다. 아멘.

9월 4주

만유에 계신 하나님,

우리를 주님의 피 값으로 사셨음에 감사드리게 하시옵소서. 저희들에게 우리가 우리 자신으로 살지 않도록 은혜를 더하시옵소서. 오늘, 구역의 모임을 갖기 위해서 복된 가정에 찾아왔으니 감사드립니다. 하늘의 문을 여시고, 큰 복을 내려 주시옵소서.

우리 구역의 지체로서 오늘의 모임을 위하여 봉사를 담당하신 ○○○님을 축복합니다. 하나님께로부터 받은 지혜를 사용해서 섬기는 일에 다하는 아름다운 종이 되게 하시옵소서. 저를 복 되게 하셔서 그의 가정에도 축복의 은혜가 흐르게 하시옵소서.

사랑하는 지체들에게 말씀을 공부하는 복된 시간을 주시니 감사드립니다. 오늘, 공과를 배우면서 성경의 기록이 저희들의 삶에 그대로 적용되기를 빕니다. 지체들에게 예수님을 향한 사랑과 자기를 향한 사랑에 대한 묵상의 은혜를 주시옵소서.

저희 지체들의 가정생활도 하나님 앞에서 무흠하여 그 칭찬과 덕스러움이 교회에 유익이 되게 하시옵소서. 여호와께 존귀한 지체들마다 열매를 맺어가는 귀한 가정으로 새로워지게 하옵소서.

하나님의 영이 이 자리에 충만하시기를 빕니다. 이로써 구역의 식구들이 하나님께의 열정을 회복하고, 기도를 가까이 하게 하시옵소서.

예수님의 이름으로 기도드립니다. 아멘.

10월 1주

만복의 근원이신 하나님,

저희들에게 하나님의 사람이 되어 세상에서 살도록 인도해 주시옵소서. 죄로 말미암아 절망에 처한 이들에게 다가가 그들을 섬기는 중에, 하나님의 사랑을 보이게 하시고, 교회로 인도하게 하시옵소서. 저희들의 친절을 통해서 하나님의 품으로 인도하게 하시옵소서.

여호와의 속량을 통해서 ○○○님과 이 가정이 복 되게 하시옵소서. 사랑하는 ○○○님께서는 땅의 것은 하나님께 맡기고, 오직 주님을 영화롭게 해드리는 삶에 민감하게 하시옵소서. 하나님 앞에서 의인으로 세워지게 하시옵소서.

저희들은 연약해서 때때로 하나님께로부터 멀어질 때가 있음을 고백합니다. 고통을 겪고 있는 저희들이니 서로를 향해서 위로하며 오늘, 하나님께 주목하게 하시옵소서.

저희들의 자녀들이 각기 하나님의 은혜 안에서 하나님의 사람으로 자라기를 소망합니다. 그들의 전 심령이 주님께 붙들린 바가 되어 하나님의 사람으로 살게 하시옵소서.

저희들은 오늘의 모임이 사람 중심의 모임이 아니라는 것을 증언하게 하시옵소서. 저희들 각 사람이 한 가지씩의 헌신을 통하여 주님의 공동체를 성장시키게 하시옵소서.

예수님의 이름으로 기도드립니다. 아멘.

10월 2주

성 삼위일체의 하나님,

하나님께서 구역모임으로 구별하신 거룩한 날에, 주님의 이름으로 나아갑니다. 저희들. 각 사람이 살아가고 있는 가정과 환경을 지켜 주시는 그 평안함에 감사와 찬양을 올려드리게 하시옵소서.

저희들에게 은밀함의 삶, 하나님과의 교제를 누리며, 하늘의 비밀을 간직하는 삶을 살도록 인도해 주시옵소서. 구역모임으로 자기를 구별해서 엎드린 이들에게 그들만의 하나님을 경험하게 하시고, 자기를 사랑해주시는 주님의 손길로 행복하게 하시옵소서.

사랑하는 저희들, 주 안에서 지낼 때, 저희들 각 사람에게 하나님과의 비밀을 간직하게 하시옵소서. 그러므로 때로는 어려운 이들을 도울 때, 오른손의 행동을 왼손이 모르게 하시옵소서. 남들이 모르는 금식의 시간도 주시옵소서.

이 가정에 모이게 하신 은혜에 감사드립니다. 저희들을 맞아준 이 가정을 축복합니다. 이 가정의 축복이 여호와를 경외하는데서 출발함을 믿고 있으니, 온 가족이 주일을 온전히 지키는 데서 복을 누리게 하시옵소서. 주일을 지킴에서 신령한 복을 누리게 하시옵소서.

오늘을 위하여 수고하신 종들이 있습니다. 구역장님과 구역강사님 그리고 여러 모로 수고를 한 지체에게 복을 내려 주시옵소서.

예수님의 이름으로 기도드립니다. 아멘.

10월 3주

거룩함에 이르게 하시는 여호와여,

저희들을 구역으로 정하셔서 한 가족이 되게 하셨음에 감사드립니다. 주님의 보혈로 한 가족이 되었으니, 서로 한 몸을 이루기 위하여 열심히 노력하는 공동체가 되게 하시옵소서. 구역으로 모인 교회에서 하나님께 영광을 드리게 하시옵소서.

오늘은 하나님께서 예비해 주신 ○○○님의 가정에서 교회가 되기를 원합니다. 주 안에서 ○○○님이 ○○교회의 가족이 된 날부터 교회 안에서 기도의 한 지체로 지내오게 하셨음에 감사드립니다.

저희들 각 사람에게 주님 안에서 한 몸 된 지체가 되어, 구역을 사랑하는 마음을 주시고, 늘 보고 싶어서 견딜 수 없는 마음으로 인도해주시옵소서. 서로가 섬기면서 마음의 평안을 누리게 하시옵소서. 하나님께서 주신 약속이 이루어져 그 기쁨을 누리게 하시옵소서.

오늘도 저희들이 입을 벌려 기도할 때, 교회 성장의 소원을 먼저 간구하게 하시옵소서. 저희들에게 죄인들을 구원하시기 원하시는 하나님의 열심을 보여 주시옵소서. 그래서 우리 교회를 통하여 구원받는 사람들이 날마다 더해지게 하시옵소서.

오늘의 모임을 준비하신 구역장님, 구역강사님을 축복합니다. 종들의 섬김으로 저희들은 든든하게 세워져 가게 하시옵소서.

예수님의 이름으로 기도드립니다. 아멘.

10월 4주

온 누리를 다스리시는 하나님,

구역의 지체를 모아 주셔서 오늘은 ○○○의 댁으로 모였습니다. 이곳을 성소로 삼아 예배하며, 성도를 교제를 나누게 하셨으니 저희들에게 교회를 경험하게 하시옵소서.

십자가 위에서 모든 것을 다 이루신 예수님을 찬양합니다. 갈보리의 십자가만이 진정으로 저희들의 지혜요, 능력이기를 빕니다. 이에, 저희들은 자기 십자가를 가까이 하게 하시옵소서.

구역모임을 위하여 가정을 주님께 드린 ○○○ 님을 축복합니다. 저희들이 예배하는 동안에, 그에게 꼭 필요한 은혜를 내려 주시고, 그가 평소에 간구하던 기도의 응답을 보는 복을 받게 하시옵소서. 그를 위하시는 하나님의 영을 저희들에게도 함께 해주시옵소서.

이 시간에, 가난의 어려움으로 눈물을 흘리는 지체들을 위하여 간구합니다. 궁핍함의 역경이 피곤하게 하고, 마음을 옥죄이지만, 두려워하지 않게 하시옵소서. 생활비조차 모자라 삶이 어려워질까 두려워하지 않게 하시옵소서. 일용할 양식을 주시는 내 아버지 하나님께서 필요할 때마다 채워주심을 기대하게 하시옵소서.

이제, 영적인 성장을 경험하게 하시옵소서. 성령님께서 인도하심을 즐거워하여 순종하는 중에, 신앙의 진보를 나타내게 하시옵소서.

예수님의 이름으로 기도드립니다. 아멘.

10월 5주

가을 앞으로 오게 하신 여호와여,

구역 모임의 시간을 주셔서 감사드립니다. 자기의 죄를 숨기는 자는 형통하지 못하나 죄를 자복하고 버리는 자는 불쌍히 여김을 받으리라 하신 말씀을 기억합니다. 사랑하는 권속들의 죄를 용서해주시고, 죄에 대해 죽고, 의에 대해서 사는 다짐의 은혜를 받게 하시옵소서.

인생을 낮출 때도 있고 높일 때도 있으신 하나님이십니다. 부하게도 하시지만 가난하게도 하시는 하나님이심을 믿습니다. 저희들 가운데는 지금, 골짜기를 지나는 지체들이 있습니다. 그들이 여호와의 함께 하심과 보호하심을 믿고, 여호와의 손을 의지하게 하시옵소서.

이 시간에, 성경을 공부하러 모인 지체들을 축복합니다. 시시때때로 저희들을 미혹하는 세상의 지식들로부터 지켜 주시는 진리의 가르침이 되게 하시옵소서. 저희들이 성경을 공부하는 중에, 하나님의 영이 저희들을 붙들어 주심을 경함하게 하시옵소서. 이 패역한 삶 속에서 도사리고 있는 수많은 위험들로부터 보호해주시옵소서.

여호와 앞에서 ○○교회를 사랑합니다. 하나님께서 구원의 방주로 ○○교회를 주셨으니, 우리 교회가 저희들의 사랑이 되게 하시옵소서. 늘 교회를 생각하게 하시며, ○○교회를 우리 자신의 몸과 같이 사랑하는 지체들로 삼아 주시옵소서.

예수님의 이름으로 기도드립니다. 아멘.

11월 1주

전능하신 주 하나님,

믿음으로 산다고 하면서도 실제는 믿음이 없이 행했던 일들이 너무 많아 고백합니다. 하나님께서 해주신다는 믿음의 기다림보다 저희들의 생각과 판단으로 살아온 지난 일들을 돌아봅니다, 용서해주시옵소서. 이로써 신앙의 성장을 위해 기도하고 참회하도록 하시옵소서. 자신과 이웃을 돌아보는 영적인 훈련기간으로 삼도록 하시옵소서.

구역의 지체들이 하나님을 사모하며 지내게 하셨음에 감사드립니다. 하나님의 말씀을 배우는 중에, 의롭게 되기를 소망하게 하시옵소서. 감각적이며, 쾌락을 쫓으려는 생각을 버리게 하시고, 저희들 심령에 계시는 주님께 집중하도록 성령님께서 강권해 주시옵소서.

구역의 지체들이 진리를 배우게 하시옵소서. 깨닫는 말씀의 한 구절에서 생명의 은혜를 누리게 하시옵소서. 이 말씀으로 죄를 물리치고, 사탄의 유혹에도 담대히 물리치게 하시옵소서. 오늘, 배우는 말씀을 사랑하며 살고, 눈동자처럼 그 진리를 지키게 하시옵소서.

우리 교회가 구원받아야 할 세상 사람들을 위하여 문이 열려진 교회가 되게 하시옵소서. 저희들이 누리는 생명의 복을 거저 받았으니 평안이 필요한 이들에게 거저 줄 수 있게 하시옵소서. 이 땅에서 감당해야 할 종의 직분에 충성을 다하게 하시옵소서.

예수님의 이름으로 기도드립니다. 아멘.

11월 2주

의지하게 하시는 하나님,

여러 가지의 죄와 허물이 많이 있음을 깨닫습니다. 저희들의 모든 죄를 자복하고 회개하니 주님의 깨끗케 하시는 보혈로 씻음 받게 하시옵소서. 하나님 앞에서 착한 일을 하여 영광을 드리게 하시옵소서.

순서에 따라서 ○○○님의 가정에서 구역으로 모이도록 하신 하나님께 찬양을 드립니다. 예배의 성소로 가정을 드린 ○○○님께 복을 내려 주시옵소서. 이곳에서 예배하며 하나님의 말씀을 나눌 때, 성령님의 임재를 보게 하시옵소서.

추수감사절을 기다리면서 자기들에게 주어진 '삶의 자리'에서 지내던 저희들입니다. 그 자비로우심에 감사하며 구역 공동체로 모여왔습니다. 저희들은 거두어들인 것이 많음에 감사드립니다. 그리고 성도들의 가정마다 자녀들 때문에 행복하게 지내게 하셨음을 기뻐합니다.

이 시간에, 구역강사님께 주목해서 진리의 말씀을 공부할 때, 사랑하는 지체들의 영적인 눈이 열려 지게 하시옵소서. 저희들에게 이 말씀을 하시는 하나님의 의도를 보게 하시옵소 서.

사랑하는 구역의 지체들, 깨닫게 하시는 성령님의 은혜에 감사드리게 하시옵소서. 그리하여 저희들의 삶이 여호와께 합당하지 않은 것을 발견하거든 즉시 버리게 하시옵소서. 거절하게 하시옵소서.

예수님의 이름으로 기도드립니다. 아멘.

11월 3주

감사하도록 절기를 주신 하나님,

저희들이 지난시간 동안에도 열심을 다하여 저희에게 맡겨진 사명에 충성하지 못했음을 용서해주옵소서. 이로써 교회의 사명을 다하지 못하고 말았습니다. 담대히 주의 일을 감당하게 하시옵소서.

날마다 저희 지체들을 보호하시고, 은혜를 베푸시는 하나님을 사랑합니다. 우리 ○○교회의 지체들이 구역모임으로 함께 하게 하셨음에 감사드립니다. 적은 지체들이 모여 주님의 몸이 되었음을 고백하는 이 자리가 하나님께 영광이 되기를 소원합니다.

오늘, 함께 한 저희들에게 진리를 공부하는 즐거움을 누리게 하시옵소서. 공부하는 한 시간의 은혜를 보게 하시옵소서. 주님의 사랑 을 받으면서 서로 화목하게 공부하도록 이끌어 주시옵소서.

성령님의 권면을 통해서 저희들에게 열매를 맺음에 주목하게 하시옵소서. 먼저 저희 안을 깨끗하게 하여 좋은 나무가 되는 은혜를 주시옵소서. 성령님께서 거하심으로써 아름다운 열매를 맺게 하시옵소서.

사랑하는 지체들 모두가 그리스도의 향기로 피어나게 하시옵소서. 저희들이 사랑의 공동체를 이루게 하시고, 교회의 머리되신 주님의 뜻을 온전히 이루어 드리는 지체들이 되게 하시옵소서. 그리하여 이 은혜가 저희들의 각 가정에까지 흐르는 것을 경험하기 원합니다.

예수님의 이름으로 기도드립니다. 아멘.

11월 4주

감사함으로 지내오도록 하신 하나님,

자기의 십자가를 지고 주님을 좇는 것을 즐겁게 하시니 감사드립니다. 성령님의 감동하심에 순종하지 못하고, 고의적으로 자신의 생각과 판단을 쫓으며 지낸 죄를 회개합니다. 하나님의 음성보다 자신의 목소리에 귀를 더 기울이려 한 죄를 용서해주시옵소서.

십자가를 통해서 하나님께로 나아가는 길을 열어주시고, 때를 따라 도우심에 감사드립니다. 주님의 십자가만이 저희들에게 소망입니다.

여기에 모인 지체들에게 날마다 하늘의 신령한 은혜와 이 땅에서의 기름진 것으로 배불리는 삶의 은혜를 주시옵소서. 옥토의 심령을 지니고, 반석 같은 믿음의 처소를 이루어 가게 하시옵소서.

오늘도 성경을 공부하면서 진리를 깨달아 저희들의 가슴이 뜨거워지기를 원합니다. 진리를 깨달음에서 하나님을 향해 살며, 영적인 사람으로 자기를 세워가려는 거룩한 결단을 하게 하시옵소 서. 우리 구역의 권속을 먹이시는 하나님의 은혜가 말씀으로 주어지기 원합니다.

귀하고도 중하신 하나님의 말씀을 대하려 하니, 성령님께서 저희들의 마음을 주장해주시옵소서. 눈으로 읽는 말씀이 아니고, 마음으로 깨닫는 말씀이 되게 하시옵소서. 오늘의 공부를 통해서 저희들을 훈계하시는 하나님의 음성을 듣게 하시옵소서.

예수님의 이름으로 기도드립니다. 아멘.

12월 1주

여호와, 우리 하나님,

주님의 오심으로 땅에서는 기뻐하심을 입은 사람들 중에 평화라고 하셨습니다. 우리의 구속주로, 평화의 왕으로 오신 주님을 기뻐합니다. 성탄으로 오신 예수님을 맞이하는 심령을 즐겁게 하시옵소서.

아버지의 말씀에 순종하지 않고, 그 명령을 거역하며 살아온 저희의 허물과 죄를 기억합니다. 탐욕과 이기심으로 더렵혀지고 흐려졌음을 고백합니다. 가슴을 치며 애통해하는 소리를 들어주시기를 원합니다.

온전히 하나님께 마음을 두는 은혜를 경험하게 하시옵소서. 이로써 오늘, 단 하루만이라도 여호와께 순종하는 착한 종이 되어 주님의 사람으로 살기를 원합니다. 위에서 부어지는 성령님께 촉촉이 젖게 하시고, 주님의 인도에 자신을 내어 맡기도록 하시옵소서.

저희 가정에 주신 자녀들이 행함으로 의로움을 인정받음을 깨달아 순종하는 신앙으로 지내게 하시옵소서. 하나님의 말씀에 순종하여 믿음에서 믿음으로 이르게 해주시기를 원합니다. 그들이 주 여호와의 이름을 높여드리며 믿음을 보여드리는 삶을 살게 하시옵소서.

오늘도 구역장님의 기도와 구역강사님의 수고 속에서 하나님의 말씀을 나눌 때, 여호와 이레의 복을 경험하는 저희들이 되게 하시옵소서.

예수님의 이름으로 기도드립니다. 아멘.

12월 2주

여호와, 우리 하나님,

구원의 선물을 주신 은혜에 감사를 드립니다. 베들레헴의 말구유에 오신 예수님을 기뻐하면서 동방의 박사들처럼 예물을 드려 경배하게 하시옵소서. 마음으로 예물을 드리는 저희들이 되게 하시옵소서.

지난 시간 동안에도 사랑하는 지체들은 주님의 보내심으로 빛이요, 소금이 되어야 했습니다. 저희들도 빛과 소금이 되어 지내자고 약속을 드렸습니다. 그렇지만 육신적인 연약함으로 그렇게 하지 못한 죄를 깨끗이 씻어 주시옵소서. 새롭게 하시옵소 서. 그 소망 가운데 주님과 함께 풍성한 삶을 살기 원합니다.

간절히 비오니, 지체의 가정에서마다 풍성한 재정으로 주님을 더욱 존귀케 해드리기를 원합니다. 옷이 해어지지 않고, 양식이 떨어지지 않게 하시며, 후히 대접하는 손길이 되게 하시옵소서.

저희들의 아이들이 실수했다고 해서 낙심하지 않기를 원합니다. 실수를 할지라도 다시 일어설 수 있음을 깨닫게 하시옵소서. 주님의 다시 일으켜 세워주시는 은혜의 넉넉하심을 기다리게 하시옵소서.

이 시간에, 구역강사님께서 하나님의 말씀을 가르쳐 주십니다. 저희들 모두, 진리를 연구하는 자세로 공부에 임하게 하시옵소서. 성탄절을 기다리는 심령에 예수님을 모셔드리는 은혜를 내려 주시옵소서.

예수님의 이름으로 기도드립니다. 아멘.

12월 3주

여호와, 우리 하나님,

열방의 백성이 주의 이름 앞에 무릎을 꿇게 하시옵소서. 이 시간에, 주님을 찬양하는 노래가 저희들의 심령에 가득하게 하시옵소서. 성탄절을 기다리는 저희의 마음에 주님을 모시게 하시옵소서.

돌이켜보니 기도에 게을렀던 지난 시간을 고백합니다. 부족할 때마다 하나님을 찾아야 했건만, 기도보다는 인간적인 수단과 방법에 의지했던 삶을 용서해주시옵소서. 평생 하나님을 의지한다는 믿음으로 살아가도록 도와주시옵소서.

오늘도, 구역장님과 구역강사님의 헌신으로 저희들은 이만큼 모였습니다. 오늘의 모임을 위해서 기도하며 수고한 결과로, 임마누엘의 역사하심이 성경을 공부하는 저희들 모두에게 있게 하시옵소서. 모임을 위하여 가정을 성소로 바친 ○○○님께 복을 더하여 주시옵소서.

우리의 이웃에는 아직도 많은 형제들이 병 때문에, 가난 때문에 고통의 멍에를 지고 살고 있습니다. 주님께서 베푸신 구원의 기쁨을 회복하게 하사, 깨어진 것을 다시 매만져 주옵소서.

저희들의 자녀들에게도 생명의 빛으로 오신 예수님으로 말미암아 새 사람이 되게 하시옵소서. 그 빛으로 말미암아 다시 일어나게 하옵소서. 그 빛이 있기에 다시 시작하게 하시옵소서.

예수님의 이름으로 기도드립니다. 아멘.

12월 4주

만복의 근원이신 우리 하나님,

언제나 하나님께서는 사모하는 영혼을 만족하게 해주셨습니다. 주린 영혼을 위해서는 좋은 것으로 채워주셨습니다. 우리 구역을 교회로 삼게 하셨음에 감사합니다. 오늘, 그 은혜에 진실로 감사하여 마지막의 구역모임으로 말씀과 교제가 풍성하기를 기대하게 하시옵소서.

예수님께서 십자가에 달려 죽으심으로써 하나님의 자녀가 되게 하셨으니 그 사랑으로 살아가게 하시옵소서. 사탄은 제가 하나님의 자녀 된 것을 시기하여 넘어뜨리려 하지만, 오히려 사랑으로 사탄을 대적하게 하시옵소서.

저희들의 가정을 복 되게 하셨으며 천국 백성으로 지내야 하는 자녀들을 일년 동안 지켜주셨음에 감사드립니다. 그들이 주님 앞에서 자신의 삶을 계산하는 날을 기다리게 하시옵소서. 주님께서 회계하자 하실 때, 내어놓을 것이 많이 있기를 원합니다. 학생의 신분으로 열심히 공부하며 지냈던 것을 하나님께 보여드리게 하시옵소서.

이 시간을 인도하시느라 수고하시는 구역장님께 성령님의 크신 역사가 함께 하시옵소서. 성업, 거룩한 직무를 완수하게 하시옵소서. 저희들을 가르치고, 이끌어 주시는 모든 이들에게 칭찬해 주시고. 상급을 받아 누리게 하시옵소서.

예수님의 이름으로 기도드립니다. 아멘.

5
교회절기 - 국가기념일 예배기도문

1. 사순절

사순절의 하나님,

주님의 십자가를 통해서 소망을 주시는 손길을 바라봅니다. 사순절에 하나님을 영화롭게 해드리기 위하여 임마누엘을 소망하도록 성령님의 인도하심을 기다리게 하시옵소서. 십자가를 지셨던 주님의 삶을 따르게 하시옵소서.

저희들을 구속하심은 죄에서 떠나라 하심임을 믿습니다. 저희들을 자녀로 삼아주심은 하나님께 영광을 드리는 삶을 살라 하심임을 믿습니다. 그럼에도 자신의 유익을 구하는 습성을 버리지 못해 주님의 친구로 살지 못한 죄를 회개합니다. 주님께서 말씀하신 삶을 묵상하지 못하고, 자신의 생각과 일에 분주했음을 회개하게 하시옵소서.

이 거룩한 아침에, 하늘의 영광을 버리고 이 땅에 오신 예수님을 바라봅니다. 저희를 구원해 주시려고 십자가를 지시기 위해서 고난의 길을 걸으셔야 했던 주님을 바라봅니다. 십자가에서 흘리신 피로 저희들은 죽음에서 생명을 누리게 되었고, 오늘 예배하게 되었습니다.

십자가를 통해서 주님을 알고, 믿게 되었으니 십자가의 신앙으로 영광을 드리게 하시고, 주님께서 지셨던 십자가가 저희들의 삶이 되게 하시옵소서. 십자가에서 흘리셨던 주님의 보혈이 저희들의 혈관에 흐르게 하시옵소서. 주님의 십자가가 저희들에게 생명이 되기를 빕니다.

여기에 모인 ○○의 권속들이 서로 돌아보고 기쁨으로 섬기면서 하나님 중심, 말씀 중심, 교회 중심적 생활을 힘쓰게 하시옵소서. 주님의 사랑 안에서 교제와 봉사를 하면서 신앙생활에 힘쓰기 원합니다. 그리하여 각각 다른 사람들의 일을 돌아보아 하나님께 영광을 드리게 하시옵소서.

하나님 아버지, 여호와의 영광이 예배당에 선포되도록 성가대를 세워주셨습니다. ○○ 성가대원들이 하나님을 예배하는 저희들을 대신하여 찬양하는 역할을 귀하게 감당하게 하시옵소서. 저들의 수고를 통해서 더욱 영화롭게 예배를 드리게 하셨음에 감사드립니다.

이 시간에도, 몸이 늙어서 병들어 집이나 병원에서 홀로 있는 이들이 있으니 도와주시옵소서. 회복하게 하시는 여호와의 만져주심으로 구원해주시옵소서. 병든 이들에게는 싸매어주시는 은혜로 아픈 부위를 낫게 하시고, 쇠약해진 노인들에게는 남은 생애를 주 안에서 보내도록 해주시옵소서.

이 시간에, 예배를 위해서 성실히 맡은 직분의 자리에서 봉사하는 지체들을 기억해주시옵소서. 오늘, 사순절의 예배를 위해서 부름을 받은 모든 종들에게 감사와 기쁨으로 주어진 일을 섬기게 하시옵소서.

예수님의 이름으로 기도드립니다. 아멘.

2. 종려주일

찬송을 받으실 하나님,

구원에 이르게 해주시는 하나님, 종려주일 아침에 영화로우신 그 이름을 영원히 찬송하기 위하여 머리를 숙였습니다. 이 시간에, ○○의 지체들에게도 호산나를 부르며 예수님을 찬송하는 은혜를 누리게 하시옵소서. 이 거룩한 예배당에 주님의 이름을 호산나로 찬송하는 소리가 가득하기를 빕니다.

주님의 보혈로 말미암아 죄를 씻음을 받았음에도 그 보혈의 은혜를 잊고 살았음을 회개합니다. 하나님께 저희들의 소망이 있음 을 말하면서도, 삶의 자리에서는 눈에 보여지는 것들에 마음을 두고 지냈습니다. 지금 마음을 돌이켜 주님께 자복하여오니 사유해 주시옵소서.

오늘, 저희들에게도 주의 이름으로 오신 예수님을 찬송하게 하시옵소서. 주님께서 예루살렘에 들어오실 때, 앞에서 가고 뒤에서 따르는 자들이 소리를 지르며 찬송하였습니다. 그들은 흰옷을 입고 손에 종려나무 가지를 흔들었습니다. 종려나무 가지를 길에 깔아 영접하였습니다.

시간이 흘렀고, 장소는 바뀌었어도 저희들에게 마음의 흰옷을 입고 예배하도록 하시옵소서. 그리고 종려나무 가지를 흔들게 하시옵소서. 예수님께서 구원의 주로 오셨으니 기쁨으로 맞아들이게 하시옵소서. 주님의 고난을 당하셨음이 우리를 위함이 시기에 환영하는 마음을 갖게 해주시옵소서.

하나님 아버지, 단에 세워주신 목사님께서 주님의 고난을 당하심과 십자가를 지심에 대한 말씀을 전하실 때, 주님의 음성으로 듣게 하시옵소서. 주님께서 ○○의 지체들에게로 오셔서 말씀을 하시는 그 부드러운 음성으로 듣게 해주시기를 빕니다.

○○ 성가대의 찬송으로 하나님의 영광이 예배당 안에 가득하게 하시고, 저희들은 그 은혜로 하나님께 더욱 가까이 나아가도록 하시옵소서. 오늘도 하나님께서 받으실 만한 예배가 되기 위해서 예배위 원들로 하여금 봉사하도록 하셨으니 감사드립니다.

저희들에게 종려주일을 지키도록 하셨으니, 이 절기가 하나님께 영광이 되기를 빕니다. ○○의 지체들이 교회에 모여 예배하는 시간에 하나님을 만나게 하시옵소서. 우리들의 예배를 받으시고, 개인적으로 찾아와 음성을 들려주시는 하나님을 만나게 하시옵 소서.

짧은 시간, 한 시간의 시간으로 드려지는 예배에서 하나님께 영광을 드릴 때, 마귀의 훼방을 멸하여 주시옵소서. 저희들이 심령으로 깨어서 하나님께만 피조물이 드리는 영광을 바치게 하시옵소서. 하늘의 하나님을 영화롭게 해드리는 순서로 예배가 진행되게 하시옵소서.

예수님의 이름으로 기도드립니다. 아멘.

3. 고난주간

소망을 주시는 하나님,

구속의 은혜를 입은 성도들이 여호와를 찬송하게 하심에 감사드립니다. 이 시간에, 살과 피를 주신 예수님의 사랑을 묵상하는 저희들에게 은혜가 베풀어지기를 소망합니다. 하늘의 문이 열리고 도우시는 주님의 손이 나타나는 것을 보게 하시옵소서.

저희들에게도 자신이 마셔야 하는 고난의 잔이 있는데, 이 잔을 고의로 피한 죄를 고백합니다. 마음이 교만하여 여호와 앞에서 악을 행하였으니 용서해주시옵소서. 순간적인 자신의 유익을 구하느라 주님께서 가신 길을 따를 것을 부인했던 죄를 회개합니다.

골고다의 십자가를 바라보기보다 고난은 주님께서 당하시고, 좋은 것만 얻기를 생각했던 죄를 회개합니다. 하나님의 뜻을 거절함으로써 저희들이 주님께 죄를 지었습니다. 십자가에서 이루어진 은혜의 길로 행치 아니하였고, 하나님의 말씀에도 순종치 않았으니 용서해주시옵소서.

하나님 아버지, 신령과 진정으로 시작된 예배에 오직 하나님께만 영광이 되는 순서로 진행되게 하시옵소서. 여호와의 은혜로 고난주간을 보내면서 자신이 십자가를 감당하려는 결단하게 하시옵소서. 이 교회를 위하여 주의 종을 보내셨으니, 이 시간에 진리와 은혜의 말씀을 듣게 하시옵소서. 그에게 성령님의 충만하심과 지식을 더하셔서 천국의 말씀을 선포하도록 인도해 주시옵소서. 주님의 귀한 교회를 위해서 세우신 담임 목사님께 신령한 은혜를 더하시며. 그의 말씀을 순종함으로 받게 하시옵소서.

○○성가대원들이 하나님을 찬양할 때, 이 예배당이 천상의 자리가 되기를 원합니다. 그 찬양으로 저희들에게는 예배하려는 마음이 더욱 간절해지게 해주시옵소서. 이 한 시간의 예배를 위하여 여러 모양으로 수종을 드는 종들을 세우셨음에 감사드립니다. 저희들은 마음을 다하여 순서를 따르게 하시고, 임마누엘의 은혜를 소망하게 하시옵소서.

긍휼을 베푸시는 하나님, 주님께서 고난을 당하셨던 그 때를 묵상하면서 뜨거운 감사로 예배하기를 소망합니다. 사실, 주님의 절규는 저희들의 것이었음을 고백합니다. 죄로 인하여 저희들이 여호와께로부터 외면을 당해야 했고, 버림을 받아야 했습니다. 주님의 백성들을 거룩하게 하시고, 고난주간의 예배를 드리게 하심에 감사드립니다.

이 예배의 순서가 원만히 진행되도록 봉사하는 지체들이 있어서 감사드립니다. 성실히 맡은 직분을 섬길 때, 몸을 드려 예배하는 은혜를 경험하게 하시옵소서. 저들의 헌신으로 더욱 영화롭게 예배를 드리니 감사드립니다.

예수님의 이름으로 기도드립니다. 아멘.

4. 부활절

자기 백성을 찾으시는 하나님,

영화로우신 우리 주님의 이름을 영원히 찬송하기 위하여 머리를 숙였습니다. 예수님이 무덤을 깨드리게 하신 하나님의 이름에 합당한 영광을 드리기 원합니다. 이 시간에 모인 거룩한 백성들이 높으신 이름을 영화롭게 해드리게 하시고, 신령과 진정으로 예배하게 하시옵소서.

예수님의 부활로 죄를 이기게 되었음을 확신해야겠건만, 부활이 없는 자들처럼 살아온 것을 회개합니다. 하늘을 사모해야 하면서도 눈에 보이는 것, 마음을 즐겁게 하는 것에 매달려 주님이 없는 삶을 살았음을 자복합니다. 주님의 부활에 영광을 드리지 못하였음을 용서해주시옵소서. 저희를 대하여 오래 참으시는 하나님의 사랑에 감사드립니다.

하나님 아버지, 이 시간에, 다시 사신 주님을 믿음으로 천국을 소망하게 하심에 감사드립니다. 저희들이 부활의 주님을 믿고 있으니, 하늘을 바라보며 살게 하시옵소서. 이제, ○○의 지체들은 부활의 주님께서 하늘에 계시니 하늘을 바라보는 은혜를 내려 주시옵소서.

주님께서 부활하신 영광이 온누리에 충만한 주일을 주셔서 감사드립니다. 우리 예수님의 부활은 지옥의 세력을 깨뜨린 놀라운 사건

이었습니다. 주님께서 우리 대신 지옥에 가서 우리 대신 저주를 당하시므로 지옥의 저주를 도말하셨습니다.

이 땅에 있는 것에 욕심을 내거나 땅에 있는 것들로 마음에 요동이 일지 않게 하시옵소서. 오직 하늘에서 주님이 상 주실 것을 바라보며 살게 하시옵소서.

하늘의 하나님, ○○ 교회의 성도들이 한 마음으로 머리를 숙인 지금이 하나님께 영광이 되기를 소망합니다. 부활절의 주님을 묵상하는 저희들에게 말씀을 대언하실 목사님께서 단에 서셨으니 진리의 말씀을 선포하게 하시옵소서.

이 예배를 아름답게 하는 ○○ 성가대의 귀한 지체들의 찬양을 받아주시옵소서. 이들의 찬양을 통해서 하나님께는 영광이 드려지고, 혹시 찬송의 힘을 잃은 회중들은 힘을 얻기를 원합니다. 예배하는 동안에 예배당의 안팎에서 봉사하는 종들이 있음에 감사드립니다. 지체들의 섬김으로 예배를 아름답게 하시니 종들이 은총을 입게 하시옵소서.

○○의 귀한 지체들에게 부활절의 신앙을 갖고 일할 수 있게 해주셨음을 감사드립니다. 생업을 주셨으니, 일하는 중에 부하게도 하시옵소서. 저들을 사랑하셔서 자기 분깃의 일을 하며 성취의 만족을 누리게 하시니 감사드립니다. 사랑하는 지체들에게 일터를 통한 번성의 삶을 경험하게 하시옵소서.

예수님의 이름으로 기도드립니다. 아멘.

5. 성령강림절

성령으로 인도하시는 하나님,

성령강림절을 맞이하여 주님의 크고 위대하심에 영광을 드립니다. 성령님께의 충만하게 하심으로 저희들을 하나님의 품으로 이끄시고, 풍성한 은혜를 누리게 하셨음에 영광을 드립니다. 성령님의 오심으로 말미암은 영광은 하나님의 것이오니, 이 시간에 영광을 받으시옵소서.

여호와 앞에서 참회하는 심령으로 고백하오니 저희의 죄를 용서해주시옵소서. 회개하는 음성을 들으시고, 용서해주시옵소서. 성령님께 순종함으로써 영광을 드리지 못한 죄를 용서해 주시고, 저희들을 돌아보아 주시옵소서. 성령님께 순종하여 영광을 드리게 하시옵소서.

주님의 지체들에게 성령님의 알게 하심과 깨닫게 하심으로 진리 안에서 소망을 품게 하시니 감사드립니다. 삶이 어렵다고 여겨질 때, 지치고 힘들어 괴로워할 때, 성령님께서 붙들어 주심을 묵상합니다. 보혜사 성령님께서 위로해주시고, 도와주심에 감사드립니다.

하나님 아버지, 사랑하는 지체들이 성령님을 즐거워하면서 예배하는 한 시간으로 인도해 주시옵소서. ○○의 전이 하나님의 영광으로 가득하기를 빕니다. 복된 예배로 실망과 근심으로 좌절에 빠진 사람들은 용기를 갖게 하시옵소서. 그리고 육신적으로 연약한 사람들에게 치유의 은혜를 입게 하시옵소서.

하나님의 종으로 구별되신 목사님을 저희들에게 주심에 감사드립니다. 종의 입술을 통해서 전해지는 말씀을 사모하게 하시옵소서. 예배의 순서에 따라 ○○ 성가대원들이 찬양을 드릴 때, 영광을 받아주시옵소서. 예배의 진행을 돕고, 성도들의 편의를 위하여 봉사하는 지체들도 축복합니다.

하나님 아버지, 성령님의 충만하신 임재를 통해서 ○○의 지체들이 신앙의 열매를 맺게 하심에 감사드립니다. 성령님께서 세상에 오셨음을 찬송하며 예배할 때, 열매를 맺는 소원에 불타게 해주시옵소서. 저희들에게 열매를 맺음을 사모하게 하시고, 성령님의 능력으로 착한 행실에 힘을 쓰도록 해주시옵소서.

먼저, 하나님을 향한 열매를 맺어, 사랑과 희락과 화평의 생활에 힘을 쓰게 하시옵소서. 하나님의 사랑이 저희 마음에 부어져 저희들의 성품이 바꾸어지기 원합니다. 이어서, 성령님으로 인한 열매를 저희들의 삶에서 맺게 해주시옵소서.

저희들의 인격이 성화되어 가는 오래 참음과 자비와 양선의 생활을 사모하게 하시옵소서. 저희들의 인격 속에 충성 곧 신실함이 심어지고, 온유함이 싹트고, 절제의 은혜가 나타남을 보게 해주시옵소서.

예수님의 이름으로 기도드립니다. 아멘.

6. 삼위일체주일

자기 백성을 구원하시는 하나님,

그 영광의 팔로 저희들의 오른손을 붙잡아 주셨으며, 그 이름을 영영케 하시려고 아침마다 기적을 베풀어주신 하나님을 즐거워합니다. 주 하나님의 이름을 찬송하면서 진정으로 예배하는 저희들이 되게 하시옵소서.

하늘에 소망을 두지 않고, 하나님이 없는 이들과 똑같이 행동해왔던 지난 시간을 회개합니다. 주님의 영광을 나타내어야 하는 성도의 행실을 거절하고 여호와의 이름이 조롱거리가 되게 하였음을 자복합니다. 죄를 자복하는 저희들이 사유하심의 은혜를 받게 하시옵소서.

삼위 하나님의 역사를 즐거워하게 하시옵소서. 성부 하나님은 인간과 세상의 구원을 뜻하고 계획하셨고, 성자 예수님은 당신의 몸과 생명으로 인간 구원을 성취하셨으며, 보혜사 성령님은 인간 속에서 그 구원을 적용하시고 완성해 나가십니다. 그러므로 하나님의 구원하심에 감격하여 예배하도록 인도해 주시옵소서.

영화로우신 하나님, 죄인 되었던 저희들이 믿음으로 의로움을 얻어 하나님의 영광에 참여하게 되었습니다. 성령님의 확증으로 저희들의 마음에 부어진 하나님의 사랑이 천국을 소망하게 합니다. 하나님 나라, 하나님의 영광에 참여할 소망을 품게 하셨으니, 성삼위 하나님의 은혜로 온 세상에 그 영광을 선포하는 예배를 드리게 하시옵소서.

삼위일체주일에 주님의 백성들을 위해서 말씀을 준비해 주셨음에 감사드립니다. 말씀을 전하실 목사님께 영력을 더하여 주셔서 성삼위 하나님의 은혜로 인도해 주시는 복된 시간이기를 원합니다. 그 말씀의 은혜와 능력으로 저희들을 새롭게 하여 주시옵소서.

○○ 성가대원들이 마음과 몸을 드려 찬양할 때, 하나님의 은혜를 체험하는 복된 자리로 인도해 주시옵소서. 아름다운 찬양이 있는 예배로 하나님께 영광을 돌리게 되며 찬송의 능력을 체험하게 하시옵소서.

하나님 아버지, 이 예배가 신령과 진정으로 드려지기 위해서 봉사하는 종들이 있으니, 그들이 더욱 충성스럽게 감당하게 하시옵소서. 성령님의 질서와 말씀이 예배하는 중에 흥왕해지는 교회가 되도록 복을 주시옵소서. 오늘도 많은 이들 가운데 예배를 위한 봉사자들이 순종함으로 섬기고 있느니 복된 봉사가 되게 하시옵소서.

하나님의 삼위가 저희들의 온전함을 위하여 일하심을 기대합니다. 영원에 이르기까지 여호와 앞에서 든든히 서게 하시옵소서. 하나님의 거룩하심과 같이 거짓이 없고, 순결함으로 예배하도록 저희들의 심령을 다스려 주시옵소서.

예수님의 이름으로 기도드립니다. 아멘.

7. 맥추감사절

첫 열매를 거두게 하신 하나님,

첫 소출의 즐거움을 주시는 손길을 바라봅니다. 여호와의 자비로우심으로 수확의 기쁨을 주셨음에 저희들의 풍요가 하나님께만 영광이 되게 하시옵소서. 주님의 도우심을 바라고 살아온 지체들에게 소원의 이룸을 보게 하셨으니 더욱 여호와를 바람이 있게 하시옵소서.

여호와의 은혜로 시작한 한 해의 삶이 어느덧 여섯 달이 지나고 저희들의 손에는 첫 수확물이 들려졌음에 감사드립니다. 땅은 기름지고, 골짜기마다 비가 내려 농부가 소산물의 즐거움을 누리듯이, 저희들에게도 거두게 하심에 따라 감사하는 무릎을 꿇었습니다. 맥추감사절의 풍성함을 이웃들과도 나누게 하시옵소서.

맥추감사절의 하나님, 자기 백성을 돌아보시는 자비로우심이 크셨음에 영광을 드리고 저희들은 무한 감사로 즐거워합니다. 거두어들인 것들로 인하여 감사할 때, 여호와의 은혜에 합당한 영광을 드리며 경배하는 한 시간이 되게 하시옵소서.

하나님 앞에서 복된 지체들이 풍성한 감사를 드리고 즐거워하게 하시옵소서. 저희들이 억지로나 인색함으로 드리지 않음에서 더욱 감사드립니다.

맥추감사절에 ○○ 교회로 하여금 우리를 사랑하시는 주님을 전하는 공동체가 되게 하시옵소서. 수고의 땀을 흘린 대로 첫 열매를 거두게 하셨음을 세상 속에 드러내며 하나님의 뜻을 이루어 드리게 하시옵소서. 자신의 몸을 내어주셨던 주님의 교회가 되기를 소망합니다.

오늘, 주님께는 감사하고 저희들에게는 서로가 즐거움으로 기쁘게 하시옵소서. 이 즐거움을 교회를 위하여 불철주야 애를 쓰시는 목회자들과 함께 하기를 소망합니다. 아울러 삶이 힘들고 무거운 이들과도 나누도록 인도해 주시옵소서.

하나님의 종으로 구별되신 목사님을 세워주심에 감사드립니다. 강단에서 생명과 진리로 이끄실 목사님께 성령님과 지혜에 충만케 하셔서 하나님의 말씀으로 흥왕함을 보게 하시옵소서. 종을 통해서 전해지는 말씀에 순종하게 하시옵소서.

○○ 성가대원들이 성령님께 감동되어서 드리는 찬양으로 온 교회에 영광이 넘치기를 원합니다. 이 찬양이 실망과 근심으로 좌절에 빠진 사람들에게 용기를 갖게 하시고, 육신적으로 연약한 사람들에게 치유의 은혜를 내려 주시옵소서.

이 시간에도 예배의 진행을 돕고, 성도들의 편의를 위하여 봉사하는 지체들의 헌신을 받으시고, 사탄의 세력이 얼씬거리지 못하게 하시옵소서.

예수님의 이름으로 기도드립니다. 아멘.

8. 추수감사절

여호와 우리 주여,

주님의 백성 된 ○○의 지체들이 성전을 찾았습니다. 추수의 기쁨을 감사하는 예배의 즐거움을 주셨으니, 그 이름을 찬송하는 권속들과 즐거워하는 교회가 되게 하시옵소서. 하나님께로 나온 권속들마다 여호와의 이름에 영광을 드리고, 그 이름을 기뻐하게 하시옵소서.

저희들이 죄를 지었음을 고백합니다. 하나님의 영광을 위함보다 저희들의 즐거움과 만족에 마음을 두고 지내왔습니다. 영생을 가지지 못한 이들처럼 세상에서 남보다 너 재물을 취하고, 손해를 보지 않으려는 마음에 쫓겨 살았음을 회개합니다.

여호와의 손이 주님의 백성들을 창성하게 하셨음에 감사하여 머리를 숙입니다. 저희들이 여호와로 인한 즐거움에 찬송을 부를 때, 하늘에 가득하기를 소망합니다. 하나님의 도우심이 즐거움을 더하게 하셨으므로 추수하는 즐거움에 찬양으로 목이 터지게 하시옵소서.

만물의 하나님, 하나님의 은혜는 밭고랑마다 비로 적셔지게 하셨고, 움을 트인 싹들마다 크게 자라 알곡들이 맺히게 하셨습니다. 적당한 햇빛과 바람은 나무의 가지마다 열매를 맺게 해주셨습니다. 이로써 사람들이 추수의 즐거움을 누리게 되었으니 감사드립니다.

여호와의 손이 저희를 흥겹게 하셨으니 이 모든 것들은 다 주님의 것입니다.

지금, 지나온 시간들을 돌아볼 때, 일마다 때마다 함께 해주신 여호와의 손길이 즐겁습니다. 쉴 때는 찬송을 하며 지내게 하시고, 어려운 고비에서는 하나님이 직접 함께 하셨습니다. 개인적으로도 그렇고, 교회적으로도 어려운 고비의 때가 있었는데 그 어려운 시간을 이기도록 하신 하나님께 감사드립니다.

하나님 아버지, 하나님은 자기 눈동자 같이 보호해 주셨으니 영광을 받으시옵소서. 저희들이 예배하는 이 시간을 주님의 손에 드립니다. 담임 목사님을 붙드셔서 ○○ 교회의 권속에게 하나님의 말씀을 전하게 하시옵소서. 오늘의 말씀이 저희들의 심령을 새롭게 하여 추수하는 즐거움을 누리는 삶을 사는 결단이 되게 하시옵소서.

○○ 성가대원들이 예배하는 회중을 대표해서 하나님의 영광을 찬양하게 하시옵소서. 귀한 지체들이 몸을 드려 준비한 찬양이 이 자리를 하나님의 영광으로 가득하게 하시옵소서. 거룩한 예배로 오직 하나님께 영광이 되기를 소원합니다.

저희들은 심은 것은 지극히 적었으나 30 배, 혹은 60 배, 혹은 100 배로 결실하게 하셨으니 하나님의 사랑에 감사드리게 하시옵소서.

예수님의 이름으로 기도드립니다. 아멘.

9. 대강절

대강절기를 주신 하나님,

성탄절을 기다리는 저희들에게 여호와를 소망하게 하시옵소서. 죽음과 멸망의 어두움에 있던 인류에게 소망의 빛을 비추어주신 하나님을 바라보게 하시옵소서. 이 거룩한 아침에, 생명의 양식으로 오신 아기 예수님을 기뻐하게 하시옵소서.

하나님께는 긍휼과 사유하심이 있으니 저희의 죄를 회개합니다. 거리마다 성탄절을 기다리는 축제의 분위기는 있으나 진정 저희들의 마음에 왕으로 예수님을 모시지 못한 죄를 고백합니다. 성탄절의 기쁨이 우리의 것이 되지 않게 하시옵소서. 주께 패역한 어리석음을 용서해주시옵소서.

하나님 아버지, 저희들이 예배할 때, 하늘에서 천사들의 화답이 있기를 소망합니다. 이 시간에 메시야를 기다리던 그날의 은혜를 누리게 하시옵소서. 하나님의 아들이 구세주로 오셨던 날을 기리며 예배합니다. 주 하나님의 나라가 빛으로 임하는 복된 날이 더욱 경건해지기 원합니다.

하나님의 약속은 변함이 없으심에 찬송을 하며 영광을 드리게 하시옵소서. 그 옛날, 베들레헴에 한 아기가 우리에게 났음을 즐거워하여 예배하는 저희들에게 은혜와 진리로 충만하시옵소서. 저희들에게 베들레헴에서 나신 예수님을 기뻐하게 하시옵소서.

아기 예수님께서 떡집의 동네에서 주님이 생명의 양식이심을 보여주는 증거였습니다. 영생에 이르는 생명의 떡을 주시는 예수님께 찬양을 올려 드리게 해주시옵소서.

예배하도록 부르신 하나님, 하나님의 영이 영광으로 임재하사 이 예배를 영화롭게 하시고, 하나님만이 만물의 주 되심을 선포하기 원합니다. 저희들을 부르셔서 대강절에 영광을 드리게 하심을 즐거워합니다. 목사님을 대언자로 세우셔서 말씀을 전하게 하심을 감사드립니다. 그 말씀으로 예수님을 찬양하게 하시옵소서.

대강절에 주님의 백성들을 위해서 말씀을 준비해 주셨음에 감사드립니다. 말씀을 증거하실 목사님께 영력을 더하여 주셔서 아기 예수님을 기뻐하며 경배하는 복된 시간이기를 원합니다.

오늘도 주님을 영화롭게 해드리는 ○○ 성가대를 세우셨으니, 예수님을 구주로 믿는 무리들이 한 마음으로 하나님을 찬양하며 예배하도록 하시옵소서. 예배하러 나오기를 기다리면서 준비한 예물을 감사함으로 드리게 하시옵소서. 이 예배가 신령과 진정으로 드려지기 위해서 봉사하는 종들이 있으니, 그들이 더욱 충성스럽게 감당하게 하시옵소서.

예수님의 이름으로 기도드립니다. 아멘.

10. 성탄절

영화로우신 그 이름의 하나님,

영원히 찬송하기 위하여 머리를 숙였습니다. 저희들을 죄에서 구해주셨으니 그 은혜의 이름을 찬송합니다. 영생을 주시고, 하늘나라에 대한 즐거움을 주셨으니 주님의 이름에 영광을 드립니다. 이 거룩한 날에 하나님의 뜻이 이루어지기를 소망합니다.

주님께서 나신 날, 눌 자리가 없으셨던 것처럼, 이 시간에 저희들의 마음에 예수님을 모셔 들이지 못함을 용서하시옵소서. 성탄의 영광을 찬양하는 계절에도 세상에서 소유하고, 먹고 마시는 일들로 바빠야만 했던 교만함을 고백하니, 용서하여 주시옵소서.

저희 인생들을 자기들의 죄로부터 구원해 주시려고 놀라운 일을 행하셨음에 감사드립니다. 저희들이 구주를 기다렸으니 주님께서 저희를 죄에서 구원해 주심을 믿습니다.

하늘의 하나님, 아기 예수님의 나심을 기뻐하며 마음으로 엎드려 경배합니다. 하나님의 아들이 죄인들의 구원을 위하여 찾아오신 날은 참으로 기쁜 날입니다. 아기 예수님의 나심은 큰 기쁨의 좋은 소식이 되었습니다. 이 좋은 날에 성도들이 찬양과 경배를 드립니다,

하나님의 아들이 저희들에게 오심으로써 구원의 길이 열렸음에 즐거워합니다. 하늘에서 이루어졌던 하나님의 뜻이 이 땅에서 이루

어졌으니 저희들이 드리는 영광을 받으시옵소서. 주님의 탄생으로 영생에 이르는 소망을 갖게 되었고, 천국 백성이 되었습니다. 예수님의 세상에 오셨음을 반가워하면서 예배하는 이 교회에 은혜의 물결이 강물처럼 흐르게 하시옵소서.

주님의 오심으로 땅에서는 기뻐하심을 입은 사람들 중에 평화라고 하셨습니다. 평화의 왕으로 오신 예수님을 두 팔을 벌려 맞아들이게 하시옵소서. 주님의 은혜로 하나님과의 평화를 회복하고 사람들과의 평화를 회복하게 되었으니 감사드립니다.

영광을 받으셔야 하실 하나님, 이 교회를 위하여 주의 종을 보내셨으니, 이 시간에 진리와 은혜의 말씀을 듣게 하시옵소서. 그에게 성령님의 충만하심과 지식을 더하셔서 천국의 말씀을 선포하게 하시옵소서.

○○ 성가대원들이 하나님을 찬양할 때, 이 예배당이 천상의 자리가 되기를 원합니다. 그 찬양으로 저희들에게는 예배하려는 마음이 더욱 간절해지게 하시옵소서. 이 한 시간의 예배가 거룩하게 드려지도록 여러 모양으로 수종을 드는 종들을 세우셨음에 감사드립니다.

저희들은 마음을 다하여 순서, 순서에 임하게 하시고, 임마누엘의 은혜를 소망하게 하시옵소서.

예수님의 이름으로 기도드립니다. 아멘.

11. 삼일절

이 나라와 이 백성과 함께 하시는 하나님,

삼일절을 맞이하면서 베풀어 주신 은혜를 즐거워합니다. 저희로 하여금 나라의 여건과 사회적인 환경이 어떠하든지 언제나 주님만 바라볼 수 있는 굳건한 믿음을 주셨음에 감사드립니다. 믿음의 반석에서 바로 설 때 나라는 평안하고 항상 충만한 기쁨이 넘칠 줄 믿습니다.

이 나라를 사랑하시는 하나님 앞에 회개합니다. 대한독립만세를 외치다가 쓰러지신 선조들의 정신을 잊고 지내온 것을 회개합니다. 하나님의 사랑이 그들의 가슴에 조국에의 헌신으로 나타났으나 저희들은 이 나라를 사랑하지 못하였습니다. 용서하여 주시옵소서.

하나님 앞에서 복된 날에 이 민족을 불쌍히 여기셔서 독립에의 의지를 불태우게 하신 하나님의 도우심을 기억하게 하시옵소서. 하나님께서 불꽃같은 눈으로 보호하시는 이 나라를 저희들이 사랑하게 하시옵소서. 느헤미야와 같이 조국의 상황에 예민하게 하시고, 가슴으로 안게 하시옵소서.

우리 민족을 지켜주시는 하나님, 나라가 어려움에 빠졌을 때, 자신의 목숨을 버리고 독립운동에 나섰던 조상들에 대한 긍지를 느끼게 하시옵소서. 그들이 나라를 위하여 희생하기까지 헌신하도록 하신 은혜를 저희들에게도 주시옵소서. 하나님을 사랑하는 삶으로서 나라를 위해서, 민족을 위해서 자신을 내어주게 하시옵 소서.

신령과 진정으로 시작된 삼일절의 예배에 성령님의 역사하심을 소망합니다. 주의 백성들에게 복을 내려 주심을 바라게 하시려고 목사님을 단에 세우셨음에 감사드립니다. 그의 입술을 성령님께서 주관하셔서 이 백성들이 개인적으로, 민족적으로 소망을 주시는 말씀을 듣게 하시옵소서.

하나님 아버지, 주님의 백성들을 거룩하게 하시고, 삼일절에 예배하도록 하심에 감사드립니다. 저희들이 국민이 된 의무로서 나라를 사랑하고, 이 민족에게 하나님의 긍휼이 나타나기를 기도하게 하시옵소서.

우리 ○○ 교회를 위하여 주의 종을 보내시고, 진리의 말씀을 듣게 하시려고 목사님을 단에 세우셨음에 감사드립니다. 그의 입술을 성령님께서 주관하셔서 이 백성들이 개인적으로, 민족적으로 소망을 주시는 말씀을 듣게 하시옵소서.

○○ 성가대원들이 하나님을 찬양할 때, 이 예배당이 천상의 자리가 되기를 원합니다. 그 찬양으로 저희들에게는 예배하려는 마음이 더욱 간절해지게 하시옵소서. 이 한 시간의 예배가 거룩하게 드려지도록 여러 모양으로 수종을 드는 종들을 세우셨음에 감사드립니다.

예수님의 이름으로 기도드립니다. 아멘.

12. 현충일

은혜가 풍성하신 하나님,

여호와의 이름을 높여드립니다. 우리 민족을 붙드시고, 이 지구상에서 아름다운 국가로 빼어나게 하신 여호와의 손길을 찬양합니다. 현충일의 아름다움으로 말미암아 하나님의 이름은 기려지기 원합니다. 이 시간에 하나님의 백성들이 송축하게 하시옵소서. 모든 영광을 드립니다.

현충일 아침에, 우리 민족을 위해 저 자신이 바르게 살지 못함을 회개합니다. 환란 중에도 소망을 주시는 하나님의 손길이 이 민족에게 있음을 기도하지 못했습니다. 이 민족이 하나님의 보호 속에 살도록 간구하게 하시고, 민족 복음화를 위해 부르짖게 하시옵소서.

순국선열들과 전몰장병들의 나라를 사랑하는 실천을 배우게 하시옵소서. 그들이 나라를 위하여 애쓰는 것을 거룩하게 여겼듯이 저희들에게도 내 나라와 내 겨레를 사랑하고 좋게 여기게 하시옵소서. 이 나라의 강토를 지키는 마음을 갖게 하시옵소서. 환경을 보전하고 기초적인 질서를 지켜서 물이 좋고 산이 좋은 금수강산을 가꾸게 하시옵소서.

하나님 아버지, 국민들은 국가가 처해 있는 모든 형편과 사정을 이해하고 있다면 우리가 할 일을 지체로서 주어진 환경에서 성실하게 살아가며 하나님의 도우심이 있기를 항상 기도하게 하시옵소서. 하늘나라에만 관심을 갖지 말고 내가 몸담고 살고 있는 이 땅 이 민족에도 관심을 갖는 성도들이 되게 하시옵소서.

이 땅의 국민들이 주님께서 주신 나라에서 지체된 자로서의 역할을 성실하게 감당하기를 소망합니다. 이 나라를 구성하는 모든 이들에게 자신의 역할을 통해 섬기게 하시옵소서. 그리하여 자신의 의무를 성실하게 감당하게 하시옵소서.

영광의 하나님, 신령과 진정으로 시작된 예배에 성령님의 역사하심이 나타나기를 소망합니다. ○○ 교회의 성도들이 한 마음으로 머리를 숙인 이 시간이 하나님께 영광이 되기를 소망합니다. 현충일의 주님을 묵상하는 저희들에게 말씀을 대언하실 목사님께서 단에 오르셨으니 생명과 진리의 말씀을 선포하게 하시옵소서.

이 예배를 아름답게 하는 ○○ 성가대의 귀한 지체들의 찬양을 받아주시옵소서. 이들의 찬양을 통해서 하나님께는 영광이 드려지고, 혹시 찬송의 힘을 잃은 회중들은 힘을 얻기를 원합니다. 지금, 저희들이 예배하는 동안에 예배당의 안팎에서 봉사하는 종들이 있음에 감사드립니다.

이 시간에, ○○의 지체들의 섬김으로 예배를 아름답게 하시니 종들이 은총을 입게 하시옵소서.

예수님의 이름으로 기도드립니다. 아멘.

13. 6·25 사변일

나라를 주신 하나님,

우리 민족을 전쟁의 재화에서 건져내어 주셨음에 감사하는 마음으로 엎드렸습니다. 이 나라를 폐허와 가난에서 구하시고 복된 나라가 되도록 구원해 주신 은총과 사랑을 감사합니다. 예배를 드리는 이 자리에서, 민족의 죄를 용서해 주시고 평안하게 하셨음에 감사드립니다.

6. 25 사변에 대하여 저희 선조들은 아무 대책이나 준비가 없었습니다. 공산군의 남침으로 발발한 전쟁에 많은 이들이 피를 흘리며 숨져갔습니다. 6.25 사변에 참전한 용사들의 피흘림을 대대손손 기억하게 하시옵소서. 이름 없이 이역만리에서 자유의 수호를 위해 파송된 16만의 UN연합군을 보내주셔서 이 민족을 구하게 하셨음에 감사드립니다.

하나님 아버지, 대한의 모든 백성이 하나님을 섬기며 평화와 안정을 누리며 살아갈 수 있도록 도와주시옵소서. 이 백성이 하나님을 두려워하고 순종하도록 불쌍히 여겨 주시옵소서. 믿는 자들이 나라와 민족을 위하여 기도할 때에, 하나님 앞에서 정한 마음을 변치 않게 하시고, 눈물로 금식하며 통회하게 하시고, 이 나라의 죄악에 대해 책임을 가지고 자신을 희생할 수 있는 마음을 주시옵소서.

저희들이 전쟁을 잊어가면서 다시금 하나님을 배역하는 일들이 횡행하고 있음을 안타까워합니다. 우상을 따르는 이들이 돌아서게 하시고 무지와 불신앙 때문에 부도덕과 비윤리에 빠진 이들이 돌아서게 하시옵소서. 혼돈과 죄악 속에 있는 백성을 구원하셔서 믿음으로 세우는 역사가 있게 하시옵소서.

예배를 받으시는 하나님, 이 시간에, 하나님의 영이 영광으로 임재하사 이 예배를 영화롭게 하시고, 하나님만이 만물의 주 되심을 선포하기 원합니다. 6. 25 사변일에 하나님께서 받으실만한 영광을 드리며 전쟁의 아픔을 갖고 있는 이 백성을 위로해 주시기를 원하는 저희들에게 하늘의 위로를 경험하게 하시옵소서.

오늘, 평화의 복음이 선포되는 강단을 허락하셔서 진리와 생명의 말씀을 듣게 하시옵소서. 이 시간에도 목사님을 강단에 오르게 하셨으니 그가 전하시는 말씀을 사모하게 하시옵소서.

○○ 성가대원들이 찬양을 드릴 때, 영광을 받아주시옵소서. 복된 예배로 실망과 근심으로 좌절에 빠진 사람들은 용기를 갖게 하시고 육신적으로 연약한 사람들에게 치유의 은혜를 입게 하시옵소서.

이 시간에, 예배의 진행을 돕고, 성도들의 편의를 위하여 봉사하는 지체들을 축복합니다. 하나님께 영광을 드리는 중에 나라를 사랑하는 마음을 뜨겁게 하시옵소서.

예수님의 이름으로 기도드립니다. 아멘.

14. 광복절

나라를 세우시는 하나님,

하나님을 떠난 인류의 역사는 정복과 억압의 역사이지만 하나님의 역사는 해방과 구원의 역사임을 믿습니다. 인류의 역사에서는 애굽과 앗수르가 이스라엘을 정복하고 억압했지만 하나님의 역사에서는 하나님께서 이스라엘을 애굽과 앗수르에서 해방시키고 구원을 이루어주셨습니다.

우리 민족을 향한 하나님의 역사가 우리를 일본에서 해방시키고 구원하셨음에 감사드립니다. 여호와께서 이 민족을 사랑하셔서 구원을 베풀어 주셨건만 저희들은 그 은혜에 감사하는 것을 잊고 지냈습니다. 이제까지도 나라의 평안이 주께로부터 온 것을 잊고 유유낙낙하는 죄를 저질렀습니다. 이 나라를 사랑하시는 하나님 앞에서 기도하지 않은 패역을 용서해주시옵소서.

이 나라를 위하여 도고가 부족한 저희들의 죄를 고백합니다. 우리 민족이 우상을 숭배하는 일이 죄가 되고 있음을 깨달아 하나님께로 돌아오게 하시옵소서.

생명을 살리시기 위해서 오신 예수님을 구주로 영접하게 하시기를 빕니다. 오늘의 예배로 ○○의 지체들이 하나님 앞에서 평안을 누리게 하시옵소서. 진리와 은혜의 풍성함으로 인하여 십자가를 찬양하도록 이끌어 주시옵소서.

하나님 아버지, ○○ 교회의 성도들이 광복절에 한 마음으로 머리를 숙였으니 하나님께 영광이 되기를 소망합니다. 주님의 자녀들이 예배하는 이 시간을 주님의 손에 드립니다. 이 시간에 진행되는 순서에 따라 성도들이 광복절의 영광을 예배하게 하시옵소서.

오늘도 말씀을 전해주시는 목사님을 위하여 간구합니다. 귀한 종에게 사자의 권위와 감화하는 말씀의 능력을 나타내 주시옵소서. 그의 입술을 성령님께서 주관하셔서 저희들이 하나님께로 돌아가는 말씀을 듣게 하시옵소서. 하늘의 말씀으로 저희들의 심령이 새롭게 됨을 보게 하시옵소서.

○○ 성가대의 아름다운 찬양이 있는 예배로 하나님께 영광을 돌리게 되며 찬송의 능력을 체험하게 하시옵소서. 하나님의 은혜로 살아오고 있음에 그에 대한 응답으로 예물을 준비해 왔으니 믿음으로 드리게 하시옵소서.

또한, 누구보다도 이른 시간에 나와서 예배를 돕는 지체들이 있습니다. 하나님께 영광과 성도들이 예배 편의를 위해서 봉사하는 지체들을 거룩하게 하시옵소서. 저들의 봉사를 하나님은 받으시고 복을 내려 주시옵소서.

예수님의 이름으로 기도드립니다. 아멘.

15. 신년주일

새해를 시작하신 하나님,

지난해의 삶에 은혜로 함께 해주셨던 주님의 이름을 찬송합니다. 새해 첫날을 맞이해서 하나님의 이름은 높임을 받으시고 복스러운 시간의 삶으로 들어가게 하시옵소서. 여호와 우리 하나님의 이름을 찬송하며 살아가기 원합니다.

여호와의 은총은 저희들에게 새로운 시간을 주셨으나 저희들 자신은 죄악 가운데 지내던 모습으로 예배하러 나왔습니다. 거의 습관이 되어 주일의 시간을 구별하고, 이 전에 모였음을 회개합니다. 형식적이며, 종교적인 습관만 남은 저희들의 죄를 회개합니다. 여호와의 자비하심으로 용서하시옵소서.

하나님의 영광에 합당한 경배를 드리고자 예배하러 머리를 숙였습니다. 이 시간에 하나님의 인도하시는 음성을 듣고 순종하게 하시옵소서. 이스라엘 백성이 요단강을 건널 때 언약궤를 좇으라 그리하면 요단물이 마르리라 하셨음이 저희들의 것이 되게 하시옵소서.

영광의 하나님, 언약궤를 통해서 하나님께서 이스라엘 백성과 함께 하셨음을 믿습니다. 그들은 요단을 건너기 전에 스스로 성결하게 하였습니다. 저희들도 새해의 삶을 시작하기 전에 성결의 은혜를 입게 하시옵소서. 스스로 하나님이 기뻐하시는 성결의 삶을 살아서 요단을 건너 가나안의 복된 삶을 살아가는 은혜를 주시옵소서.

하늘의 은총이 가득한 아침을 맞게 하심에 감사드립니다. 새해에는 새로운 믿음을 갖고 하나님의 은혜를 바라보게 하시옵소서. 믿음이 주는 비전을 꿈꾸게 하시옵소서. 하늘나라의 기업에 대한 소망을 품어 저희들의 삶이 더욱 생명력 있고 복되게 만들어 주시옵소서.

하나님 아버지, 우리 ○○의 성도들 각자가 개인적으로, 또한 교회적으로 믿음으로 말미암는 하늘의 능력을 경험하기 원합니다. 하늘의 백성들에게 은혜를 주시려고 목사님을 단에 세우셨음에 감사드립니다. 목사님께서 생명과 진리의 말씀을 선포하게 하시옵소서.

강단에서부터 흘러나온 생명의 말씀이 금년 한 해를 살아가는 생수가 되게 하시옵소서. 그의 입술을 성령님께서 주관하셔서 이 백성들이 말씀을 듣게 하시옵소서.

○○ 성가대원들이 신령과 진정의 예배와 수준 있는 음악으로 어우러진 최상의 찬양을 드리기를 소망합니다. 오늘도 자원하는 심정을 가지고, 몸을 산 제사로 드리는 심정으로 봉사하는 일꾼들이 있습니다. 맡은 자리에서 예배의 진행을 돕는 손길들에게 은혜를 더하여 주시옵소서.

하나님께서 복의 시간을 주셨으니 거룩하게 준비하게 하시옵소서.

예수님의 이름으로 기도드립니다. 아멘.

16. 어린이주일

어린이들을 복 주시는 하나님,

어린이들을 선물로 주신 여호와의 이름을 높여드립니다. 어린이들을 보면서 하늘나라에 들어갈 것을 소망하게 하시고, 그들을 통하여 주님을 영접하게 하심에 감사드립니다. 저희들에게 어린 아이들의 심령을 갖고 살아가게 하신 주님의 이름을 찬송합니다.

어린이와 같이 꾸밈이 없는 단순함과 정직함을 잃고 있음에 회개합니다. 저희들은 꾀를 쓰기에 익숙해졌고, 오만함의 죄를 지었음을 자복합니다. 살아가는 시간이 많아질수록 하나님보다는 인간적인 욕망에 더욱 끌려가고 있음을 용서하시옵소서.

자신들의 꿈을 그리면서 자라가는 아이들을 볼 때, 즐겁습니다. 그들이 하나님을 사랑하는 소망으로 가슴을 채우게 하시옵소서. 날마다 천국을 바라보면서 하나님의 사람으로 성장하도록 인도해주시옵소서.

은혜로우신 하나님, 어린아이들과 같이 되지 아니하면 천국에 들어갈 수도 없다고 하셨습니다. 어린아이의 순수한 믿음을 갖게 해주시옵소서. 어린아이의 순수한 소원을 갖게 해주시옵소서. 어린아이의 순수한 사랑을 갖게 해주시옵소서. 주님께서는 불순하게 된 우리들을 다시 어린아이의 순수함으로 돌려주심을 믿습니다. 그들의 순수함으로 하나님의 나라를 바라보게 하시옵소서.

이 시간에, 바라기는 그들이 사랑을 받으면서 자라게 하시옵소서. 부모로부터, 형제들에게서, 친구들부터 아낌이 없는 사랑을 받게 하시옵소서. 사랑의 풍요로움을 경험하여 정서적으로 온전한 성장이 있기 원합니다. 주님께서 우리를 사랑하시듯이 남을 사랑하며 살기를 소망합니다. 그 사랑을 통하여 하나님이 사랑의 풍성함을 깨닫고 하나님을 더 가까이 하는 삶을 사모하게 하시옵소서.

하나님 아버지, 어린이주일의 예배를 드리는 회중에게 은혜를 내려 주시옵소서. 이 교회를 위하여 주의 종을 보내셨으니, 진리와 생명의 말씀을 듣게 하시옵소서. 담임 목사님을 붙드셔서 OO 교회의 권속들에게 하나님의 말씀을 전하게 하시옵소서.

오늘의 말씀이 저희들의 심령을 새롭게 하여 하나님의 사랑으로 자라는 어린이들을 보기 원하는 결단이 되게 하시옵소서. 저희들에게 어린아이들의 심령을 갖고 살아가게 하신 주님의 이름을 찬송합니다.

OO 성가대원들이 아름다운 찬양으로 영광을 드릴 때, 온 성도들에게는 예배하려는 마음이 더욱 간절해지게 하시옵소서. 오늘의 예배를 위해서 여러 모양으로 수종을 드는 종들을 세우셨음에 감사드립니다. 하나님의 영광을 나타내려는 모든 이들에게 벅찬 감격의 시간이 되게 하시옵소서.

예수님의 이름으로 기도드립니다. 아멘.

17. 어버이주일

복을 주시는 하나님,

오늘도 부모님에 의해서 베풀어 주신 은혜를 즐거워합니다. 하나님께서 노년의 부모님을 보호해 주셨으며, 그들에게 약속하신 은혜와 복을 자손들이 받아 누리게 하셨음에 감사드립니다. 저희들이 어버이를 더 공경하고 잘 모심으로써 거룩한 후손이 되게 하시옵소서.

부모에게 효도하기보다는 노년이 부모를 섬기는 것이 때때로 귀찮게 여겨지기도 했던 죄악을 고백합니다. 부모를 섬기고 돌보아 드리는 것이 짜증나기도 했던 패륜의 죄악을 고백합니다. 부모에게 효도를 다함으로써 하늘의 아버지이신 하나님께로 이르게 하시옵소서.

어버이주일에 하늘 어버이이신 여호와께 감사하고, 육신의 부모가 계셨음에 찬미의 제사를 드리게 하시옵소서. 하나님은 좋으신 아버지시라 우리를 지켜주시되, 육신의 부모에 의해서 이만큼 살게 하셨습니다. 예배할 때, 부모에게 공경하기를 다짐하게 하시옵소서.

하나님 아버지, 이 땅에서 사는 동안에 육체의 아버지와 어머니가 있게 하신 하나님을 찬양하지 못하고 지냈음에 회개합니다. 부모를 공경하는 섬김을 통하여 하나님의 영광을 드러내지 못했음을 용서하시옵소서. 부모에게 효도하라는 말씀을 들을 때마다 눈물을 흘려야 하는 저희들을 용서하시옵소서. 오늘부터 새로운 마음으로 부모를 공경하고 순종하도록 은혜를 주시옵소서.

이에, 저희 ○○ 교회에는 부모가 자녀에게 효도를 물려주는 아름다운 공동체가 되게 하시옵소서. 주님의 이름으로 모든 가정들을 축복합니다. 하나님께서 사랑하셔서 가정을 선물로 주셨으니 가정마다 하나님의 나라를 이루고, 불신 가정에서는 예수님을 구주로 영접하는 복된 역사가 이루어지기를 소망합니다. 가정에서 참 안식을 누리고 식구들이 화목하게 지내도록 해주시옵소서.

나의 주 나의 하나님, 성령님의 인도하심에 따라 이미 시작된 예배를 기뻐합니다. 이 시간에 진행되는 순서에 따라 성도들이 어버이 주일의 영광을 예배하게 하시옵소서. 오늘도 단 위에 서신 목사님을 위하여 간구합니다. 귀한 종에게 사자의 권위와 감화하는 말씀의 능력을 나타내 주시옵소서.

○○ 성가대의 아름다운 찬양이 있는 예배로 하나님께 영광을 돌리게 되며 찬송의 능력을 체험하게 하시옵소서. 하나님의 은혜로 살아오고 있음에 그에 대한 응답으로 예물을 준비해 왔으니 믿음으로 드리게 하시옵소서. 누구보다도 이른 시간에 나와서 예배를 돕는 지체들이 있습니다. 저들의 봉사를 하나님은 받으시고 복을 내려 주시옵소서.

예수님의 이름으로 기도드립니다. 아멘.

18. 교육진흥주일

의의 길로 이끌어 주시는 하나님,

저희들에게 날마다 진리의 말씀을 베풀어 주신 은혜를 즐거워합니다. 오늘은 교육진흥주일에 교회의 교육에 대해 묵상하는 시간을 주셨음에 감사드립니다. 교회의 가르치는 사역으로 많은 주의 일꾼들이 길러지게 하시니 영광을 받으시옵소서.

저희들의 부족으로 ○○ 교회가 교육하는 사명을 제대로 감당하지 못했음에 회개합니다. 실제적으로는 사람을 키우는 일이 제일 먼저 해야 함에도 교육에 불성실했음을 용서하시옵소서.

이 시간에 교육진흥주일을 지키면서 간구합니다. 자기 백성을 하늘에 속한 사람으로 세우시려고 선지자들의 입을 통해서 가르치셨던 하나님이 열심을 저희들에게 주시옵소서. 가르치는 일로 교회 밖에 있는 이들에게도 주님을 따르게 하시옵소서.

가르치시는 하나님, 이 교회 안에서 자라는 이들이 그리스도를 닮는 온전함의 분량에까지 성장하기 원합니다. 교회를 세우시고, 예수님께서 행하신 모든 이들을 가르치도록 위임을 받았으니 성실하게 감당하게 하시옵소서.

이 땅에 계시는 동안에 가르쳐 지키게 하셨던 예수님을 본받는 저희들이기를 원합니다. 공생애 기간 동안에 가르치기에 힘을 쏟으셨던 주님을 기억합니다. 천국의 복음을 전파하시며 가르치셨던 그 열심을 저희들이 따르게 하시옵소서.

가르치는 일을 생각할 때, 교사들을 위하여 간구합니다. 사람을 복음의 증인으로 세우는 귀한 사역에 쓰임을 받는 교사들을 먼저 세워주시옵소서. 그들이 가르치기에 조금도 부족함이 없는 그리스도의 인격을 갖추게 하시옵소서.

하나님 아버지, 이 예배로 더욱 교육하는 교회가 되게 하시옵소서. 교육진흥주일을 지키는 이 자리에 성령님의 역사하심이 나타나기를 소망합니다. 주님을 만났던 거룩한 아침의 제자들처럼 교육에 대하여 말씀하시는 주님을 만나게 하시옵소서.

하나님의 종으로 구별되신 목사님을 강단에 세워주심에 감사드립니다. 종을 통해서 전해지는 말씀에 순종하게 하시옵소서. 그에게 성령님의 충만하심과 지식을 더하셔서 천국의 말씀을 선포하게 하시옵소서.

○○ 성가대원들이 성령님께 감동되어서 드리는 찬양으로 온 교회에 영광이 넘치기를 원합니다. 이 찬양이 실망과 근심으로 좌절에 빠진 사람들에게 용기를 갖게 하시고, 육신적으로 연약한 사람들에게 치유의 은혜를 입도록 인도해 주시옵소서.

예수님의 이름으로 기도드립니다. 아멘.

19. 성서주일

성경을 선물로 주신 하나님,

성서주일을 맞이하여 말씀을 통해서 생명의 빛에 들어가게 하신 하나님께 찬양으로 영광을 드리게 하시옵소서. 우리의 말로 된 성경의 번역과 반포를 통해서 한국 사회의 개화와 한국 교회의 부흥이 있도록 하신 하나님을 찬미합니다.

성서주일을 지키면서 은혜의 맛을 알게 하시옵소서. 하나님의 권능으로 이 땅에 성경을 반포하게 하셨음을 감사드립니다. 우리나라에 복음이 전해지면서 영국과 미국 등, 여러 나라의 도움으로 대한성서공회가 세워지게 하셨습니다.

성도들에게 성경을 보다 저렴한 가격으로 보급하고 불신자들을 위해서 도지와 단편과 같은 전도용 성서를 많이 공급하게 하셨습니다. 이 귀한 일이 하나님의 엄청난 은총에 대한 조그마한 보답이며 우리의 사명이라고 생각합니다. 저희들이 더욱 이 일에 헌신하게 하시옵소서.

생명의 말씀을 주시는 주여, 지나온 시간들을 돌이켜볼진대, 대한성서공회의 성경보급은 한국 교회의 성장에 큰 몫을 담당하여 왔습니다. 이 기관을 통하여 전세계 성경의 15%를 공급하는, 세계에서 가장 성경을 많이 제작하는 나라로 하나님께서 세우셨습니다.

성경의 말씀으로 구원을 얻은 저희들이 불신자들에게 성경을 나누어주는 열정을 품게 하시옵소서. 자유롭게 성경을 구입할 수 없는 이들에게 생명의 말씀을 무료로 나누어 주는 일에 헌신하게 하시옵소서. 군부대와 교도소 등에 기증해서 생명의 말씀을 나누도록 인도하시옵소서.

하나님 아버지, ○○ 교회가 성경을 보다 많이, 보다 여러 사람들에게 보급하는데 쓰임받기를 결단하는 예배를 드릴 때, 은혜를 내려주시옵소서. 성서를 사랑하고, 성서를 보급하는 일에 대한 결단으로 응답하게 하시옵소서.

오늘도 담임 목사님을 붙드셔서 ○○ 교회의 권속들에게 성서주일을 지키는 말씀을 전하게 하시옵소서. 오늘의 말씀이 저희들의 심령을 새롭게 하고, 그 말씀에 순종해서 성서에 대한 후원사역에 참여하여 헌신하겠다는 결단이 되게 하시옵소서.

○○ 성가대의 아름다운 찬양이 있는 예배로 하나님께 영광을 돌리게 되며 찬송의 능력을 체험하게 하시옵소서. 저희들이 경건을 다해 예배하는 동안에 몸을 다 드려서 섬기는 이들이 있음에 즐거워하며 그들을 축복합니다.

저희들은 거룩한 예배로 오직 하나님께 영광이 되고, 이 전에는 마귀가 틈을 타지 않게 하시옵소서.

예수님의 이름으로 기도드립니다. 아멘.

20. 송년주일

지혜 있는 자 같이 이끌어 주시는 하나님,

하나님의 임마누엘로 여기까지 이르게 하셨음에 감사드립니다. 한 해의 마지막 순간까지 함께 해주셨음에 큰 영광을 드립니다. 저희들을 향하신 하나님의 손길은 선하셨으며, 한 번도 실망시키지 않으셨습니다. 저희들의 삶이 물댄 동산과 같이 모자람이 조금도 없게 하셨으니 감사드립니다.

오늘, 송년 주일의 예배는 주님께서 주신 그 모든 것들을 헤아려 보는 시간이기 원합니다. 이제, 새해를 맞이하면서, 저희들도 새롭게 되어 새해에는 새로운 모습의 삶을 다짐하게 하시옵소서.

감사로 예배를 드리지만, 저희들의 죄를 고백합니다. 저희들을 불쌍히 여겨 주시옵소서. 이 자리에서 주님께서 십자가의 고난당하셨던 아픔을 함께 느끼기 원합니다. 사실, 지금까지도 얼마나 수없이 주님을 십자가에 못 박는 일을 해왔던 저희들이었습니까? 용서하시옵소서.

여호와 우리 주여, 이 시간에 여호와의 인자하심을 즐거워하고 저희들에게 베풀어주신 기이한 일들로 말미암아 영광을 나타내게 하시옵소서. 언제나 하나님께서는 사모하는 영혼을 만족하게 해주셨습니다. 주린 영혼을 위해서는 좋은 것으로 채워주셨습니다. 그 은혜에 진실로 감사하여 마지막의 예배를 드리는 심정으로 경배하게 하시옵소서. 송년주일에 새로운 결단을 함으로써 새해를 맞이하기 원합니다. 복된 날에 성도들이 성회로 모였으니 성령님의 충만하심으로 예배하는 권속들이기를 소망합니다.

하나님 아버지, ○○ 교회의 성도들이 한 마음으로 머리를 숙인 이 시간이 하나님께 영광이 되기를 소망합니다. 주님을 영화롭게 해드리는 예배로 진행되도록 권능을 나타내 주시옵소서. 송년주일에 예언의 말씀을 지키려는 결단의 예배로 영광을 드리게 하시옵소서.

주의 백성들에게 은혜를 주시려고 목사님을 단에 세우셨음에 감사드립니다. 한 해의 마지막 주일에, 주님을 묵상하는 저희들에게 생명과 진리의 말씀을 선포하시도록 말씀의 지혜를 주시옵소서. 그의 입술을 성령님께서 주관하셔서 이 백성들이 말씀을 듣게 하시옵소서.

○○ 성가대원들이 신령과 진정으로 찬양하게 하시옵소서. 그들이 여호와 앞에 최상의 찬양을 드리기를 소망합니다. 오늘도 자원하는 심정을 가지고, 몸을 산 제사로 드리는 심정으로 봉사하는 일꾼들이 있습니다. 맡은 자리에서 예배의 진행을 돕는 손길들에게 은혜를 더하여 주시옵소서. 이 시간이 거룩하게 진행되고, 마귀는 일체 틈을 타지 않게 하시옵소서.

예수님의 이름으로 기도드립니다. 아멘.

큰 글씨 능력기도 예배대표기도문+

1판 인쇄일 2023년 1월 12일
1쇄 발행일 2023년 1월 17일

지은이 _ 한치호
펴낸이 _ 한치호
펴낸곳 _ 종려가지
등록 _ 제311-2014-000013호(2014. 3. 20)
주소 _ 서울특별시 은평구 은평로 14길, 9-5
전화 02. 359. 9657
디자인 _ 표지 이순옥 / 본문 구본일
제작대행 _ 세줄기획/ 전화 02. 2265. 3749
영업(총판) _ 일오삼/ 전화 02. 964. 6993,
팩스 02. 2208. 0153

값 15,000 원

ISBN 979-11-909680-53-9

잘못 만들어진 책은 구입하신 서점에서 바꾸어 드립니다.
책의 주문 및 영업에 대한 문의는 영업대행으로 해주십시오.
문서사역에 대한 질문은 010. 3738. 5307로 해주십시오.